유랑하는
배우로
살았소

유랑하는 배우로 살았소

2021년 12월 24일 초판 1쇄 인쇄
2021년 12월 24일 초판 1쇄 발행

지은이 | 유비아
인터뷰 도움주신 분 | 국가무형문화재 다시래기 前보유자 故강준섭명인
유랑극단 강현복명인외 3인
전라남도 무형문화재 판소리고법 前보유자 故추정남명인

기　　획 | 청년나무
편　　집 | 공간디자인
표지디자인 · 인쇄 · 마케팅 협력 | 좋은땅

펴 낸 곳 | 도서출판 다온
등록번호 | 제2017-000004호
주　　소 | 광주광역시 북구 당뫼로 8번길 29-20 2층
E-mail_ysy081202@gmail.com

값 43,000원
ISBN 979-11-971491-0-8(13680)

유랑하는
배우로
살았소

유비아 지음

청년
나무

유랑하는 배우로 살았소

이 시대 예술의 혼을 불태운 유랑예인들을 위한 책

우리들의 추억 속

한국 최초 포장극단

대본집

차
례

PART 1
유랑하는 배우로 살았소

유랑하는 배우로 살았소 _ 8
유랑극단이 왔어요 _ 11
어떻게 공연했을까 _ 12
비밀문서는 무엇이길래 _ 15

PART 2
포장극단 비밀문서

조선야화(朝鮮野話)
숙종과 장희빈 _ 19
암행어사 박문수 _ 62
장화홍련 _ 98
콩쥐팟쥐 _ 156

고대야화(古代野話)
검백과 단향공주 _ 196
두견각 _ 230
피 묻은 칼 _ 265

PART 1

유랑하는 배우로 살았소

유랑하는 배우로 살았소 유랑배우의 탄생은 그저 우연이 아니었다. 해방과 전쟁 이후, 한국 사회와 문화는 많은 변화가 있었다. 그 영향은 문화 현장에도 영향을 주었고, 영화산업의 형성과 발전, 그리고 대중들의 관람 문화에 상당한 영향을 주었다. 이전의 극장은 영화로 대체 됐고, 할리우드 영화들이 대부분이었다. 또 한편, 무대 공연예술은 전통을 이어받은 부분에서는 악극 · 창극 · 여성국극으로 채워졌다.

이러한 변화는, 기존의 판소리 · 민요 · 풍물 · 굿 등 전통을 공연하는 그들에게 새로운 기회이기도 했다. 노래를 잘하던 배우들은 대중매체에 힘입어 음반을 녹음하거나, 국립창극단의 단원으로 활동하였다고 한다.

그런데 이러한 변화는, 단지 영화산업의 발전 같은 대중매체의 변화 때문만은 아니었다. 당시 한국은 산업발달로 여러 상품이 쏟아져 나왔고, 대량생산된 상품들을 이 유랑극단을 통해서 먼저 선보이기도 했다. 그리고 물건을 파는 것뿐만 아니라, 지금의 드라마나 오락물의 사이사이 삽입되는 광고처럼, 공연 중간마다 물건을 팔면서 그것의 광고효과를 내기도 했다.

전국을 다니며, 공연한 이들은 인기가 대단했다. 그중에서 유랑배우들의 인기를 짐작할 수 있었는데, 그것은, 기존의 다른 곳에서 배우로 활동했을 때보다 최고 10배 이상의 일당을 받기도 했다고 한다. 추정남명인은 인터뷰를 통해서, 유랑극단의 배우들에 대해 회고하여 말씀해 주셨는데, 배우들은 기본적으로 소리를 잘했다고 한다. 그리고, 극장 밖에서 공연하던 유랑배우는 단지 연극만 한 것이 아니었다. 지금의 배우들이 노래와 연기를 병행하듯, 당시 유랑배우들도 악기, 춤, 노래, 연기 등등 다양한 예술적 능력을 갖추고 있었다고 한다.

【 추정남명인 인터뷰, 2015. 5. 3. 】
유비아 : 유랑극단에서 주로 어떤 공연을 했나요?
추정남 : 심청가 많이 했지. 심봉사.
유비아 : 그럼 이때 단원들이 다 소리를 잘하는 사람이었나 봐요?
추정남 : 다 잘하니깐, 연극을 하지. 소리 못하는 사람이 어디 연극을 하고 그래.
유비아 : 소리 못하는 사람은 아예 못 들어왔나요?
추정남 : 그럼

인터뷰 내용에서, 소리를 못 하는 사람은 유랑극단에 들어오지 못했다고 하니, 당시 유랑극단의 전문성을 어느 정도는 짐작할 수 있을 것 같다.

국가무형문화재 다시래기 보유자이셨던, 강준섭명인도 유랑극단의 배우로 한동안 그곳 단체에서 활동하였다. 강명인의 부모님은 진도에서 마을의 마을 세습무世襲巫였는데, 당시 생활이 넉넉하지 않았다. 당시는 무당과 그 자녀에게까지 알게 모르게 사회적 신분이 존재해서 강명인은, 당시 유행하던 판소리를 배우기 위해 국악양성소에 들어가 소리를 배웠고 이후 생계를 위해 유랑단체에 합류하였다고 한다. 이후, 다시래기를 공연하기 위해 고향으로 돌아왔다. 강준섭명인은 인터뷰에서 당시 유랑극단의 활동이 다시래기 공연을 하는데 많은 밑거름이 되었다고 회고하셨다.

또 포장극단에서 활동했던 분으로, 전라남도 무형문화재 판소리고법 보유자이셨던, 추정남 명인名人을 들 수 있다. 추 명인도, 해남에서 해남 씻김굿을 3대째 이어온 세습무世襲巫 집안의 장남으로 태어나셨다. 추 명인은 13살 무렵부터, 굿판에 서기 시작했고, 역시 마을의 당골이셨던 어머니를 따라 굿판에서 악사로 활동하였는데, 현재 행정구역으로 전라남도 해남군 옥천면이다. 그는 무업巫業을 잇고 있었지만, 역시 어려운 형편이었다. 그래서 생계를 위해서 악사로 다양한 활동을 하게 되었다. 그중 하나가 유랑연희流浪演戲 단체에서 장구잽이로 활동이다.

이후에도 추정남 명인은, 40년 가까이 '여성농악단', '여성국극단', '포장극단' 등에서 유랑단체의 악사로 활동하였다. 이는 그가 합류했던 다른 지역의 농악단이, 당시 또 다른 유랑연희流浪演戲 단체인 '여성국극단' 및 '천막극단'에도 합류하여 공연한 것이다. 또한, 국가무형문화재 다시래기 보유자이셨던 강준섭명인도 유랑단체인 농악단들과 합류하여 장구잽이로도 활동하였는데, 악사들은 배우처럼 고정으로 같이 다니거나, 정해진 돈(캐라)을 받고 있지는 않았다. 그들은 공연이 있을 때, 잠시 합류하는 방식이었다.

천막으로 만든 공연장, 무대에서 열연하는 유랑배우, 1980.

유랑극단이 왔어요 유랑극단은 여러 단체가 있었다. 지금처럼 서로 다른 이름을 가진 엔터테인먼트와 같은 것이다.

유랑단은 단장이 이끌었다. 단장은 자신의 이름을 걸고 ○○○유랑단, 또는 ○○○유랑극단 이라고, 단체를 운영하고 홍보했다. 이 단체의 조직은, 단장, 연기부장, 배우, 의상팀 그리고, 공연을 위해 섭외를 담당하는 사업부장이 함께 다녔다. 단장과 사업부장은 공연은 하지 않고 주로 공연단을 이끌고 지역을 순회하는 일을 담당했다. 그리고, 그들은 새로운 장소에서 포장을 치고 공연장을 만드는 일도 맡아 했다.

그리고, 포장을 친 극장이 완성되면, 유랑극단이 왔다는 것을 알리기 위해서, 악사와 일부 배우를 데리고, 마을로 선전을 나갔다고 한다. 사람들은 시끌벅적한 이런 풍물 소리를 듣고, 공연단이 왔음을 알았다. 그렇게 모인 구경꾼들로 조용하기만 하던, 시골 마을은 밤새도록 시끌벅적 소리가 울리고, 포장을 친 임시 공연장에는 밤새도록 불이 밝혀졌다. 당시 유랑극단을 돌며 악사로 활동하시고 이후, 전라남도 무형문화재 판소리고법 보유자로 예술인의 삶을 이어오셨던 추 명인은, 이런 공연을 보기 힘들었던 섬에서는 특히, 이들의 인기가 지금의 유명 배우 못지않았다고 회고하셨다.

【 추정남명인 인터뷰, 2015. 5. 3. 】
유비아: 선생님, 유랑극단은 어디에서 공연했을까요?
추정남 : 장날에도 하고, 마을에 가서도 하고.
유비아 : 그럼, 다니셨던 마을이나 장날은 기억이 나실까요?
추정남 : 이동장이랑 남해읍 장. 또, 창선 장. 이동 장 위에 금산장 있잖아!
추정남 : 갔다 온 마을은 많은데, 한번 쯤 다녀오니깐 다 잊어버리지.
유비아 : 주로 장을 위주로 활동하셨네요.
추정남 : 그렇지. 장을 다녀야, 사람이 많이 있으니깐 약을 파니깐. 해남장은 사람이 많아서 약을 팔면 누구한테 돈을 받아야 하는지도 잊어버려. 전라도에서는 해남 장, 영산포 장, 영광법성포 장. 그런데 다 다녔지.

어떻게 공연했을까   유랑극단은 '포장치고 천막 무대를 만들던' 그들의 공연의 주요 레퍼토리는 연극이었다. 연극을 무대에서 본격적으로 공연하기에 앞서서 민요나 판소리 공연했다. 유랑배우로 전라남도 강진과 영암의 포장무대에서 꽤 오랫동안 활동했던 주연배우는 여*란 씨는 과거의 기억으로부터 실타래를 하나씩 풀어내어 당시 공연상황을 이야기를 해주셨다.

"마을로 홍보를 하러 갔던 '가양'이라 불리는 홍보단이 들어오면, 배우들은 분장을 서둘러 하고, 그 사이 사회자가 나와. 그렇게 공연을 소개하면, 민요를 릴레이로 불러 관객들의 흥을 돋우지. 다른 배우가 공연을 준비할 수 있게 하는 것도 있어! "

유랑극단 배우들의 공연 준비가 마쳐지면, 기다렸다는 듯이, 공연을 알리는 징소리가 울린다. 본 공연이 시작된 것을 관객들에게 알리는 것인데, 공연 시간은 보통 저녁 7시까지 이루어졌다. 어떤 날은, 포장친 공연장에 늦도록 불이 밝혀지기도 했는데, 관객 수가 많을 때는 연장하여 야간 공연을 한 것이다.

공연전 유랑극단 배우들, 1970.

이렇게 진행된 공연은 오전 10시부터 시작하여, 밤 10시까지 이어졌다고 한다. 그리고, 한 지역에서 오래 머물며 공연을 할 때도 많았다. 그렇지만 매일 같은 공연은 아니었다. 레퍼토리가 많았던 유랑극단의 공연은, 날마다 다른 내용이 공연되었다. 그리고, 비교적 인기 있는 부분만을 따로 만든 '각기바리' 대본, 즉 재미있는 부분을 각색하여 공연하기도 했다.
당시 유랑극단의 악사로 활동했었던 추명인의 회고 속에서도 공연장의 모습을 짐작해 볼 수 있다.

【 추정남명인 인터뷰, 2016. 8. 3. 】
유비아 : 선생님, 공연을 들어가면 공연은 몇 분 정도 했을까요?
추정남 : 잠깐. 단막극식으로 해야만 약 선전을 하지.
유비아 : 선생님, 그 잠깐이란 것이 10분, 20분인가요?
추정남 : 그렇지. 한, 20분도 못 걸리지.
유비아 : 선생님, 공연을 하고 또 무엇을 했었나요?
추정남 : 약을 팔고는, 또 다시 공연을 하지.
유비아 : 선생님, 그런데 약을 팔고, 바로 공연을 또 했다고요?
추정남 : 약을 팔고 공연을 해줘야 사람들이 안가지.
유비아 : 그럼 이렇게 약 팔고, 공연하고, 약 팔고, 공연하면 하루 몇 번 정도 하는 건가요?
추정남 : 개인 것으로. 아침부터 끊어지는 시간 없이 계속하지. 자기 몫이 아닐 때는 쉬잖아.
유비아 : 선생님, 공연 내용이 다양하겠어요.
추정남 : 단막극도 하고, 소리도 하고.

연극에는 많은 등장인물이 나왔고, 그만큼 배역을 맡을 배우도 필요했다. 그래서 당시 활동했던 창극단이나, 국극단에 있던 소리꾼, 그리고 당시 방송에서 유명세를 치르고 있던 명인들도 종종 연극에 참여했다고 한다. 더불어, 그 시대를 재현한 의상, 그에 따르는 전문분장, 그 시대 배경을 뒷받침해줄 무대가 필요했다. 이로 인해 유랑극단은 무대에서 공연할 수 있는 배우, 그 외 역할을 담당하는 사람들이 함께 다녔다.

연극에서 배우가 중요하다면, 유랑극단에서는, 배우 못지않게 중요한 사람이 있었는데, 바로 프론페타였다. 남도의 대표적인 '프론페타'로 활동했던 김뚝순은(단원들은 예명을 가지고 활동했다) 그때의 상황을 설명한다.

"무대를 가린 천이 올라가면 무대 뒤에서 배우들이 연극을 하는 동안에는 프린터를 쳐주는 거야. 그리고 연극이 끝날 무렵에 배우들 마지막 대사를 미리 쳐주고, 다시 무대에서 내려와 막이 내려갈 수 있게 징을 쳐주었지"

프론페타는 변사처럼 대사를 읽어 주는 역할이었다. 그런데, 변사처럼 대사를 관객에게 읽어 주는 것이 아니라, 무대 뒤에서 배우에게 대본을 읽어

주었다. 그들은 그것을 '대사를 쳐준다'라고 말한다. 짧은 시간에 여러 대본을 암기해야 했던 배우는 대사를 잘 기억하지 못할 때가 있었는데, 이때 프론페타가 대사의 첫 부분을 배우에게 미리 알려 주는 것이다.

왜냐하면, 배우들은 작품을 공연하면서 틈틈이 다음 작품 대본 연습을 한다. 그런데, 내일 공연할 대본을 오늘 저녁에 외어야 할 만큼 공연 일정이 빠듯했던 것 같다. 지금으로 말하면 쪽대본이 나온 것이다. 그래서 대본을 완벽하게 외워서 공연할 수는 없었던 상황이었다. 이때, '프론페타'는 무대 뒤에서 배우들에게 미리 첫 대사를 알려 주고, 대사를 잊어버리거나 틀리지 않게 도와준다. 이 때문에 극단에서 이 '프론페타'의 역할은 배우처럼 중요했다고 한다. 하지만 이들은 배우A급 만큼 높은 임금을 받고 있어서, 규모가 큰 극단에서 주로 활동을 하였다.

비밀문서는 무엇이길래 유랑극단 내에서는 그들이 사용하는 대본을 이렇게 말하기도 했다. 유랑극단은 전쟁 이후, 공연문화를 접하기 쉽지 않았던 마을에서 유랑극단은 인기가 높았다. 그래서 대본이 많을수록 무대에 올릴 수 있는 공연 횟수를 늘릴 수 있어서 그들에게 대본은 중요했다.

당시 단장의 이름을 내걸고 운영했던 유랑극단은 지금의 엔터테인먼트 같았다. 공연을 위해 필요한 대본은, 비밀문서처럼 특정 사람에게만 공유되었다. 그 대본을 공유할 수 있는 것은, 유랑극단에 대표격인 단장과 연기부장만이 가능했다. 당시 포장극단에 연기부장이기도 했던 강명인의 구술에서도 이러한 내용을 확인할 수 있었는데, 대부분의 대본들은 그 값을 지불하고 건네받았다고 한다.

또한, 대본의 표지에는 제목과 배우들의 실명과 예명이 기록되어 있어, 대본을 각각 옮겨 적었음을 확인할 수 있다. 대본은 그대로 옮겨 적었으나, 극단의 연기부장이 각색하기도 하고, 공연 시간을 고려해, '각기바리', 즉, 쪽 대본을 만들어 공연을 올리기도 했다고 한다.

그런데, 당시는 지금처럼 대량복사할 수 있는 인쇄기나 컴퓨터가 없었기 때문에, 대본을 직접 손으로 공책에 옮겨 사용했다. 대본은 대부분 볼펜으로 공책에 옮겨 적은 필사본 형태로, 대본 전체를 옮겨 적기도 했고, 각 배역에 맡은 부분만을 필사하여 사용하였다고 한다. 그래서 이들이 공연에 사용했던 대본을 보면, 대본의 어느 부분에서는 내용이 같지 않음을 확인할 수 있다. 이러한 상황으로 유추해보면, 같은 제목이라도 내용이 다른 대본이 여러 권 있었을 것으로 보인다.

이러한 대본을 그들은 몇 가지 형식으로 구분했는데, 이조극·사극·현대극이라고 나누기도 부르기도 하고, 고대야화·창극·신파극 등으로 나누어 부르기도 했다. 하지만, 시대구분으로 나눈 것도 있고, 공연형식으로 나눈 것도 있다. 이러한 기준은 배우들이 이해하기 쉽게 구분한 것으로 보인다.

한국의 전통 공연무대는 근대 이후, 조선 시대를 배경으로, 창극화된 고전소설은 전통의 시대에도 출판되거나 필사되어 활발하게 유통된 작품들이 많았다. 당시 판소리 다섯 마당이 인기를 끌게 되자 이름이 알려진 고전소설이 각색과 번안을 거쳐 공연화 되기도 했다. 이런 맥락에서, 이후에도 <장화홍련>은 연극과 영화로도 만들어져 꾸준히 대중의 사랑을 받았던 것을 생각해 볼 수 있다.

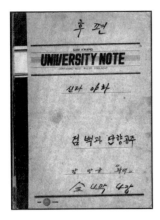

또한, 유랑극단의 연극무대에는 고대왕실古代王室의 이야기와 역사적 인물의 이야기를 각색한 것으로, 고대야화古代野話도 포장무대에 많이 올려졌다고 한다. 남녀의 애절한 사랑을 주제로 한 <피 묻은 칼>, 작품 중에서 특히 <검백과 단향공주>는 명인의 기억에서 인기를 얻어 자주 공연했다고 전한다.

배우들은, 인터뷰를 통해서도 역사적 인물을 소재로 한 작품들을 한꺼번에 '고대 야화'라 부르기도 하고, 조선시대 배경은 '이조 야화', 신라시대를 배경을 가진 대본은 '신라 야화'라고도 했다. 야화野話라 칭한 대본 대부분은 왕을 중심으로 한 역사적 인물이 등장하는데, 이러한 이유로 어떤 배우들은 이것을 통틀어 '사극史劇'이라고 한꺼번에 칭한 것으로 유추해 볼 수 있다. 이후, 유랑극단에서는 판소리계 소설, 당시 유행하던 창극, 역사적 배경을 주요 소재한 이야기 등을 무대에 올린 것으로 볼 수 있다.

그런데 공연대본에 창唱이 많았기 때문에, 배우들은 단순히 연기만 한 것이 아니라, 판소리를 해야 했기에 소리꾼이 되어야 했다고 한다. 그래서 유랑배우들이 스스로 말하는 A급, 즉 소리도 잘하고, 연기도 잘하는 배우들이 있는 유랑단에서만 이 공연이 가능했다고 한다.

이후 유랑극단에서는 신파극이나 새로운 유형의 현대극을 새롭게 각색하여 공연하기도 했다. 주로 개화기를 겪으면서 일어난 사회적 변화와 맞물린, 가족과 연인 사이의 사랑 이야기가 각색되어 공연무대에 올려졌다.

PART 2

포장극단 비밀문서

일러두기

유랑극단 공책에 필사된 공연대본을 그대로 타이핑 하였다. 그러므로 부분부분 대본의 오타와 오기는
당시의 대본을 그대로 옮겨 생긴 것임을 미리 밝혀 둔다. 이는 임의적인 수정으로 인해서 원본의 의
미를 희석할 수 있는 부분들을 최소화하기 위해서이며, 또한 대본으로 공연상황을 알 수 있기 때문이
다. 다만, 배우들이 공책에 옮기면서 생긴 맞춤법 오류 중에서 문맥상 의미를 바꾸어 전달될 수 있는
단어에 한하여 수정하였다.

조선야화(朝鮮野話)

숙종과 장희빈

등장인물 : 불량배, 숙종대왕(이조 20 대왕), 대왕대비(계증조고), 희재(희빈 동생), 곤전(왕비), 왕대비(계모후), 조사석(남인당), 김석주(서인당), 별감(궁중별감), 단춘(희빈에 하녀), 박태보(노재왕), 박서방(군졸), 최서방(군졸), 여승(승방여승), 희빈(숙종에 애첩)

제1막

(곤전의 탄식대년 숙종 왕비에 숙종에 만조 백반이 참석해 있다)

합장   에헤라 발월도 데헤라 측수로 순연장무
큰북소리 국태민안 저람선이 에헤라 방월이요
데헤라 삼현육갑 슬픈소리 메디메듸
온장안디 에헤라 말월요 예헤라 축수요

숙종   오늘 곤전에 일일 축연을 만주에서 받드러 주니 짐에 마음 기묵하여 즐겁기 이를 땡 없오.

일동   상감마마의 성덕인가 하옵니다.

숙종   그런데 한 가지 미련한 것은 오늘이 즐거운 수연에 대왕대비서 불참하였으니 혹시 노여움을 사셨는지 불안하기 짝이 없오.

왕대비   그렇다면 누가 들어가서 모셔오도록 하게 하시오.

숙종   누가 들어가야 증조고의 노여움이 풀리실는지, 곤건이 들어가 모시고 나오시 겟오?

왕대비   곤건보다 상각이 들어가시면 혹시 노여움을 사셨드래도 금방 풀리실 것 같오.

숙종   하, 대왕대비께서는 연귀가 무하시여 조그만 말에도 노여움을 사시기 쉬우니 극히 조심해 받들기 부탁 하겟오.

일동   깊이, 명심하겟다옵니다.

숙종	그러면 어마마마, 증조고마마를 모시고 나오겟 나이다.
왕대비	상감이 친히 거동하게 해서 황공하오이다 (퇴장 외) 대왕대비께서 또 무슨 망녕을 내놓으시려구 참석은 안 하셨는지.
이세화	요새 남인당들이 다시 머리를 들어 볼라는 기세가 보다는데. 또 어느 요사한 연들이 말질을 해서 노하신 게 아닐까?
왕대비	정말 망년이 나섰지. 서인이니 남인이니 그 어른까지 당파에 가담한다? 뭣이람?
박태보	대왕대비의 몸체 조사석이 남인당이니, 대왕대비도 조사석에게 말리신 것 같오외다.
왕대비	앞으로 당파싸움이 없어야 하겟는데, 상감마마 옥체까지 염려되어 일이 많았오이다.
이세화	한때는 장성웅인으로 해서 소란햇던 궁중이 곤전마마께서 책임하신 후로는 그야말로 사회 열풍이 경사만 연달이었으니, 곤전네 다복하심은 만백성의 국모 되시고도 남음이 있는 줄 아옵니다.
왕대비	아이구 좋아라. 오늘 여러 대감이 우리 며누리 칭찬하시니 시어미 되는 내 코다 가 우뚝 해지는 것만 같오이다.
재상들	하하, 황공하옵니다.
온신	어마마마, 몸둘 바를 모르겟나이다.
박태보	궁중에 경사가 백성의 경사고 백성의 경사는 하늘에 뜻이니, 이 경사의 잔치가 크고 반가온 것이오이다.
박서방	(등장) 대비마마께 아뢰오. 김석주 영감이 입사하여 대비마마께 거래하옵니다.
왕대비	석주가 왔어? 들여 보내라.
박서방	네(퇴장)
왕대비	그럼, 곤전. 잠깐 다녀오리다.
곤전	어마마마, 이 밖에 돌층계가, 요전 비에 씻겨 험산 하여 소녀가 모시고 가겟아옵니다.
왕대비	아이구, 고마워라.

곤전	어서 잡으시옵소서
왕대비	(손을 잡으며) 곤전의 손을 잡으니, 천리라도 따라갈 것 같오.
박태보	왕대비는 곤전을 아끼시고. 곤전은 왕대비를 따르고 서가에도 이런 일이 있다면 왔던 집이나 하겠오이다.
이세화	그렇지요. 가회가 만사성이라 곤전을 두고 이르런가 하오이다.
숙종	(나오며) 곤전과 왕대비께서는
박태보	금시에 사초로 드신듯 하오이다
숙종	대왕대비 노여움이 깊으셨으니 곤전에게는 심심한 일이나, 오늘 대연은 이 것으로 끝을 맡겨야 되겠오.
이세화	대왕대비께서는 침노해 계시옵니까
숙종	오늘 대비께서 대연에 먼저 모셔와야 할 어른을, 나도 그만 아차하고 과실 을 범햇오.
박태보	소신들도 아니 살피지 못 하와, 크나큰 불편을 끼쳐 사오니, 황공하기 그지 없나옵니다.
숙종	새연을 끝마치고 따로 대죄해야 할 일이니, 우리는 오당으로 나갑시다. (일동 퇴장) (박, 최, 무술 등장)
박·최 (창)	아뢰어라 거래하라 대왕대비 문안이요 조사석이 입시하여 대비전에 거래하니 시행급급 독촉 지체말고 거래하라
무술	대비마마 환후 깊어, 숨에 거래 금족이니 상궁 불러 거래하오. (퇴장)
최	가자가자 또 가보자 받은 녹은 쥐꼬리요 하는 일은 태산이라. 뼈골바쳐 녹 초되지 기진맥진 다리떨려 눈망울이 다가온다.
배	여보게 최 서방, 아까 김석주 영감의 거래는 내가 햇으니, 이번 사적영감 거래는 자네가 하게.
최	그건, 왜 그래? 나도 허기가 져서 혼자 하지 못하겟다.
박	그럼, 너는 왜 나를 시켜 먹었지?
최	그건 너의 서인당 일이니까, 그랫지.
박	그럼, 이 조사석 일은, 남인당실이니까 네가 할 일 같아.

최	잔소리 말고, 이제 가자.
탁	너는 서인당 일이다고 안한 일을, 날더러 남인당 일을 하라구?
최	너의 서인당 일은, 아무리 해주어도 생색이나 안 나지.
탁	그래도 너희 남인당 일이, 서인당 일을 할 때 보다는, 내 뺙이 우둑해 지더라.
최	우리 남인에도 허적대감이 성사할 때는 얼마나 좋았서. 그런데 너희 서인이 들어와서는 쓰디쓴 막걸리 한잔 못 얻어 봤다.
탁	덮어놓고 공짜를 바라는 것은, 도적놈에 배짱이다.
최	무엇이 도적놈에 배짱?
탁	기고만장해서 백성들을 등쳐먹다가 서인에게 쫓겨나게 되니까 장력관에 딸을 불러드려 성심까지 등폐하다 들켜놔서, 나라에 귀양을 가는 꼴이란 참 혼자 보기가 아깝더라 아까워.
최	장성중인도 애매한 것은, 너의 서인들이 오해한 거야.
박	큰소리 마라. 세상에 맹랑한 것이 남인이야.
최	뭐라구? 그럼 너희는 도적놈이야?
박	남인데 생목
최	서인의 당목
박	남인에 앞잡이(조사석 본다)
최	이 자식이(친다)
박	이게 사람을 친다?
사석	야 이놈들아, 위에서 시키는 일이나 할 것이지. 군졸 놈들이 서인, 남인 당파싸움이야.(친다)
	(석주, 하수 등장)
박	영감마님, 저놈이 남인이라고 서인을 욕을 하기에.
사석	이놈, 아무리 서인의 찌꺼기를 빌어먹는 높이기로 남인을 털어 함부로 험담을 하다니.
최	이놈이, 남인을 역적이라고 햇습니다.
사석	무엇이! 이놈 남인이 무슨 역적질을 하더냐! 바로 대지 않으면 능지를 하

리라.

박   영감마님 제가 볼 게 아니옵고 남에 말을 듣고 한 말이니 용서해주십시오

사석   이놈, 누가 그런 말을 하더냐? 아가리를 찢어 놓으리라. (친다)

석주   (막으며) 사석영감, 점잖은 양반이, 군졸을 치다니 체모가 사납지 않오?

사석   석주영감 그렇게 영감도 서인이라 의란 서인편을 들거요?

석주   무슨 말슴이요? 군졸까지 데리고 동서 당파싸움을 하다니. 영감꼴이 사납지 않오.

사석   뭐요? 아니 누굴 꾸짖는 거요? 훈계요? 주죄 없는 참견 말고 물러가시오.

석주   아니 뭐라구요? 영감이 뭘 믿고 이렇게 큰소리를 치는 거요? 대왕대비의 종제나 눈에 뵈는 것도 없오?

사석   알았오. 석주영감은 왕대비의 종제라 횡행천하를 할 줄 알지만, 나도 다 죽지는 않았으니 나중에 두고봅시다.

석주   인간이 치사하기로 저럴 수가 있을까!

박   영감마님, 죄송합니다.

최   영감마님, 뵈올 낯이 없습니다.

석주   이 사람들아, 서인이고 남인이고 다리를 위해서 싸우는 것이 사사 물욕이나 감정에 끌린다면 아름답지 못한 일이니 다시는 그런 일이 없도록 하게

박최   예 명심하겟아옵니다

석주   (돈 주며) 자 이걸 가지고 나가서 술이나 얻어 놓고 화해나 하게

최   아이구, 무슨 염치로 알겟읍니가.

석주   자 걱정말고 받게 (준다) (곤정과 대왕비 등장)

대비   오, 석주영감 왔다.

석주   왕대비 마마

대비   나를 보겠다고 기별은 벌써 하고, 인제 들어오며 어떻게 해!

석주   황공하옵니다. 상감께 헌신하기에 지체가 되였읍니다.

대비   그런 걸 모르고 난 얼마나 기다렸다구. 그럼 들어가지.

곤전   어마마,마 소녀가 다시 모시겟아옵니다.

대비   아니요. 이번에는 석주가 있으니 그만두오. 그런데 모두 어디로 갔을까?

석주	대왕마마는 노재상과 묘당에 계시옵기 현신 햇아옵니다.
대비	대왕대비를 모시러 갔던 영감이 묘당에 계신다면 대황대비께서 기여히 망녕을 떼신 게지요.
석주	조사석이 드나드는 눈치인데, 그 인물에 조작이 아닐까요?
대비	모를 일이야. 요새 남민들의 움직임이 이상들 하니까.
석주	그러나 대단치 않아오니, 하염지 아시옵소서.
대비	그럼 곤전은 들어가 있으시오. 어떻게 된 일인지 좀 알아봅시다.
곤전	어마마마 안녕히 내려가시옵소서.(퇴장)
최	여보게, 박서방. 내잘못이 많았네.
박	아니야. 내 고집 때문에 그렇네.
최	이제 우리는 배부른 놈에 장난 같은 당파싸움은 집어 던지고, 우리 하줄들에 할 일이나 하세.
박	그래 내 마음은 다 풀렸어.
최	내 마음도 아주 좋아졌어. 참, 여보 박서방.
박	여보게, 최서방.
합창	이렇게도 좋은 사이에 당파싸움은 왜 햇던가! 원수놈의 당파싸움. 피 흘리는 당파싸움. 우리들은 피 툭 털고 깨끗하게 일어서서 가자. 하졸직책 우리 할 일 시행 급급. 어서 가세.
조대비	그래 김석주가 우리를 능멸하다니 그런 무엄한 건 무너뜨려야 하겟다.
사석	여기서 그랫는데, 아마 달아났는가 하옵니다.
조대비	제가 달아났으면 천리를 갔겟느냐? 만리를 갔겟느냐?
사석	누님. 정말 분풀이를 하자면 여둘기만 할게 아니라, 왕대비까지도 몰아내세요.
조대비	왕대비까지, 글쎄 묘택리 있을까?
사석	지금 조정안에 있는 서인을 몰아내고 남인을 등장시켜 야만, 왕대비도 물러나게 되고. 또 그렇게만 된다면, 저도 그 통에 큼직한 감투 하나 얻어쓰게 된단 말입니다.
조대비	그러나 왕대비는 상감에 계모인데 상감이 말을 들을까!

사석	생모가 아니고 계모니까 몰아내기가 더 쉽지 않습니까. 그리고 왕대비는 서인당이에요 그대로 두었다가는 우리 남인이 큰일 나요.
조대비	아무리 그렇더래도 몰아내자면 무슨 트집이래도 있어야 잡아내지
사석	전에 중전 김씨를 몰아내려다가 축출당한 장성증인이 있지 않습니까.
조대비	오 참, 정력관에 딸 말이지 아닌게 아니다 얼굴은 미색이지.
사석	막을 듣자 하니, 영감께서는 가끔 그 장성궁에 말씀을 하시더니.
조대비	그럴테지. 그대가 상감께 첫 번 승인을 받친 애가 아니냐?
사석	우리 일을 제대로 만들자면 그 애를 불러들여야 합니다
조대비	그러나 그 애가 몹시 요사해서 축출을 햇는데, 상감이 다시 부르라고 할까.
사석	장장궁인을 불러들일 좋은 핑계가 있습니다.
조대비	아니 좋은 핑계라니?
사석	곤전이, 혼인 기례를 올린지가 벌써 몇 해입니까. 그런데, 아직까지 왕자를 볼만한 자색이 없으니, 이번에 부축일 것은 곤전이네요. 그 곤전을 (귀속말)
조대비	음 그러면 검석주에 분풀이는 나중으로 돌리고 곤전을 급히 만나야 하겠다.
사석	제 말대로 만하면 틀림없을 것입니다. 아주 규정을 지세요. 아니 저기 상감이 들어오십니다. 왜 들어오시는지 저기 가서 등정을 살펴 보실까요?(숨는다) (숙종 무술 등장)
숙중	무술아, 곤전께 나오시라 여쭈어라.
무술	네(퇴장)
숙종	오늘 수연을 중도에 파해서 곤전이 섭섭하겠지!
곤전	(등장) 상감마마.
숙종	곤전 미안하오.
곤전	무엇을 말씀이오니까?
숙종	곤전에 생일 수연을 흐지부지해서.
곤전	할마마마 환후 중에 소녀의 생일쯤은 삼가해야 할 일을. 너무 황송햇아옵니다.

숙종	할마마마의 황후가 사실은 깊지도 않으신 것. 어찌 꾸지람을 하시던지, 나도 송구 햇었오.
곤전	환후가 깊으셨는게 아니오라, 노여움이 깊으셨던 것을, 소녀도 짐작 햇었아옵니다.
숙종	과연 총명한 곤전이야 내 마음 더 버릴 것이 없오.
곤전	하느님 일다도 거룩하신 어른이 왕대비마마 세요. 시어머님 되시는 어른이 친어머님보다 더 애끼고 살펴주시니.
(창)	하해 같은 대비은총 철부지를 거두실 때 떡과 지혜 뿌리박아 애지중지 가릅시니 마음속에 꽃이 피고 육신자혜 가저가오.
숙종	곤전! 곤전은, 아마 아마마마 앞에서 어리광도 부릴거야,
곤전	네
숙종	어디 지금 내 앞에서도 좀 부려보구려.
곤전	상감마마 부끄럽사옵니다.
숙종	하하하, 노재장들도 곤전을 칭찬을 어찌하는지 내 어깨는 그만 으쓱해지겟지 하하하
곤전	박태보, 이세하. 그 노대감들은 친어버이 같은 마음이 드옵니다
숙종	우리나라 주추제신들이 아니요.
곤전	참, 깜박 잊었아옵니다. 할마마마께서 지금쯤은 노여움이 풀리셨을듯 하오니 대죄도 할 겸. 문후를 드려야 하겟아옵니다.
숙종	그렇지, 좀 풀리신다는데 문후를 드리러 간다면 용서할 거야.
곤전	망녕이 드실 연세이시라. 그 뜻만 거스르지 않으면 깨어있는 말슴도 많이 들려주십니다.
숙종	세상에 곤전을 미워할 사람이 어디 있겠소. 아무리 아귀귀신이라도 곤전 앞에서는 꼼짝을 못 할 거야. 그럼 나는 나갈테니 다녀와요.(퇴장)
곤전	무술아, 애 무술아.
무술	(등장) 곤전마마
곤전	할마마마께 문후드리러 가자.

무술	마마, 저기 대왕대비께서 안으로 나오시옵니다.
곤전	어머나 진작 들어갈 것을. 나오시도록 있었으니 크게 진노하셨겠다.
무술	어찌 하겠아옵니까
곤전	무슨 벼락이 떨어질지. 목이 떨어져도 대죄 해야겟다.
조대비	(등장) 곤전
곤전	할마마마
조대비	잠깐, 조용히 만날 수 있소?
곤전	애 무술아 너는 물러가 있거라.
무술	네(퇴장)
조대비	내가 이렇게 아픈 몸을 이끌고 나온 것은 다름이 아니오라 내 나이도 이제는 인생으로 다 늙어 오늘 어떨지 내일 어떨지 사람에 명을 어찌 장담하겠지.
곤전	할마마마, 성수 아직도 무하신배 아니오니 심려를 거두시옵소서.
조대비	아니오. 모든사람들이 나더러 망녕 났다고 어서 죽기를 바라지만 사람이 욕심이 그렇진 안단 말이요. 이왕 죽도록 살았던 바에는 혈온까지 얼고 싶단 말이요. 손손까지 말이요.
곤전	모두가 소녀의 죄인가 하옵니다
조대비	그렇지 곤전도 가례식을 올린지가 벌써 변제인데 왕자를 볼 기맥이 보이지 않으니 이 얼마나 딱한 일이요.
곤전	열성조게 끼친 불효. 헤아릴 수 없아옵니다.
조대비	그야말로 배지 않은 자식을 낳으라는 격이지 나는 배지 않은 자식을 억지로 낳으라는 게 아니고 고전이 이왕 낳지 못할 바에는 후궁이라도 하루바데려다가 왕자를 봐야 하겠기에 말이요.
곤전	할마마마 하명 하옵시면, 명대로 따르겠나이다.
조대비	하하 그렇지 곤전이 그렇게 싹싹한 대답을 할 줄 알았오.
곤전	적당한 인물을 하고 하옵시면, 어김없이 데려 오겠나이다.
조대비	그대야 열성조에 대한 곤전에 죄도 사해지는 것이지, 어김없이 시행하겠다는 다짐은 받아야 겟오.

곤전	죽기를 한하고 다짐 두겠나옵니다
조대비	그 인물은 장성궁인이라고 혹시 들었는지.
곤전	장성궁인이옵니까? 처음 듣는 이름이옵니다.
조대비	그 애가 열여섯에 상감께 승인을 받쳤는데, 그 후에 서인들에게 추방을 당했어요.
곤전	예. 그런 일은 금시초문이옵니다.
조대비	그 애를 다시 재업시켜야 상감성덕에도 도움이 되고, 곤전도 어진 여인이 될 것이요.
고전	부탁한 소녀가 어찌 거역의 죄까지 짖아오리까. 어김없이 따르겠나옵니다.
조대비	그럼, 나는 나가서 상감을 들라고 하겠으니 부디 내 말을 잊지 마오. (퇴장)
무술	(등장) 곤전마마, 이일을 어찌 하오리까?
곤전 (창)	하늘이 무너지고 땅덩이가 갈라진 듯 이렇게 망이 맥혀 날벼락이 또 있을까 (운다)
무술 (창)	발길이 맑으시고 부처같이 착한 마음 장설궁인 씨앗으로 사나운 칼 일시겟오.
곤전 (창)	칠거지악 걸머진 죄 빠져갈 길 막연하고 할마마마 다짐 둔 일 무슨 낮에 거역하리 내 신세가 기맥혀라 무슨 죄로 곤전되여 앵도다래 사로잡혀 굴레 속에 들었는지.
숙종	(등장) 곤전
곤전	상감마마
숙종	할마마마께서, 곤전에게 급히 들어가 보라시니 무슨 일이요?
곤전	곤전의 청이, 있아온데.
숙종	청이라니? 곤정의 청이라면 뭣을 못들겠오.
곤전	무술이는 물러가 있거라.

무술	예(퇴장)
곤전	상감마마, 이 곤전을 이 죄를 용서하시옵소서.
숙종	아니, 별안간 무슨 말이요?
곤전	죄도, 이만저만한 죄가 아니옵니다. 칠거지악에 드는 죄이옵니다.
숙종	무슨 말인지 요령을 모르겠오. 누가 곤전에게 죄가 있다고 합니까.
곤전	상감마마께 왕자를 보여 드릴 기맥이 없으니, 이같이 큰 죄가 어디 있겠오이까.
숙종	나는 죄를 졌다기에 깜짝 놀랫더니, 겨우 그거요?
곤전	열상조에 대한 이 곤전에 죄로 벗겨 주시자면, 장성궁인을 재입시켜 왕자를 보셔야 하겠아옵니다.
숙종	아니, 곤전이 장성궁인데 말을 어디서 들었오?
곤전	잘 아옵니다
숙종	할마마마께서 그런 말을 합니까! 장성궁인을 불려드려 궁중에 불란을 또 일으킬 수는 없오.
곤전	장성궁인에게 다소 흠이 있다 해도 저만 너그럽게 대하면 그만이오니 한시 빠삐 재입시켜 주시옵소서
숙종	그런데 별안간 왜 그런 말을 하는 거요.
곤전	상감마마의 실수는 높아가시고 세자보길 기맥을 막연하니, 이 곤전의 죄가 무거워만 가는데 안타까워 아뢰는 말슴 이오이다.
숙종	곤전, 그것이 곤전에 마음에서 우러나 하는 말이요?
곤전	이 마음의 주성이오이다.
숙종	곤전, 다시 임걸에 못지 않는, 내 사랑이요. (포옹)
곤전	상감마마, 어서 전교를 보내 장성궁인을 입사케 하옵소서.
숙종	정성궁인도 생각하면 불쌍한 인물이요.
곤전	상감마마, 성심에도 잊어버리시지는 않으셨아오니, 어디 부르시옵소서,
숙종	그것이 곤전의 소망이라면, 이 길로 나가면 전교를 보내 장성궁인을 데려 오리다.
곤전	상감마마, 망극하오이다. (엎드려 운다)

(숙종퇴장 무술 왕대비 석주 등장)

대비 (곤전일으키며) 곤전, 무술이에게 들었오. 장성궁인을 재입시킨다니? 고요했던 궁중이 또다시 뒤집히는구려.

곤전 어마마마 (운다)

대비 곤전, 어쩌자고 그런 말을 상감에게 햇드란 말이요?

곤전 할미마마의 어명이옵고. 소녀는 죽엄으로 다짐햇아옵니다.

대비 대왕대비도 망녕이시지. 꽃 같은 곤전 가슴에다 불을 질러 주시다니. 끔찍하오. 어지러운 꼴을 어찌 보리요.

곤전 어마마마, 장성궁인이 소녀를 친다면 미칠거옵니다. 미친다면 엎어저서도 참고 견디며 보겟아오니 집념치 마시옵시소서.

대비 어질게 착하고 귀여운 곤전에게 닥칠 분해를 눈실 뜨고 앉아 보리요. 이 어미가 팔 걷고 나서서 싸워 보리요.

곤전 어마마마, 이 곤전은 복이 넘치옵니다. (읍한다)

석주 고요한 궁중에 광풍이 불었도다. 나라에 주추가 흔들리는 당색당풍 판가러 싸움에 무고한 백성에 피가 또 얼마나 흘려야 할지. 아~하늘도 무심하시지. 이 나라에 내려질 골육상정이여.

곤전 어마마마

대비 곤전

1막 꽝

제2막 (2년 후)

장성 하하하 그것이 날 내쫓았던 벌을 받은 거예요. 그래도 죽어버린 김씨가 내게 다 그런 청악을 하고도 잘살 줄 알았어요. 나를 못살게 내쫓더니 처로 살은 맞아 죽었어요. 살을 맞아서요 하하하

숙종 그러나 그 죽은 김씨도 나쁜 사람은 아니었단다

장성 (톡 쏘며) 그런 말씀 마시여요. 아직도 죽어버린 김씨를 못 잊어 말씀 이시

	와요?
숙종	글쎄, 왜 또 암상이야?
장성	암상이 아니에요. 죽은 중전과 이년에 곤전보다도 먼저 상감께 승은을 받던 저 올씨다.
숙종	그리니까. 내가 널 못 잊어 다시 데려온 게 아니냐?
장성	못잊더만 하면 뭘해요? 이번에 날 재입시킨 것은 곤전이래 던디요,
숙종	아닌게 아니라. 곤전에 힘이였다. 그 신세는 잊지마라.
장성	나는 그간에 추방을 당해서도 상감마마를 생각하고 얼마나 울었는지 늙어버린 칭손이 억울해요.
숙종	우리가 또다시 만난지도 벌써 일 년인가?
장성	상감마마, 지금 제 뱃속에는 무엇이 들엇는지 아세요?
숙종	야, 이것 듣던 중 반가운 소식이구나.
장성	왕자를 낳아드리면 그 왕자는 어찌 하시겟어요?
숙종	어찌하다니? 세자로 봉해야지 내 아들이면 세자가 아니냐.
장성	그럼, 저는 무엇이 되지요?
숙종	너는, 당장에 희빈으로 봉해주마.
장성	세자를 낳아드렸는데, 겨우 희빈에 직책밖에 없나요?
숙종	직책은 나중에라도 올릴 수가 있지 않으냐.
장성	그렇다면, 세자는 누구의 차지가 되지요?
숙종	그야, 할 수 있나! 곤전을 주어야지.
장성	하하하, 세자를 낳기는 제가 낳고, 차지는 힘 안들이고, 곤전이 찾이 한다구요?
숙종	곤전과 너와는 지체가 다르니 별수 없지.
장성	지체요. 흥 그건 너무 억울한데요.
숙종	쓸데없는 걱정 말고. 세자를 낳는다면 내게도 억울치 않는 처사를 할 테야.
장성	상감마마, 날 위해 주세요. 내 마음을 즐겁게 해주세요.
숙종	내가 네게 거짓말을 할까 봐 다짐을 두느냐?
장성	나는, 세자를 모시는 소중한 사람이에요.

숙종	오냐, 네가 세상에서 제일이다. 하하하.
장성	제일이 아니면요? 나를 박해하고 미워하면 다시 이렇게 석뛸테에요.
숙종	에 아니라. 세자 떨어질라.
장성	하하하. 그럼 내 소원을 들어 주시겠어요?
숙종	오냐, 머리에다 이고라도 다니마.
장성	아이 좋아라. (어리광) 상감마마.
숙종	왜 또, 그러느냐?
장성	저 한가지 청이 있어요. 그렇게 귀찮게 여기시면 막 뛸테예요. (뛴다)
숙종	왜 이러느냐? 세자 다칠라.
장성	그럼 왜 제 말을 듣는 척도 않아요?
숙종	내가 다 들었다. 네 말을 듣고 있도다.
장성	그럼 내 청을 들어주세요.
숙종	그래그래 청이란 뭐냐 말이나 해봐라
장성	제가 추방을 당해서 어렵게 지낼 때 조사식 영감께 온 도움을 받았어요.
숙종	조사석 그것참 좋은 일을 햇구나.
장성	요새 들리는 소문에 의하면 우의정 자리가 비었다는데
숙종	그래 우의정 자리가 비었으면
장성	조사석 영감을 우의정 자리에 앉여 주세요.
숙종	외야 사석을 우의정 자리에?
장성	왜, 안될 말씀을 드렸나요? 아, 내몰았다가 다시 데려오셔도 세자만 낳았는데 그만한 일도 못 들어 주신다면 정말 야속해요. (운다)
숙종	오냐, 울지마라. 네 소원대로 해주마.
장성	그리고, 또 제 동생 희재는 어떻게 해주시겠어요?
숙종	온 네. 성화에는 숨도 못 돌리겟다. 그럼 빈청으로 나가자.
장성	(잡아끌며) 상감마마 시각이 급해요. 어서 나가세요.
	시각이 급해요 (넘어진다)
숙종	아서라. (일으키며) 세자 다칠라. 조심해서 가만가만히 나가자. (2인퇴장)
곤전	(등장)

해가뜨니 날이 밝고 달이 뜨니 밤이여라

해가뜨나 달이뜨나 빛깔 없는

내마음은 꿈속으로 방황하니

저승길로 아득하다

얽히고 설킨 실음 어느 때나 풀리려나

대비	(등장) 곤전, 몸이 불편하다면서 왜 나왔오?
곤전	할마마께, 문 후 드리러 나왔아옵니다.
대비	그래, 대왕대비께서 곤전의 병들어 가는 것을 보니 좋다고 하십니까?
곤전	어마마마 장성궁인은 왕자를 갖었다 하옵니다,
대비	무엇이 왕자를 대왕대비가 그럽디까?
곤전	예, 얼마나 경사스런 일입니까.
대비	곤전
곤전	소녀와 같은 인간은 벌써 죽었어야 좋았을 것을 무용지물이옵니다.
대비	아니요 장성궁인이 왕자를 가져서 나라가 잘될지 누가 알아 장담은 하겟오. 그러나 날이 가고 시간이 갈수록 수척해가는 곤전을 눈물겨워 어찌 보리오.
곤전	어마마마, 이만한 일쯤 견듸여 가지 못한 곤전이 아니오지. 고정하옵소서.
대비	부처와 같은 곤전 가슴에다 못을 박아준 인간들도 머지않아 쓰리고 아픈 만큼 천벌이 내릴거요.
곤전	어마마마 오늘은 침전에 모시 업고 시 산기를 소리쳐 읽어 드리겠나이다.
대비	감시라 곤전이 애처러워, 떨어져 있지 못하겠으니
곤전	그런 할마마마께 미음을 쑤워 받친 후에 가겟아오니, 먼저 드시옵소서.
대비	대왕대비께서 곤전에게 미음까지 쑤어 올리라 하십디까?
사석	여보게 희재, 일은 이제 바로 들어서기 시작했으니.
희재	영감, 영감은 이제 우의정 대감이에요. 하하하.
사석	자네는 어영대장이야. 이만하면 감히 어느 놈이 우리 몸에 손이나 대보겠나.
희재	그런데 참 어제 밤일을 어떻게 햇으면 좋겠어요? 포교돌이 온통 잡으러 다

니고 난리가 났는데.

사석   이 딱한 사람아. 아무리 술이 취햇다 할지래도, 남의 집 계집애를 죽도록 때린데가 어디 잇단 말인가?

희재   술김이니까 그런 거.

사석   그래, 악이 가득한 과부의 딸이라 온 장판도 외치고 다녓으니 그런 그분이 상감마마 귀에 들어가면.

희재   그러니까 포졸들이 잡으러 다니는 것이 아니에요

사석   그러면, 그 일은 애문의 적시가 내린 다음에 하기로 하고 다른 구신들 해 지금은 별 도리가 없어.

희재   포교들이 설마 이 안에까지야 들어오지 못하겟지요.

사석   암. 여기가 어디라고 함부로 들어와 걱정할 것 없어. 그래 계집애는 아주 죽엿나?

희재   그것참, 재수가 없을 테니까. 그따위가 걸려서 망설이니.

사석   그래 죽엇어.

희재   그렇게 때리지는 않았는데 유리창에 엎어져서 목이 찔려서 죽엇어요.

사석   걱정할 것 없어 상감마마도 지금 자네 누이의 장중에서 놀고 있는 거야. (무술 등장) 여봐라, 너 그게 뭐냐?

사석   참, 여기까지 들어왔던 중이니 나는 대비전에 다녀와야겠네(퇴장)

희재   여봐라 너 몇 살이냐?

무술   남에 나이는 왜 물어보세요?

희재   너, 나를 모르니? 장성궁인이 우리 누님이요. 장차 어영대장이 나를 몰라봐.

무술   아이구! 장성궁인의 동생이나 되엿기에 망정이지 좀 더 높았으면 뺙따귀 불어질뻔 했네.

희재   이런 요망한 년이. 어디서 함부로 임을 놀려.

무술   공연히 지나가는 사람에게 말을 부쳐 가지고, 임을 놀린다고 트집을 잡네.

희재   너, 그래야, 이로울것 없어.

무술   추근추근이 굴지 마세요. 하하하.

희재	하하, 그것참 얄밉다가도, 웃는 걸 보면 귀엽거든.
무술	이 양반이, 왜 이러나요? (하며 잡는다)
희재	못 놓겠다. 너 왜 토라지니.
무술	이러면 소리지를 테요.
희재	왜, 양탈이냐?
무술	아무도 없소 사람 살리우
희재	(입을 막으며) 이게 기를 쓰나!
곤전	(나오며) 뭣들이냐?
무술	곤전마마
곤전	왜 이리 소란이냐?
무술	저 사람이 장성궁인의 동생이라고 하면서, 달려들어서 성화를 시키옵니다.
곤전	장성궁인 동생이 무엇 때문에 궁중에 들어와 추태를 부리드란 말이냐?
희재	곤전마마. 젊은 풍성에 계집에 손좀 잡아 봤기로 그까지 큰 죄 될리는 없을 줄 압니다.
곤전	무엄하다. 뉘 앞이라 말대답인구?
희재	곤전마마도 젊으셨으니 젊은 사람에 심정을 알아주실 듯하건만 오렴만 추상같으니 섭섭하기 이룰 때 없아옵니다.
곤전	안하무인이로구나 여봐라 뉘 없느냐? (이때 장성궁인 다가온다)
무술	곤전마마 군졸이 들어오면 몰아내라고, 소리가 나는 것이다.
	(최, 박 등장)
곤전	장성궁인
장성	궁인이 아니오이다. 세자까지 뱃속에 있네. 이제는 희빈으로 불러 주시옵소서 당당히 직첩까지 받았오이다.
곤전	괫심한 것. 동생에 잘못이 있으면 사과는 고사하고 인사라도 있어야지
장성	내 동생인줄 알았으면 나를 넙주시 불러 말슴할 것이지. 군졸까지 불으셔야 하겠읍니까 알았오이다. 곤전께서 날 미워하는 줄 압니다. 그러나 나는 세자까지 내 몸에 가지고 있으니 마음대로 원대로 해 보시옵소서. 에잇 분해. 상감마마 (내 퇴장)

희재	곤전마마 미안하게 햇소이다. 잡아 내쫓지를 못해서 하하하 (퇴장)
무술	마마 어찌하오니까? 왕대비께 아뢰여서 제 인물들을 조치 하겟아옵니다. (퇴장)
최	여보게 지금 나간 그놈 그대로 두었다가는 안 되겠네. 버릇 좀 가르치세.
박	그러게 말이야. 곤전마마께 그런 불경이 있나 가세. (2인 퇴장)
	(대비 무술 등장)
대비	곤전, 어찌 여기 나왔오?
곤전	어마마마 (운다)
대비	웬일이요. 곤전이 통곡을 하니….
무술	장성중인 동생이, 마마께 불경을 끼쳤아옵니다.
대비	저런 변이 있나! 장성궁인을 잡아내라 당장에 물고들 내리라.
무술	그리고 장성궁인이 상감께로 갔으니, 무슨 간계를 부릴지 모르겟아옵니다.
대비	그 못된 마음을 고친줄 알았더니 기여히 시작이 됐구나
곤전	어마마마 (운다)
열감	(등장) 곤전마마, 폐위하고 궁 밖으로 추방 하랍시는 전교를 받들어 나옵니다.
일동	무엇이라구?
곤전	으악!
대비	(받아보고) 이게 웬일이요? 상감이 마음이 벌서 변하였오. 곤전 어찌하리요. 하늘이 아득하구나.
곤전	어마마마, 오랜동안 많은 불효를 끼쳤아옵니다. 모녀는 상감마마의 명을 받아 사가로 나가겟나이다.
대비	곤전, 사가요? 누가 있어 나간단 말이요? 궁중에 있을 동안, 사가 양친도 다 돌아가시고 더우기 추방당한 곤전을 어느 누가 받아줄 것 같오?
곤전	나가라고 내치시니, 안 나가고 어찌하오리까. 하면대로 곱게 나가 발길 닿는 대로 가고, 끝없이 가오리다.
대비	곤전, 며느리라 해도, 친딸같이 알뜰 햇고, 너의 앞에 엉석도 부리드니. 어미 앞을 기여히 떠나야 하겠는고? 못가리다. 이 어미 두고는 못가리다. (운

곤전	어마마마, 내내 만수무강하옵소서.
대비	곤전! 곤전! 나를 두고는 못가리다. (잡는다)
열감	어명이라 할 수 없아오니 용서하옵소서(때여 놓다)
	(곤전, 별감 퇴장)
대비	곤전! 혼자는 못가리다. 곤전! (쫓아 나간다)
최	우리들이 조그맣게 벌려는 당파싸움이 이렇게 크게허진 것인데, 곤전이 불상하시다.
최박	그렇다. 곤전이 불상하시다.
(합창)	구종금권 곤전마마 모해추방 되었으나, 만백성의 거울이라 첨사 속에 씻나리니 현숙하고 맑으심이 맏고 볼 때 짖피리다.
박	여보게, 저놈이 달아난 줄 알았더니 저기 다시 들어오네.
최	옳지. 저 놈을 잡아서 곤전마마의 분풀이를 하세!
희재	(등장) 흥, 곤전이 큰소리를 첫어야. 우리 누님 앞에서는 고양이 앞에 휘란 말이야.
최	(나서며) 꼼작마라
희재	아이구, 이놈이, 왜 이래?
박	(치며) 절 왜 이래? 이놈아 치려고 그런다. 맛이 어떠냐 ? (두 사람 마구친다)
희재	(쓰러지며) 아이구. 나 죽는다. 누님.
합창	어디가리 저리가리 곤전마마 계신데가 나무아니타불 어느 부처 아시는지 관새음보살 일러주오 가엾으신 곤전마마 어느곳에 계시는지 알려주오 보살피오
최	승방도 모조리 찾아봐야 하겠네
박	그래도 이런데야 설마, 와서 계실라구.
최	그래도 찾아 모시려면, 샅샅이 봐야 하네.
박	여보시오?

여승	(등장) 어서 오십시오.
박	이 절에 어떤 젊은 여인 한 분 올라와 계시지 않오?
여승	젊은 여인네요. 어째 그러십니까?
최	여기 계시기는 하시단 말이지?
여승	이곳은 승방이라 항시 여인네 손님이 많으신대. 어느 손님을 찾으시는지?
박	그렇게 항시 찾아오시는 분이 아니라, 아주와 계신 분을 찾는데요?
최	이런데 와서 계시지는 안 올 것 같으니, 좀 더 큰절을 찾아가 보세.
박	이 위로 가면 절이 또 있습니까?
여승	예, 이 산 너머에는 큰절이 두 군데나 있사옵니다.
박	그럼 급히 그리로 가보세.
최	우리들 당파싸움으로 그 어른이 고생을 하시게 되었는데 만일에 못 찾아 모신다면 우리들에 죄는 벼락을 맞을 거야
여승	나무아비타불(퇴장)
박	어서, 넘어 가보세. (퇴장)
여승	(등장) 혹시 그 어른을 찾는 게 아닐까!
	(곤전 나무이고 등장)
여승	아이구 곤전마마 위람신 몸에 이것이 어인 일이시옵니까? (받아놓는다)
곤전	아니요. 내 재미로 하는 일이라 괴로운 마음이 씻은 듯이 풀려서 살이 찔 것 같으이다.
여승	지존하옵신 국모께서 나무를 머리에 이시다니 국운이 기울어 일광이 무색한 듯하오이다
곤전	스님 나도 머리 깎게 해주시오. 옵는 마마께서 아니 되옵니다. 중에게도 나라가 있고 충심이 있사온데, 부처님이 용서치 안으실 거옵니다.
곤전	그럼 나더러 어떻게 하란말이요? 이리도 못하고, 저리도 못 한다면 새와 같이 날아 다니란 말이요?
여승	때를 기다리시옵소서. 잠깐 닥친 액운만 넘기시면 마마의 영화가 어디로 가겠아옵니까?
곤전	아 몸서리치는 그 영화, 다는 바라지도 않고 기대리지도 않오.

여승	마마 머리는 안 깎으셔도 좋으니, 부처님께 불공이나 드리시옵소서.
곤전	모든 것을 모두 잊어버리게 또 나무나 하겠오. (퇴장)
	(곤건따라 여승 퇴장)
	(김식주 박태보 등장)
희재	자 여기도 임자가 있으니 찾아봐라
불량1	왠일인지 아무도 없는 것 같습니다.
희재	그럼, 어디로 갔을까.
불량2	좀 더, 올라 가실까요?
희재	곤전만 찾아 죽여버린다면 우리 누님이야 물론 대왕대비 상도 큼직할께다
불량2	참 듣자니까 노재상들이 들고 일어나서 곤전의 재입을 상소한다는데요
희재	그러니까 곤전을 죽여 없애야 한다는 거야. 곤전이 재입하는 날에는 남인이야 물론이구 조사적이지도 목이 달아날 판이야.
불량2	그러나 희빈마마 계신데 설마 그렇게 되겠나?
희재	우리 누님이 계신데도, 첫째 곤전을 없애야, 그 대가리들도 없어질 거야.
	(여승, 대보, 석주 등장)
석주	곤전마마, 얼마나 고생이 심하시옵니까?
곤전	감사하옵니다. 말문이 막히고 (울며) 말문이 막히고 가슴이 터질 듯 하옵니다.
석주	모두 충성이 부족한 소신들의 불찰이오니 깊이 독촉하소서.
태보	하늘이 무너지고 세상이 뒤집구려 곤전게서 이전 고생들 하시는데 어느 백선이 하늘에다 머리를 누고 살겠아옵니다. 장된 극을 하옵니다.
곤전	나 같은 인간을 찾아주시는 대감들에 은혜는 끔직하오이다
석주	곤전마마, 소신들의 불충햇던 죄를 백번이고 천 번이고 통촉하시여 주시옵고, 하산하여 주시옵고, 마마께서 재입 되실 것을 장담 하겠아옵니다.
곤전	심상이 내리시여. 이 나라에서는 발도 붙일 수 없는 몸. 차라리 산속에서 염불이나 하야 죽게 내버려 두옵소서.
태보	헤아릴수 없는 마마의 심정을 소신들이 짐작 못한다 아니오다. 곤천마마, 노염을 푸시옵고 하산하여 주시옵소서.

석주	마마께서 이산에 계심을 장희빈이 알게 되면 그 올애비를 시켜서 곤전마마에게 무슨 악행을 저지를지 모르오니, 아무래도 하산하여 주셔야겠아옵니다.
곤전	날, 죽인다니! 고마운 일이오라 죽어서 세상을 맴돌까 하오이다.
여승	날이 저물어 오늘은 하산하실 수 없아오나, 여러 대감께서도 오늘도 여기서 머무셨다가 내일 떠나시도록 하옵소서.
태보	자 그럼 밝은 날 모시도록 하고 오늘은 이곳에서 우리들도 머물러 보입시다.
여승	소승이 먼저 들어가서 처소를 마련 하겠아오니, 잠시 기다려 주시옵소서.
곤전	나도 들어가서 스님을 거들어야 하겠아옵니다 (퇴장)
2인	황공하오이다 (2인 퇴장)
석주	그런데 참 이런 소문이 있습니다. 희재란 놈이 어찌 방탕하고 포악하든지 동네 과부 딸한테 욕심을 채우려고 있다가 말을 듣지 않으니까, 그만 죽여버렸다고 하옵니다. 그래 포도청에다 알렸드니 포도청에서는 들은척 만척 하더랍니다.
태보	사람 죽인 걸, 포도청에서 들은 체 만체 하다니,
여승	(등장) 마마께서 두 분을 모시고, 들어오라 시옵니다.
석주	그럼, 들어가서 말슴 하십시다. (퇴장)
	(희재, 불량배 2명 등장)
희재	가만있거라. 사람 소리가 난다.
불량	누가 나옵니다
희재	숨어라. 동정을 좀 보자. (숨는다) (곤전 여승 등장)
여승	마마 하산하옵소서 나라가 뒤집힐 일이나 그대로 계시지는 못 할거올시다.
곤전	나는 상감께 쫓겨난 몸이요
여승	그러하오나 만백성이 소리처 울다, 기다린다 하지 않습니까?
희재	(등장) 곤전은 꼼작 말고 칼을 받아라
여승	사람 살려요!
불량	이년, 닥처라. (칠랴할 때) (석주, 태보 등장)

석주	이놈들, 가만있거라.
희재	저놈부터 잡아라(달려들어 태보 석주 묶는다)
	늙은 덤신들이 모두 모였구나. 이놈 석주야 네가 책동해서 곤전을 재입오
	려 햇지만 이 희재의 칼이 너희들의 목을 노리고 있었다는 것을 알겟느냐?
	자 받어라. (칠라할 때)
	(최, 박 나오며 희재와 난투) (불량 죽는다)
	(석주, 태보, 곤전 퇴장. 최와 박이 희재에게 칼을 들 때)
희재	사람 살려요
	(여기까지)

제3막

무대	궁중 막이 오르면 숙종 조사석 희재 박태보 김석주 군졸 나열해 있다
숙종	짐은 혈육이 없이 지내다가 천우신조로 장희빈의 생남을 하니, 즐겁기 칙
	량 없오.
일동	성덕이 일단데 없나이다
숙종	그래서 오늘은 원자도 정하고 그 왕자에게 세가 단위를 내릴까 하는데 정
	들의 의사도 다를바 없을 줄 알겟오.
석주	역대, 주석 주신이 잠잠히 있는데, 소신이 먼저 아리옵기는 황송하오나 장
	희빈의 한육하신 왕자에게 세자단위는 아직 일으지 않은가 생각이 되옵니
	다. 그 연유는 장희빈이 왕비가 아니옵고, 후궁이오며 또 상감께오서 장실
	왕비를 다시, 맞이 않으실배 없으니. 만일, 왕비 소생이 탄육될 때는 어찌
	하시겟아옵니까?
숙종	저런, 지락없은 말이 있나? 그러면 왕조에 후궁에 손으로 세자 단위에 오
	른 일이 없었단 말이냐?
석주	임금이 연노하며 왕자를 보실 가망이 없다면 후궁의 손이래도 세자 책봉을
	햇으니, 근상은 아직도 연무가 부하신배 아니오니, 장희빈에 손으로 태자
	책봉은 거두심이 마땅할가 하옵니다.

사석	성왕게서 꼭 왕비를 맞아야 할 일이라면, 또다시 구할 것 없이 장희빈으로 책봉하면 간단할 게 아니요.
석주	사석도 그대 밥을 먹고 사는 사람이요. 국사란 한 사람의 욕심이 아니고 만백성을 위하는 경사에 사석의 여러는 욕심에 얼굴에 흘러 내리오. 사석 대감과는 마주 섰기도 구역질이 나겠으므로, 물러가겠오. (퇴장)
태보	상감마마 폐비곤전을 현숙하시매 사에 만민이 추모하고 근본을 난이 받는 자 없아와 지금 장희빈이 곤전을 모해하고 국정에는 참석하여 재상 수렴도 옛다 붙였다 농간을 부린다고 비난이 자자하오니, 하루속히 폐비곤전을 재 입시키시와 소란한 민심을 바로 잡으시옵소서.
숙종	저런, 말이 있다. 폐비는 민내로 실적하야 추방한 것인데, 그대는 곤전의 편역이 되어 장희빈을 음해할 것인가?
태보	대대 세록지신으로 국세가 목첩애 기울어짐을 애찌 묵과하오리까. 희빈은 왕자한 분 탄생할 것을 가세하고 벌써 그 손에 쓰러진 충신이 얼마나 생겼 아옵니까. 호천 망극이로소이다.
숙종	듣기 싫다. 짐을 배반하는 덕신들도 국문하겠으니 집정사령을 불리라.
희재	(신나서) 예 (퇴장)
사석	상감마마 역신들은 충간이라 하였으니 두 번 다시 입을 봉해 함구령을 내리 시옵소서.
태봉	이놈 너는 희빈 덕에 우의정이나 앉았으니 큰소리냐 (집장시련 형구 들고 등장)
숙종	역신은 듣거라. 폐비와 무슨 내통이 있어 망언을 했느냐?
태봉	내통이란 막말이옵니다.
숙종	에잇, 저놈 입에서 바른말이 나오도록 처라.
태봉	명색이 제상이요. 뼈를 부수고 살집을 긁어낸들 나라 위한 충성에 서슴 있 으리까? 장희빈을 추방하고, 폐비 곤전도 모셔드리오.
숙종	어서, 처라.
집장	에이 (친다)
태보	상감마마 악형은 내리는 죄목이 뭐요 죄목도 없는 악형이 어디 있오. 만고

	역적도 죄목을 분명하오.
숙종	저놈이 안하무인이로구나. 처라.
집장	네~이 (친다) (때리다가 기절한다)
숙종	집장사렴은 맥이 풀렸다. 지금 졸이 대신 처라.
박	(바라보고만 있다)
숙종	네. 힘 있는 대로 처라.
최	아아 (형장을 던지고 통곡한다)
숙종	어미에 힘 있는 대로 처라.
최	(형장을 잡고 가만히 친다)
숙종	저놈이 내를 치나 갔다. 문지르나 어서 처라.
최	아 (형장을 던지고 통곡한다)
숙종	저런, 못생긴 놈. (박이레) 그럼, 네가 처라.
박	황송하오나 못치겟아옵니다
숙종	저런, 죽일 놈이 있나?
최	
(창)	저따위는 역적간신 조사석과 장희재는 두동강 마디 끊어지게 애환애로 지겟으나 만고충신 귀한 몸에 어느 놈이 새로 들어 하날 위에 날벼락이 무서웁고 끔직하다
숙종	저놈들이, 미치고 정신이 빠졌구나.
최	니하고 정신 빠진 놈도 충신을 바라보는데 성하고 멀쩡한 사람이 어찌 충신을 모르시옵니까? 미치지 않고 미친 것이, 우리들 이오이다.
숙종	집장사령 들거라. 쓰러진 놈이 일어나도록 처라.
집장	(치려다가) 절명이 된듯하옵니다
숙종	보기 싫은 인간에 송장을 치워 버려라 (퇴장)
희재	이 목을 벨놈아. 아까 뭐라구?
최	왜 이래요? 이제 우리도 목숨을 내 걸었오. 요런, 같이한 번 뎀벼 볼 테야?
희재	어디 두고 보자. (퇴장)
박	두고 보지 않으면? 당신네들 앞날에 곱게 넘어갈 줄 알고.

최	대감, 다 무너진 하줄의집 행랑이래도 만고충신 하졸들이 모시겠아옵니다.
박	대감은 돌아가셨어도 충성만은 만년토록 사시오리다
최	(시체 메고) 성상이 충신배려, 덕이 없는 나라 안에 백성들만 가슴친다.
박	충신죽어 사납다고 행여겁을 먹은건가! 뼈를 부시여도 생생한게 충성일세.
	(퇴장) (희재, 사석 등장)
희재	더러운 놈들. 목을 도려 놓는다.
사석	여보게 그까짓 놈보다, 오늘 김석주가 묘하게 빠져 나갔단 말이야.
희재	그러게 말이예요. 일의 화난은 석주가 꾸미고 위험한데는 먼저 빠져 나왔거든요.
장성	(등장) 어떻게 됐오?
사석	말성스런 재상은 죽었는데 김석주를 그만 놓쳐 버렸오
장성	김석주가 곤전복 위에 발을 벗고 나신다는데, 까닥 잘못하면 우리 일은 수포로 돌아가는 것이에요.
사석	그러니 김석주에 손발을 묶자면 곤전은 없애야 하는데, 요전에 산에까지 따라가서 실패를 하고 왔으니 이제 또 어떻게 한담.
희재	아, 별안간에 여러 놈이 달려드는데 할 수 있나요. 나 살기도 바빴다오.
장성	사석대감은 남에 탓만 하지 말고 그럴듯한 의견을 내서 일을 좀 꾸며봐요. 꼭 남에 덕 볼려구 하니 어떻게 해요.
사석	내가 또 못한 일은 뫼요.
장성	대감이 잘나서 우의정이 된 줄 아세요.
사석	예 (할 수 없이 들어간다)
대비	(등장) 요사한 것들. 내가 참자 참자 했으나, 더 참지 못 하겠다.
장성	어마마마, 어찌하여 이리 노염이 높으시옵니까
대비	무엄하다. 내가 어째서 네 애미란 말이냐?
장성	상감께 세자를 낳아 받쳤아옵니다. 내가 지금은 희빈에 지나지 못하나, 장차로는 귀비, 순비 어찌될 줄 아시겠아옵니까.
대비	불충한 것. 왕자를 낳다고 안하무인이냐? 그런 왕자외 애미는 내게는 긴치 않다.

장성	왕자의 애미를 긴치 않다 하시오면, 왕대비로 하야해서 궁밖으로 나가시겟아와요?
대비	오냐, 나가마. 주석지신과 원로 대신을 참살한 너희들이니 너희들 눈에 내가 바로 불이겠느냐?
장성	망녕에 말슴이오이다. 재상을 누가 죽였다고 하시옵니까.
대비	뭣이 망녕이냐. 그래 내게 더 할 말 없느냐?
장성	왜 없겟사와요. 얼마던지 무궁무진하오이다.
대비	다 해가 꺼꾸로 뜨고 땅철이가 뒤집혔다. 후궁이 나에게 이런 포박을 하다니.
장성	나도 옛날에 쫓겨날 때 가슴 쓰린 일이 한 두가지가 아니였습니다. 그때 왕대비마마는 날보다 불쌍하다구 말 한마디 해주셨습니까. 그때 일을 생각하면 뼈속까지 피가 맺혀로옵니다.
대비	에잇, 괘심한 것. 그때도 네가 묘사를 부리다가 쫓겨나 가지고 누구에게 척을 두느냐.
장성	좋아요. 나를 아무렇게나 보셔도요. 나도 내가 당한만큼 설분을 하겟어요.
희재	누님, 여러말해 무엇해요? 어서 갑시다. (장희빈 희재 퇴장)
대비	저것은 사람이 아니라, 악귀다. 저런 악귀에게 상감이 걸렸으니 그 마음이 어찌 음폐되지 알았드리아. 무심하구나.
숙종	(등장) 어마마마
대비	상감, 나까지 마져 죽여주오.
숙종	어마마마, 무슨 일에 그리 진노하셨습니까?
대비	상감 살고 싶지 않소.이궁에서 나도 떠나겟오.
숙종	무슨 일인지 연유를 말슴해주십시요
대비	내 입이 모자라 일구설란이요..
숙종	어마마마, 용서 하옵소서.
대비	지금 상감은 노태에 빠졌오. 현숙했던 곤전은 쫓아내고 악귀를 틈에 헤메고 있오. 악귀들이 상감의 피를 피를 빼는줄 어찌 모르구 있소.
숙종	어마마마

대비	아니요. 나는 이제부터 상감의 계모도 아니요. 왕대비도 싫고 항간으로 나가서 서민으로 살겟으니 상감마마 성수만세 하옵소서.
숙종	어마마마 (퇴장)
대비	허울 좋은 껍데기나 갈아입고, 나가게 부르지 말아주오.
숙종	어마마마, 아~내 앞이 어두어졌구나. 곤전도 쫓아내고 충신도 몰아내고 어마마마까지 나를 버리시니 여봐라 사령 (사령 등장)
	너 즉사로 나가 아까 그 군졸을 급히 들라 해라.
사령	에이~ (퇴장)
숙종	내가, 세자 하나 얻기 위해 장희빈의 말만 듣다가, 이 나라 충신의 씨를 말릴 거니 선조 앞에 무슨 연무가 있으니, 어이, 그리 생각 없는 일을 헛듣고.
사석	(등장) 상감마마 불충의 역신으로 해서 얼마나 진염하셨아옵니까?
숙종	우의정 아니 조사석도 아까 그들을 역적이라고 생각을 하나?
사석	역적이라 이르다 뿐이겟습니까. 지존께 그런 비방을 하다니 소신은 치가 떨려 삼족이래도 멸하고 싶사옵니다.
숙종	조사석이야말로 희비의 충신이요. 짐에 마음을 알아주는 충신을 조사석 밖에는 없는 줄 아오.
사석	감축하나이다. 그런데 아까 그 역신들 가운데 김석주도 한목에 끼었는데 김석주는 어찌 처단을 하오리까.
숙종	조사석은 김석주도 역신이라고 생각하는가?
사석	역신이라 이르다 뿐이겟습니까. 국내의 불만은 항상 김석주의 책동이라 하옵니다
숙종	지금 사석은 우의정이라서 김석주를 죽이라고 내게 생각을 내보라고 들어온 것인가?
사석	황공하옵니다
숙종	못났거든 못난체하고, 차라리 한구석에 가만히 앉아 있어라.
사석	상감마마, 어쩌란 말슴 이시옵니까?
숙종	입을 닥치라 조사석은 우의정이 아니라, 장희빈의 앞잡이야 김석주의 목을 잘라달라 했으니, 김석주의 목보다도 조사석의 목이 먼저 떨어질 것을 생

각을 못하니.

사석   상감마마

숙종   보기 싫다. 물러가거라.

사석   황공하오이다. (나간다)

숙종   간사한 무리 저런 것을 나라의 재상으로 앉히고, 충신들을 죽여 없앴으니 백성의 원성이 높을 대로 높았으리라. (최,박 등장)

최, 박   상감마마 군졸 형신이요

숙종   이놈들, 너희 죄를 모를까?

최   황공하오다. 하졸들은 아무 죄도 없는 듯 하옵니다.

숙종   이놈들. 그래도 너희들은 기만하는 것이지.

최   하졸들에게 죄가 있다 하오면, 상감께서 버리신 충신들의 시체를 하졸의 행랑으로 업고 가서 장시지낼 채비를 한, 죄 밖에 없아옵니다.

숙종   아까 죽은 그를 너희들은 충신이라고 생각하느냐

최   나라일을 위해서 목숨을 받친자가 충신이 아니면 무엇이오리까?

숙종   짐은 역적으로 알고 죽였는데 너희들은 충신으로 알드란 말이냐?

박   그건 간신의 농간으로 성심을 음폐한 것이지. 상감께서도 그들의 진심을 아신다면 그런 충신을 만고에 두 번 다시 없아오리다.

숙종   이놈들 목이 끊어져도 너희들은 그들을 보고 충신아리 하겠는가

최   목이 끊어지지 않아 뼈가 부서지는 한이 있을지래도. 충신은 충신으로 아오니 하졸들도 이왕이면 그들과 같이 나라를 위하여 죽도록 해주시옵소서.

숙종   기특하다 나라의 재상들보다 아무것도 아닌 너희들에게 충성이 있으니, 짐에 마음 즐겁기 끝이 없고 탐복치 않을 수 없구나.

2인   성은이, 망극하오이다. (쓰러져 운다)

숙종   오냐 이 나라를 바로 잡을 충신은 너희들에게서 찾아내리라

최   하졸들의 청이옵고 백성들의 원이 옵니다

박   간신을 잡아서, 억울히 죽어간 충신의 넋을 달래시 옵소서.

숙종   오냐 눈이 어두웠던 임금을 원망 말고, 나라를 위하여 너희들이 앞장서니 충성을 바치라.

2인	감격하오이다
숙종	옛다. 삼백 량이다. (준다)
최	(받는다)
숙종	지금으로부터 너희들에게 별감을 제수하는 것이니, 이 궁중 구석구석을 살 피며 어떤 사람이던지 영의정이래도 법을 범하는 자가 있거든 용서 없이 처단하라.
2인	예. 일호인들 기만하오리까.
숙종	어서 물러가 급히 실행하라
2인	예
(창)	돌아 왔네 돌아 왔네 아니꼬운 간신들아
	시도 쓰고 행대한 놈 목칠때가 돌아왔여
	장다리굿 피였다고 큰소리를 치던 놈들
	미나리가 사철인줄 너희 눈에 안보이느냐
	돌아왔네 간신놈들 목칠 때가 시행급급 독촉이다
	어서 속히 다가오네
	(퇴장)
숙종	아, 이만해도 내 마음이 후련하다. 한 가지 허물을 고쳐 열가지 좋은 일을 실아햇다. 나도 허물을 고치고 앞길을 밝혀 보리라. 그런데 저기 나오는 저 애는 무얼 가지고 놀까.
	(무술 곤전의 옷과 목판에 떡을 가지고 들어와 고목앞에 옷을 걸고 떡을 받히고 재배한다)
무술	곤전마마, 오늘이 마마의 탄신이 오이다. 마마는 오늘이 탄신이신줄 어디 서 생각이나 하고 계시옵니까. 이 무술이 오늘 생신에 참다못해 작은 정성 이래도 바치오니 아무쪼록 성수하시옵다가, 다시 복위환궁 하시옵기만 기 다리겠아옵니다. 지금 상감마마께옵서는 곤전마마를 잊으신듯 하오나, 그 대도 하루 한 번은 곤전마마를 생각하고 계실 줄로 아오니, 머지않은 앞날 에 반드시 복위 환궁하시게 될 것을 믿아 옵고, 작은 경설이나마 사람의 눈을 피해서 드리니 받으시옵소서.

숙종	애, 무술아!
무술	아이그머니
숙종	나다. 놀래지 마라.
무술	상감마마
숙종	오냐, 네 충성이 갸륵하다. 오늘이 곤전 생일이라구. 나도 잊어버린 곤전 생일도 네가 생각하구 떡을 해서 바치다니, 이렇게 피가 날일을 내가 왜 만드럿는고. 곤전!
무술	상감마마, 외롭고 고독한 곤전이시옵니다.
숙종	오냐. 그 떡을 가져오너라. (가져온다) 내 마음이 진심이니 내 어찌, 이 긴 밤 꿈을 꾸었든고. 곤전은, 이 자리에 없으되. 곤전 생일 떡은 내가 먹었으니 가히 섭섭치 생각지 말라.
무술 (창)	일원이 다시뜨니 천지가 밝아오고 선산서덕 빛이나니 사회연풍 꽃바람에 시든꽃은 물오르고 (장성의 시비 단춘 나와 본다)
숙종	무술아 목이 멘다. 떡 그릇을 받아라.
무술	(받으며) 황송하오이다
숙종	무술아. 요사이 곤전이 어찌 지내드단 말 못 들엇느냐?
무술	못 들었아옵니다. 들은 길이 없아옵니다. (이때 희빈에 웃음소리)
숙종	거기서 희빈이 나오는 모양이니, 무술아 너그만 들어가 있거라.
무술	네 (퇴장)
장성	(등장) 상감마마, 어인일로 여기 나와 계십니까?
숙종	맘이 허해서 소풍하려 나왔다.
장성	옥안이 흐리셨으니, 무슨 거슬리는 일이라도 계시옵니까?
숙종	세상이 귀찮다.
장성	아이구, 황송하신 말슴 이오이다. 우울하실 때든 듭시여서 세자의 재롱이라도 보시옵지. 세자의 재롱은 나날이 늘어가옵니다.

숙종	나는 많이 보았으니, 보고 싶으면 너나 들어가서 내 몫까지 실컷 봐라.
장성	어찌 그리, 이상한 말씀만 하시옵니까.
숙종	내 말이 네 귀에는 이상하게 들리느냐?
장성	곤전의 생각이 나서, 그러시옵니까.
숙종	묻지 않아 마는듯하구나. 네가 내 마음을 어찌 그리 잘 아느냐.
장성	상감마마 잘못이 있아오면 말씀으로 꾸짖어주시옵지. 속에 두고 말씀치 않아오니 섭섭하기 이를 때 없이옵니다.(운다)
숙종	왜 우느냐? 무엇 때문에 네 눈물도 하도 많이 봐서 진저머리 나니, 그만 울어라.
장성	진저리가 나니, 이제는 나가라 하시는 말씀이시오니까.
숙종	나가던 들어 오던 네 생각대로 해라. 언제는 네가 내 말을 듣고 지냈느냐?
장성	그럼 소녀가, 상감마마의 명을 거슬려 본 일이 있었습니까?
숙종	나는 네게 얽매여. 너 하자는 대로 했지만, 너는 내가 하자는 대로 해 본 일이 있느냐?
장성	상감마마께서는, 뭣을 소비가 하자는 대로 해주셨습니까.
숙종	나는, 네 눈물에 팔리고 웃음에 흘려서 빈껍데기만 남았다.
장성	<u>호호호</u>
숙종	암만 웃어 봐라. 내 마음은 돌덩이 같이 굳었다.
장성	소비에 말만 들어 주셨다 하니, 소비에 동생에게 여영대장 밖에 더 시켜주셨습니까.
숙종	네 동생뿐이냐. 등신 같은 조사석을 우의정까지 시켰다.
장성	상감마마 세자를 낳아드린 소비올시다 (이때 밖에서 '잡아라' 소리)
숙종	그러기에 너하자는 대로 다해 주지 않았느냐?
장성	서인당들이 또 장난을 하는 모양이군.
숙종	서인이 뛰고 남인이 달아나도 나 알배 없으니 내게는 말하지 마라. (희재 박, 최에게 쫓겨온다)
희재	아이구, 누님 이놈들 좀 보시요. 이놈들이 함부로 사람을 쳐요.

장성	뭣들이냐?
최	이자가 상궁내인 방엘 들어가서 함부로 행패를 하기에 잡으로 왔오이다.
장성	이놈, 아무리 그랫기로 어영대장을 몰라보고 함부로 달려들어.
박	영의정이래도 법을 범하면 잡아가는 것이 우리들에 직책이요.
장성	이런 무리한 놈이 있나. 상감마마 이런 불경한 놈들 처단하옵소서.
숙종	잘못햇으면 의당 법의 처단을 받아야지. 여봐라.
2인	예
숙종	법대로 처단하라
2인	예이. 가자 이놈아.
박	어영대장은 죄를 져도 무사할줄 알았니?
장성	이놈들, 당장에 목을 베리라.
최	희빈마마는 죄없는 사람 목베는 법까지 맨드렀습니까?
박	마마는 사람의 목아지가 말랑말랑만 할 줄 알았오?
사석	(등장) 왜들 그러느냐?
최	죄인 잡아가요.
사석	누가 죄인이냐?
박	어영대장이요.
최	(갈기며) 가자. 이놈아.
희재	아이구, 누님.
최	이 자식아, 무엇을 벌하니. (끌고 나간다)
장성	대감, 어째 그대로 보고만 있어요? 우의정이 그렇게 무력하단 말이요.
숙종	껍데기 우의정만 태산같이 믿어라. 하하하.

제4막

장희빈의 사저

     (막이 오르면 장성, 희재, 별감 술상 놓고 앉아 술을 마시고 있다)

| 장성 | 희재 너는, 들어가 있거라. |

희재	나야 있으면 어때요. 내가 누님과 별감 사이를 모를 줄 알고.
장성	들어가라면 들어가 있어.
희재	그래요. 성까지 낼 것까지는 없오. (퇴장)
장성	별감, 한 잔 더 들어요. 별감이 나이가 조금만 더 젊었어도 내 마음에 꼭차
	는게 좀 지나치게 읅었거든.
별감	그러나, 내 마음은 희빈마마보다 젊었다고 생각하는데.
장성	하하하. 익살스런 별감에 말이야. 그리고 오늘 일을 행여 입밖에 내엇다가
	는 큰일이날 줄 알아라.
별감	염려 마시여요. 내 목이 끊어지라고 그런 말은 내겟오이까.
장성	그렇지. 그래서 별감을 믿고 부른거야.
별감	그 대신 상금이나 많이 내시요.
장성	상금은 왜 달래. 또 밖에 나가 오입이나 하게?
별감	앗따, 강짜 말고 어서 좀 주어요. 나도 사람인데 마마 덕에, 고기근이나 먹
	고 살좀 쩌서 살아봅시다.
장성	네 말소리가 구수하니 듬북주마. (준다)
별감	(받으며) 이건, 정말 고마운데.
장성	평생 날 잊지 말란 말이야.
별감	무섭고 떨리기는 하지만, 이렇게 생기는데 잊을리가 있오.
장성	그럼, 남에 눈에 보이면 재미가 적으니 그만 물러가 있다가 부르면 즉시와
	야 한다.
별감	예 시급히 대령하오리다 (춤추며 퇴장)
장성	하하. 젊은 놈보다 나이 많은 게 험이지. 함부로 입을 놀리지는 않을 테니.
	그런데 애기가 울다가 조용하니 다시 잠이 들었다. (희재, 단춘 등장)
단춘	애기는, 잠이 드셨습니다.
희재	(술상 앞에 앉으며) 자 어서, 술이나 따라라.
장성	아! 이제 나도, 볼일을 다 보았구나.
희재	왜, 무슨 일로 서인들이 들고 일어났오?
장성	쓸데없는 소리. 서인쯤 일어났다구, 내가 끄덕이나 할 줄 아니.

희재	그럼 무엇 때문에 그래요?
장성	애 얼굴이 주름이 잡혀가니 말이다
희재	원, 별걸 가지고 사람을 놀리네.
장성	놀랍지 않고. 그럼, 일은 되기도 전에 늙기 부쳐 하니, 내가 하는 일은 늙어 가지고는 하지를 못하거든.
희재	아 그 대신, 세자가 자라는 걸 몰라요.
장성	세자만 자라면 뭘 해. 또 다른 인물이 들어오기 전에, 왕비 차비를 내가 먼저 해야 한단 말이야.
희재	그것은 누님에 수단이 부족해서 그래요
장성	요새로 상감의 마음이 변해가거든.
희재	그러니까 내 말대로 해봐요. 상감을 조르는 법은 좀 다른 걸 써야지. 한 가지 방법밖에 모르니 되나.
장성	다른 방법이란 뭐야? 여 알거든 말해봐라.
희재	전에, 우님의 방법은 어리광을 부려서 귀여움을 받는 방법이였지만, 지금은 애기 어머니 이의 방법을 써야지요.
장성	애기 어머니 방법?
희재	뭐든지 상감께 청을 드려서 안 들어 주시는 게 있거든. 성을 잔뜩 내가지고 애기에게 젖을 먹이지 말아요. 그럼 애기가 우는 바람에, 누님에 청을 들어 주지 않고는 못 배길 거예요.
장성	응, 그럴듯한 말이로구나. 그럼 지금부터 그 수단을 쓰기로 할까?
희재	상감마마를 조르는데도 여러 가지를 생각해서 시시로 방법을 바꾸어야 해요.
장성	그런데 넌 무슨 계집애를 어떻게 죽여 놓고, 꼼짝을 못하고 이렇게 들여박혔니?
희재	그것참 재수가 없을여니까. 쓸데없는 계집애를 죽여 놓고 성화를 받으니.
장성	백성들이 들고 일어나 야단이라니, 어떻게 할테야?
희재	그래서 누님 곁을 떠나지 못하고, 들어앉은 게 아니요.
	(이때 멀리서 들리는 노래)

(창)	장다리는 한철이요 미나리는 사철이라
	한때 꽃핀 무장다리 사철푸른 미나리를 넘겨보고
	아치보다 낙화되여 떨어지네
장성	누구냐? 저런 노래를 하는 것이.
단춘	습의 대인들 있는데서 들리지 않아요?
장성	누가 저런 소릴하나, 알아보아라.
단춘	네 (퇴장)
사석	(등장) 희빈, 야단났네.
장성	아니, 뭘 가지고 법석이요?
사석	큰일났네. 왕대비가 간 곳이 없네.
장성	왕대비가요.
사석	어느 때 어디로 나가는지. 상감도 오늘이야 아셨다구. 지금 궁중이 발각 뒤집혔네.
장성	왕대비로 기승을 너무 떠시드니 잘됐지 뭘 그래?
사석	글쎄, 없어진 건 잘 되었으나, 당장에 상감이 진노하셨서. 우리 남인들을 의심하시니 이 통에 몇 사람의 목이 떨어질 줄 모르겠오.
장성	어느 인간이, 나를 먹어 보겠다고 만든 일인 것 같은데. 그러나 그만한 장난이라면 나도 어렵지. 내, 다 보지.
사석	아무런 일을 해서라도 상감의 의심을 푸셔야지. 그대로는 못 배길 거야.
장성	그건 서인들이 왕비를 감추고 그 누명을 내게 다 씨우려고 한 것이니, 나도 세자를 집여 감추면 그 누명이 갈데없이 서인에게로 갈거란 말이요.
사석	세자를 어떻게?
장성	대감이 이 길로, 나가서 김별감을 들여보내셔요. 그래서 그 별감더러 며칠 동안 저희집으로 데려다가 숨기라고 하겠으니.
희재	옳지, 상감도 세자 생각에 왕대비 생각을 잊어버리시고.
사석	그럼, 나가서 그 별감을 데리고 오지.
희재	그렇게 해요. 이왕 뒤집힐 일이면, 바삐 서둘러 봅시다.
장성	어떤 놈이 그런 짓을 햇을까? 그전 나와 상감 사이에 인간을 부칠려고 한

일이야.

단춘   (등장) 마마, 알고 들어왔습니다.

장성   그래, 어느 인간이 그런 노래를 하느냐?

단춘   무술이가 여러 애들에게 가르치고 있아옵니다.

장성   저런, 죽일년이었나. 그년 당장 끌고 오너라.

단춘   못 가겠다고 하기에 그냥 왔나이다

희재   어디 있느냐? 같이 가자. (퇴장)

장성   그년이 폐비와 내통이 있어서 상감께서 들으시라고 그런 노래를 퍼트린 게 아닐까?

숙종   (등장) 희빈

장성   상감마마 어서 행차하시옵소서

숙종   세자는 자느냐?

장성   자는지 병들었는지, 모르겟아옵니다.

숙종   뭣이라구?

장성   세자를 아껴주시는 상감마마라면, 그렇게 오랫동안 안 돌아 보실 수가 있겠아옵니까?

숙종   나는 세자를 못 들어가 보았으나, 너는 어째서 왕대비께 문안 한 번, 들이지 못햇느냐?

장성   왕대비가 소비를 반가워하시는 줄 아십니까?

숙종   왕대비가 어찌하시든 네 도리는 따로 있지 않은가. 왕대비는 진노하셔서 실종하셨다.

장성   소비가, 문안을 안 들이어 실종을 하셨나요?

숙종   아무렇든 너는 불효야. (기기 운다) 어서 들어가 젓이나 물려라.

장성   싫사옵니다. 못 하겠아옵니다.

숙종   뭣이 못 하겠다구?

장성   상감께서 대단치 않게 여기시는 세자에게 소비도 젖을 물린 정성이 생기지 않아옵니다.

숙종   나는 네 암상을 받으러 오지 않았어. 왕대비의 가신 곳을 알고자 들어왔다

	(퇴장)
장성	상감마마(퇴장) (사석, 별감 등장)
사석	희빈, 아무도 없으니 어쩐 일인가?
별감	지금이 조용한데 어쩐가였을까!
사석	그러면 희빈이야 있거나 없거나 방에 들어가 모시고 나가거라 (세자 안고 퇴장) (석주 등장 보고 뒤따라간다)
장성	(등장) 아무래도 상감의 마음을 도셨다. 인제 남은 것은 악이다. (희재 무술 단춘 등장)
희재	들어가자 이년아
장성	그년을 꿇려라
희재	글쎄, 요년이 정말 앙탈하고 아니 올랴고 하지 않아요,
장성	희재야 나가서 싸리 좀 꺾어 오너라
희재	원, 저런 게 다 말썽이야 (퇴장)
단춘	그리고 마마, 또 한 가지 있사옵니다. 요전에 보니까 패비 곤전에 생일이라고 저밖에 궁전에다 상을 차려놓고, 헛배를 하던데요, 상감께서 납시여서 진어하셨사옵니다,
장성	뭐야, 그런 말을 왜 진작 못햇드냐?
단춘	그때는 다른 시행에 바빠서 그만 잊었사옵니다, (희재 싸리 가지고 등장)
장성	네 이년 다른 죄보다도 너는 먼저 전에 폐비 생일을 상감 보시는데, 상을 채려 놓고 허비한 일이 있었느냐?
무술	예. 소비가 전에 모시고 지내던 옛정을 못 잊어 받친 정성이였아옵니다.
장성	이년아 바른대로 대라. 네 마음에 울어나 한일이냐? 누구와 내통이 있어서 한일이냐?
무술	소비 마음에서 우러난 정성이였습니다.
장성	이런 죽일 년, 바른대로 대는 게 아니라. 나를 속이려구. 바른대로 대라?
무술	정말이지, 아무와도 내통한 일이 없옵니다.
장성	앙큼한 년. 정말 못 대겟느냐?
무술	죽이시면 죽사와두. 거짓으로는 못 아뢰겟아옵니다.

장성	내통이 없어 한일이라면 하필 상감이 보시는 데서 그런 짓을 할 게 무엇이냐. 그건, 시킨 인간 보다두, 시킨 대로한 네년이 죽일 년이다. (친다)
희재	그년을 그대로 떨어져서는 안되겠오. 내가 치리다. (친다)
무술	악! (기절한다)
장성	이년이 흉물을 내는구나(치랴할 때)
사석	(급히 등장) 희빈 야단났네. 폐비 곤전이 다시 복위해가지고 입시했는데, 지금 상감마마와 같이 이리 납시네.
장성	(놀래며) 곤전이 복위를 했어요.
사석	(무술 보고) 그런데, 이건 모두 뭐야? 어서 치워버려요.
단춘	(보고) 아이구, 벌써 저기 납시옵니다.
희재	그럼, 이건 또 벼란 간에 어떻게 해?
장성	급한데 저 옆으로 밀어놓고 저 돗자리로 얹어라. (사석 희재 덮는다)
사석	그런데 참. 세자 데려간 것을 알았다.
장성	무엇이라구요? 이런 때 세자를 데려나가면 어떻게 해요.
사석	아까 데려 내가야 한다기에, 내가 별감을 시켜, 내가도록 했지.
장성	인제 가서, 언제 데려온단 말이요? 사석대감에 하는 일은 왜 그렇게 말썽만 스러워요.
단춘	아이구, 저기, 다 납시였어요.
	(사석, 희재 나가려다)
사석	아이구, 문밖에는 김석주가 서 있어요.
장성	그럼, 이 밖으로 나가요. (우편 가리킨다)
희재	아이구, 저기는 말썽 많은 연감 둘이 서 있어요.
장성	저 방이라도 들어가 있어요. (희재, 사석 밖으로 퇴장) 그리고 단춘이는 있다가 곤전이 들어오거든 (약 주며) 이 약을 화채에다 타서 내오너라.
단춘	네
장성	아이구머니나, 곤전마마 반색으로 절한다,
곤전	희빈인가? 그래 그간 잘 있었나?
장성	소비야, 성덕으로 잘 있었으나. (울며) 곤전마마, 얼마나 고생하셨아옵니

까?

숙종	희빈이 반가워서 눈물을 흘리는군. 그러나 울음도 올라 앉은 다음에 울어라. (마루에 앉는다)
장성	마마, 참으로 뵙고 싶었아옵니다.
곤전	고마우이. 나 같은 사람이 와보고 싶었다니.
장성	그런데 어떻게 내통도 없이 황궁하셨아옵니까?
숙종	누가 반긴다구 내통을 해. 오라, 참 희빈이 보고 싶었다지.
곤전	그래 세자는 잘 자라나?
장성	네, 지금 막 잠이 들었아옵니다. 잠이 깨거든 데리고 나오겠습니다.
곤전	어의 자른 얼굴이래도 좀 봐야지 (들어가런다)
장성	세자 나기가 감기가 대단하오니, 좀 기다리셨다가 잠이 깨여난 다음에 오시옵소서.
곤전	아니야, 궁금하니 잠 깨지 않도록 곱게 들어가서 내 보고 나올테야. (들어 갈라 한다)
숙종	곤전, 세자는 잠이 깬 다음에 보기로 하고, 여기 앉아서 내 애기 좀 들어보오. 내 꿈에 수십 년 묶은 고양이 두 마리가 이 방 안에 들어가지 않는 것을 보았는데, 그것이 무엇인지? 그리고 화살에 맞은 백구가 옳지 저 돗자리 엎어논 저 자리 속에 가서 쓰러졌는데 저 돗자리는 왜 덮었으며, 그 자리에 든것이 무엇이냐?
장성	저 그것은, 마당에 황도를 필라고 갖다 놓은 것입니다. (단춘 화채 가지고)
숙종	그놈에 황들 호장도 한다. 흙에 돗자리를 덮었으니.
장성	돗자리는 흙을 덮은 일이 아니라, 빛을 보라고 열어 놓은 것입니다,
숙종	그런데 저 마당에 피 흘린 흔적이 있으니 무슨 피냐?
장성	(얼른 지우며) 어디, 피가 있다고 하시옵니까.
숙종	(발로 슬슬 지워가며) 어디 있으냐고 하는구나?
장성	상감마마 어찌 그리 이상한 말씀만 하시옵니까?
숙종	내가 일부러 이상하게 하느냐? 네가 이상하게 하니까 이상하다구 햇지?
곤전	애, 목이 마르니, 물 한 그릇 다오.

장성	마마, 여기 화채 내왔습니다.
곤전	오, 화채로구나. (마시려 할 때)
숙종	곤전, 어이 그리 예의가 없오. 그 화채는 나더러 마시라고 내온 것인데, 곤전이 들다니, 아무리 목이라고 내가 마신 다음에 드시요.
곤전	황공하옵니다
숙종	여봐라, 아무도 없느냐?
	(최, 박, 석주 등장)
석주	상감마마, 김석주 현선이요.
숙종	여봐라, 이 마루에 발자국이 있으니 이 말에 있는 놈을 잡아내라.
최·박	네~이 (들어가 희재 사석 끌고 나와 꿇린다)
석주	우의정, 우의정은 나라에 징사를 궁중에서 하지 않고, 장희빈의 방 속에서 했는가?
숙종	희재는 무엇 때문에 사석과 같이 있었는지. 당파노름을 했느냐? 역적모의를 했느냐?
희재	상감마마, 죽여 주시옵서서.
숙종	이 두 놈을 저리 보내고, 돗자리 속의 것을 꺼내 봐라. 아니 저게 뭐냐 저 무술이가 아니냐?
곤전	예, 무술이요. 무술아 네가 이게 웬일이냐.
무술	곤전마마
숙종	무술이가, 무슨 일로 저렇게 되었느냐?
곤전	무술아 누가 널 이렇게 만들었느냐 말을 해라.
무술	마마, 묻지 마옵소서. 말씀치 않아도 마마께서는 짐작이 가실 듯하오이다.
곤전	오냐, 네 충성은 상감마마께서 나들이 알고 있다.
무술	곤전마마, 이 무술이 오늘이 오길 기다렸아옵니다.
곤전	네가 기다려 준 덕에, 내가 무사히 살아왔다.
무술	마마, 이제야 이 무술이 살아난 것 같아옵니다.
숙종	에잇 무도한 것들. 너희들이 이따위 것을 하고, 무사할 줄 알았느냐?
장성	상감마마

숙종	잔소리 말고, 세자를 내놓아라.
장성	세자는 서인이 집어 내갔어요.
숙종	금방 잔다고 하던 세자를 어느 서인이 집어갔단 말이냐?
	(왕대비 세자 안고 등장)
대비	세자는, 남인이 내다 버리는 것을 서인이 안고 왔오.
숙종대비	어마마마 (국궁한다)
대비	곤전 이 세자는 장희빈이 낳은 세자가 아니라 새로 곤전이 낳은 세자요.
곤전	감격하오이다
장성	아 (울어버린다)
숙종	너 같은 요물은 사약을 내릴 것 없다. 이 화채는 네가 타 놓은 독약이니. 네가 마셔라.
장성	상감마마, 이 약그릇이 내게 내리는 직첩이오니까.
숙종	너는 끝까지 요물에 탈을 못 벗었구나. (숙종 희빈을 칼로 친다)
대비	상감, 곤전은 현숙한 내주요.
숙종	어마마마 황공하오이다
대비	곤전, 인수 두 괴리요. 개지 위선이니 모든 걸 참아야 하오.
곤전·숙종	어마마마 망극하오이다

곤전
(창)
    이 천지가 밝은 것은 일월서면선 성덕이요
    내 나라가 태평하면 어진임금 세종이라
    밝은 세상 태평세상 부모덕에 생겨난 몸
    멋사 못에 묻혔으니 사사잣충 꽃이 피리

최·박
(창)
    해동으로 들춘하와 산조수저 삼천리에
    단군임군 피를 받아 배달자손 깃드리네
    신비는 무궁화요 넓은 들엔 오곡이라
    마음 걸려 예의찾고 예의질러 성자하니
    성자성은 배달형제 큰자랑이 영웅이다

최·박

(창)   불러보세 노래하세 이 경사를 소리 높혀
         장다리는 끊어지고 미나리꽃 피여나니
         이 나라의 경사임을 우리들은
         불러 보세 불러 보세

끝

암행어사 박문수

등장인물 : 백부, 문수, 수련, 모, 영수, 민수, 부, 은주, 강씨, 노복.

제1막

강씨   (안에서 때려 부시며) 아이구 분해. 이 일을 어쩌면 좋아 나 못살아. 아이구 분해.

중희   허허~ 이거 무슨 일이 나고야 말겠는걸. 에잇, 어떤 고얀 놈이 일러바쳤느 난 말야. 원, 이십 년 동안이나 감쪽같이 숨겨논 일인데… 에이 참 신수가 대단히 불실하군. 여편네 서 성미에 ㄱ 일에 꼬치 다 알아났으니 이제 앞으로 저놈의 성화를 어떻게 받는담 에잇 - (혀를 차며 나가려는데)

강씨   (등장) 아니 영감 나 좀 봐요?

중희   진정하구려. 그래 내 잘못했다고 하지 않소.

강씨   뭐요? 진정해요? 흥 염치도 좋구려 이십 년 동안이나 속은 년 보고, 진정하라구? 흥 진정 못 하겠소. 죽어도 진정 못 하겠소.

중희   진정 안 하면, 지금 와서 어떻게 하겠소. 이미 쏟아진 물인걸.

강씨   음. 쏟아진 물이니, 지금에 와서 어떻게 하라는 게 아니라, 내 하라는 대로 해주슈.

중희   어떻게 하라는 말이요? 말해보우.

강씨   계집종이 얼마나 예뻤길래 양반댁 책방도령 체면 불구하구, 건드려서 자식을 둘이나 낳게 했는지, 내가 좀 봐야겠오.

중희   글쎄, 당신허구 결혼하기 전일인데, 지금에 와서 뭘 -

강씨   시끄러워요, 첫 사내 자식놈은 그랬다 치더라도, 둘째 번 낳은 계집애 새끼는 생각을 해봐요. 나허구 결혼한지 24년인데, 그 계집애 새끼는 몇 살이죠? 14살이라면서? 입이 있으니 말씀 좀 해보슈?

중희   (달래며) 그래, 내 잘못했다 하지 않소.

강씨   싫어요. 딴 곳에 숨겨두고 야금야금 보러 다니는 것 나는 울화가 치밀어서 못 참겠어요. 아, 데리고 오시란 말이예요. 버젓하게 한집에서 살면 되잖아요. 근본이 종이란 것두 탓하지 않고, 당신의 작은댁 대접은 깍듯이 해줄 테니 데려오세요.

중히   허, 참! 임자 고집두…

강씨   영감께서 데려만 오신다면 아무리 계집애 투기는 칠거지악에 든다고 하지만 사생결단을 하구 말겠어요.

중히   여보, 좀 조용히 하구려.

강씨   아무러면 모를 줄 알구요? 흥.

중히   아 글쎄, 아실 땐 아시드래도, 좀 진정하구려.

강씨   시끄러워요. 데리고 오시겠수? 안 데리구 오시겠우? 대답안 하시면 막 떠들어 댈 테니까…

중히   참 거 - 데리고 오리다. 제발 큰소리만 마시오.

강씨   영감께서 그 식구들을 데려오면 내가 무슨 구박이라도 모양인데 염려 마시구 데려만 와 보세요. 내가 어떻게 대해 주나. 아마 영감도 깜짝 놀라실 거예요.

중히   정말 너그럽게 덕을 베풀어 주시겠오?

강씨   아니 그럼, 영감께선 앞뒤 경우도 모르는, 년으로 아셨단 말이오?

중히   아, 내 잘못 했오. 내가 말을 잘못했구먼. 그럼 내 임자의 덕을 믿고 데려오리다.

강씨   (살짝 웃으면서) 호호호 영감두 참. 어서, 데려오세요.

중히   내 그럼, 다녀오리다. (퇴장)

강씨   흥 데려오기만 해봐라. 세 연놈을 말려서 죽일 테니… 아, 여자 강짜가 오뉴월에도 서릿발이 친다는 것을 사내들은 잘 알아야지. (퇴장)
(영수, 민수 등장)

영수   흥! 뭐야 형뻘 된다구?

민수   형님! 그따위가 무슨 형뻘이란 말이유. 흥, 그까짓 종년 몸에서 태어나는데…

영수   이 새끼 들어와서 형 자세만 해봐라. 내 엎어 놓구 볼기를 안 치나.

민수	어머님 말씀대로, 달달 볶아서 말려 죽여야 돼요.
영수	아무렴 원 세상에 창피해서라도 그냥 두어서는 안 된다는 그날이야. 그리고 너 민수야 어머님 말씀마따나 아버님 면전에서는 다정스럽게 해야 한다. 응?
민수	알았어
영수	그럼, 너는 글공부를 하던지 나가서 망나니짓을 하든가. 네 멋대루 해라. (나가려 할 때)
민수	흥! 은주 보러 가는 건 그래.
영수	그래, 그렇다고 해주자.
민수	형님두 참! 뭘 애가 달아서 그래요. 그냥 내버려 뒈도 은주는 형님껀데…
영수	이놈아 양반 도련님이 무슨 말 따위가 그러냐 장차 형수가 될 사람인데…
민수	아, 그때는 그때구. 지금은 지금이지 뭐 안 그렇수? 에라, 나두 고개 넘어 순이나 보러 가야겠다.
영수	하하… (나가려 할 때)
강씨	(등장하며) 영수야
영수	네
강씨	이 어미는 못 속여. 사랑에 들어가 글이나 읽어라. 네가 큰 집에 양자 결정만 나면 은주는 저절로 네 몫이 될 텐데. 뭐가 몸달아 그러느냐 응?
영수	흥!
강씨	만일 큰댁 수많은 재산도 내놓기만 하구. 못 먹는 셈이 되버리는 거다.
영수	그러니까 제가 큰댁에 자주 드나드는 게 아닙니까?
강씨	큰아버지 눈에 들려구? 어림도 없다 네가 다시 글공부에 전심하기 전에는 큰아버지 맘을 못산단 말야. 아 큰아버지 말도 못 들었어? 이제는 나라의 세도집은 당파가 바뀌어서 벼슬해 볼 만 하다구. 부지런히 공부해서 급제만 하면 되는 거다.
영수	과거는 문제없어요
강씨	큰소리 됐다 하구. 어서 사랑에 들어가서 큰 목청으로 글이나 읽어라. 큰댁까지 쨍쨍 울리도록 알았지? (퇴장)

영수	원, 이거 글공부가 돼야 말이지 (나가다가 은주와 만난다) 은주 꼭 할 말이 있소.
은주	무슨 말씀 하시려고 그래요?
영수	은주, 왜 그리 쌀쌀해 응?
은주	태성이 그런 것을 어찌해요
영수	전에는 안 그랬지 않어?
은주	전엔 철없던 시절이였으닌깐 그랬죠
영수	그럼 지금은 철이라서 쌀쌀해졌나?
은주	하시겠다는 말씀이 무엇이여요?
영수	은주는 내 아내가 될 사람이라는 것을 알지?
은주	네? (놀랜다)
영수	내가 글공부를 열심히 해서 과거급제하고 돌아오면 은주는 내 아내가 된단 말이야. 그런데 왜 나만 보면 쌀쌀하게 대하는 거야. (은주 어이가 없는 듯 대답이 없다) 그렇게 쌀쌀하게 대하지 말고 좀 따스하게 대해달란 말이야. 큰아버님과 우리 아버님 우리 어머님도 은주는 내 아내가 된다고 말씀 하셨어. 알지?.
은주	이 몸은 그런 것 몰라요. 태산 같은 은혜를 입고 있는 부모님 명령에 복종할 따름이지.
영수	그러니까 큰댁 양자가 되면 은주는…
은주	들어가겠어요. (들어가려 한다)
영수	은주는 안 잊었을 텐데? 일가친척이 모두 역적으로 몰려 몰살을 당했을 때 은주만은 우리 백부님의 주선으로 목숨을 건져 오늘까지 친자식처럼 길러 준 우리 박씨 문중의 은혜를 말이야 응?
은주	난 알고 있어요. (할아범 등장)
할아범	아가씨, 영감마님께서 찾으시옵니다.
은주	네 (중으로 퇴장 할아범 따라 들어가려 할 때)
영수	할아범 백부님이 은주는 왜 찾으셔?
할아범	그걸 소인이 어떻게 아옵니까? 모릅니다

영수	그렇다면 은주에게 나와 만나지 말라는 말 아니야?
할아범	글쎄 소인이 뭣을 알겠읍니까?
영수	그것도 모르면서 무슨 심부름이야?
할아범	아 그렇지만 모르는걸 어떻합니까?
영수	뭐야? 울화통 치미는데 어서 들어가!
할아범	들어갑니다. 공연히 들어가는 사람 불러놓고 큰 말씀이요?
영수	뭐야? 이 늙은이가 누구기를 올리나?
할아범	바른말은 듣기 싫은 법이지요
영수	정, 안 들어가? (밀어버린다) (할아범 넘어진다)
할아범	아구구…. 허리야 원 우리 대감댁 문중에는 어찌 저렇게 싸납게들 태어났는지…늙은이 허리 부러졌네. 아이구, 허리야.
영수	어서, 들어가.
할아범	네, 아이구 들어갑니다. (뒷걸음질 치며 들어가는데)
	(김 씨 나오며 할아범 밀어버린다)
강씨	아이구, 이놈의 늙은이가?
	(할아범 또 넘어지며)
할아범	아이구, 허리야!
강씨	이놈의 늙은이. 썩 들어가지 못해?
할아범	네, 들어갑니다. (中 퇴장)
	(분녀, 문수, 수련, 중희와 함께 등장)
중희	자 어서들 들어오너라.
강씨	(간사하게) 아이구, 영감 오시는구려. 말씀하시던 사람들이요?
중희	그렇소!
강씨	잘 왔오. 진작 알았더라면 벌써 한집에서 의롭게 사는 건데 그랬구먼. 영감 영감이 나빠요. 어쩌자구 공연히 고생을 시켰오? 자 이젠 마음들 턱 놓구 같이 살도록 해
분녀	고맙습니다
강씨	원 별소리 다 하는구먼. 호… 오 저 애가 문수라는 앤가요? 아이구 그놈

	늠름하고 시원스럽게 잘 생겼구만 그래 내 앞으로 가까이 와 보라구
문수	(앞으로 나와 절하며) 소자 문수 문안드립니다. 안녕하십니까?
강씨	오냐! 기특한지고 원래씨가 양반이라 기품이 있구나. (인자스럽게) 너두와
	서 인사를 해야지 수련이라구 한다면서?
수련	(곱게 절하며) 안녕하세요?
	(은주, 중서 등장하여 중앙에서 본다)
강씨	오냐! 고생했지. 너의 아버지가 나쁘시니라 이렇게 귀여운 아이를 고생시
	키다니. 원. 오냐, 이제부터는 우리집에서 맘껏 호강을 누리고 살아봐라
수련	고맙습니다
강씨	고맙긴. 참 영수야 왜 그리 멀거니 서 있기만 하니? 문수는 너의 형뻘이고
	수련은 너의 누이동생이다. 자 - 서로들 인사해라
	(영수 돌아선다) (문수 멍하니 서 있다)
강씨	호, 영감 참 잘했우. 내가 힘 안 들이고 자식을 둘씩이나 얻었으니 말이유?
중희	여보. 부인한테 무어라고 감사해야 할지 모르겠소. 부인이 이렇게 너그러
	운 줄 알았으면 진작 데려오는 것을… 가만있지. 큰댁에도 알려 드려야 할
	텐데…
중서	오냐! 나 여기 나와 있었다 하… 잘들 왔다 귀엽게 생겼구나! 내가 너의
	큰아버지 되는 사람이다.
문수	저…
중서	무슨 말인지 해봐라
문서	저… 큰아버지라 불러도…
중서	하… 이 녀석아! 큰아버지를 큰아버지라고 부르지 않으면 뭐라고 불러? 안
	심하구 큰아버지라 불러라.
문수	(감격해서) 큰아버지
중서	오냐! (중희를 보고)
할아범	(할아범 등장) 영감마님! 큰댁 어른이 두 분같이 건너 오시래요.
중희	알았다. 여보 같이 갑시다.
강씨	당신 먼저, 가셔요.

중희	알았오 (퇴장. 강씨도 이어서 퇴장)
문수	영수라지? 너와는 초면이지만 아버님께 모든 이야기는 들었다. 내가 형 구실을 할지 모르지만 잘 부탁한다.
영수	뭐야? 참 내 기가 막혀서… 이것 봐 누구에게 주둥이를 함부로 놀려! 형이라구? 버릇없다. 네가 비록 우리 아버지 피를 받았다고 하지만 미천한 종의 몸에서 태어났다는 것을 잊어선 안돼. 주제넘게스리.
문수	뭐라구? 종?
수련	어머니 (눈을 가리며 운다)
영수	모두들 똑똑히 들어. 아버지 계신 앞에선 아버님 심정을 생각해서 그대로 대해 주지만 만일 이제부터 아버님 안 계산대서 그따위로 주둥이를 놀릴 때는 용서 안 한다.
문수	뭣이? (참지 못해 달려드는데)
분녀	(막으며) 예 문수야 너 왜 이러니? 내가 신신당부하지 않았니? 애미가 구한말 잊었느냐?
문수	어머님 분해서 그럽니다
분녀	(영수에게) 도련님 용서하세요. 아직까지 세상을 모르는 애라서 그러는 거니 용서하시와요. (분노의 소리로) 어머님!
분녀	문수야! 아버님의 입장과 체면을 생각해야지. (운다)
강씨	이놈 여기가 어디라구 당돌하게스리. 이것 봐! 분녀라고 했지?
분녀	네!
강씨	그래, 분녀는 근본이 뭐랬지?
분녀	네, 저… 원래 이 집 종이었습니다
강씨	음… 이것을 잊지 않았다면 좋아! 모녀는 날따라 들어와 있을 방과할 일을 가르쳐 줄 테니… 종은 어디까지나 종이야 예나 지금이나 종의 할 일은 따로 있는 법 알았지? (분녀 말이 없다) 아니 왜 말이 없지? 뒷방마님으로 오실 줄 알았나?
분녀	아… 아니올시다

강씨	아니면 두말할 것 없어. 그리고 문수야 네놈은 이 사랑에서 도련님들 시중이나 들도록 해라 (분녀 보고) 그럼 들어와 (상 퇴장)
분녀	문수야 아버님을 생각해서 참아야 한다 알았니? (울면서 수련의 손잡고 상 퇴장)
영수	에잇! 구질구질해서…. 더럽다 퉤 – (퇴장)
문수	허, 이거야 억울하고 분해서 사람이 살수가있나.
(창)	몰랐었구나 몰랐어. 세상인심이 이럴 줄 진정 내 몰랐군. 이것이 양반이구 이것이 윤리인가. 아– 우리어머니 불쌍하구나 어쩌다가 양반집에 종이 되어 이런 피맺힌 서름을 당하시나 아버님도 야속하오이다. 이 몸 역시 당신의 자식인데 혈육이 분명커늘 이 괄세가 웬말입니까? (몸부림쳐 운다) 아– 야속한 이런 세상 부서져라. 없어져버려라.
(창)	세상이 원통하긴 그대뿐만 아니외다 이 몸도 서글픈 몸 그대 마음 알만하오
문수 은주	그대는 뉘시오?
(창)	무의무탁 혈혈고아 가엾은 신세오나 인자하신 백부님의 수양딸로 있아외다.
문수	그러시오? 따뜻한 마음씨로 내 맘을 달래주듯 고맙소. 허나, 이 사람은 종의 몸에서 태어난 몸 아가씨는 보아하니 귀골인듯하여 너무도 아득하오이다.
은주	귀골이 무엇이며 양반이 무엇이옵니까? 사람의 진정한 값은 그것이 아닌 줄 아옵니다.
문수	소저, 이름은 무엇이라 하옵니까?
은주	은주라 하옵니다 (중 퇴장)
문수	참으로 고마운 소저로다. 날 보고 참으라고? 아 – 진정 참는 것이 옳은 일일까? 오냐! 참는데까지 참아보자. 어머님을 생각하면 장부간장이, 다 녹는구나! 어찌하면 우리 어머님을 행복하게 해드릴까? 그렇다 어머님 마음

이 편하시다면 백번이고라도 내가 참자.

할아범   (나오며) 그렇구 말구요. 도련님.

문수   도련님? 날 도련님이라 부르는 노인은 뉘시오?

할아범   네, 큰댁에 하인이옵니다. 말씀 낮추어 하십시오.

문수   나도 종의 몸에서 태어났어요.

할아범   원 별말씀을 다 하십니다. 어떠한 몸에서 태어났던 도련님은 어엿한 이댁 영감마님의 아드님이십니다. 아예 그런 생각은 갖지 마십시오

문수   고맙소. 할아범

할아범   이 할아범이 안댁 마님의 성품을 잘 아옵니다. 함께 계시려면 분한 일도 억울한 일도 당하실 줄 압니다. 그러나 그저 꾹 참으십시오. 그래야 어머님 께서두…

문수   어머님께서두?

할아범   그려 문 입쇼. 결국 불똥이 누구에게 떨어질 것 같습니까? 어머님께 떨어 집니다. 그러니 그저 참는 도리밖에 없어요.

문수   알았어요. 참 지요.

할아범   몸두 피곤하실 텐데. 사랑에 들어가서 좀 누워요.

강씨   (상에서 나오며) 할아범!

할아범   네, 마님.

강씨   문수하고 무슨 쑥떡공론을 했지? 내 얘기, 하고 있었지?

할아범   아… 아니올시다

강씨   종들끼리라. 서로 손뼉이 척척 맞는군.

할아범   마님, 너무 하십니다.

강씨   시끄러워! 썩 물러가지 못하겠나?

할아범   네, 갑니다. (문수를 불쌍히 쳐다보고 중 퇴장)

강씨   문수야!

문수   네!

강씨   마침 머슴 녀석이 제집에 변고가 있어 가고 없다. 너 저 헛간에 가서 장작 이라도 패라 응? 사람은 수족을 놀려두면 게을러져서 못 쓰는 법이다.

문수	네
강씨	흥! 너희 년놈들은, 내 등쌀에 얼마나 견디나 보자. 매월아! 매월아! (나오며)
매월	네!
강씨	너, 큰댁에 가서 살그머니 무슨 얘기들을 하고 있나, 가만히 좀 엿듣고 오너라.
매월	네! 그런 심부름은 쇤네가 썩 잘합니다. (좀 나가려다 돌아서며) 마님! 마님! 영감마님께서 나오십니다
강씨	알았다. 잠시 물러가 있거라. (매월 퇴장)
중희	(중앙에서 나오며) 부인 나와 있었구려
강씨	무슨 말씀을 하셨어요?
중희	당신이 그토록 너그러운데 형님이나, 나나, 아주 놀랬오. 지나간 일을 내가 크게 실수했으니 용서하구려. 아무쪼록 앞으로 지혜와 덕으로 모든 일은 부인한테 맡기고 믿겠오!
강씨	아이, 참! 염려마시래두 그러십니까?
중히	그런데 부인. 내가 뒤뜰로 나오다 보니 누가 장작을 패고 있던데. 머슴도 없는데 누가 장작을 패고 있오? 문수는 어디 갔소?
문수	(땀을 씻으며 등장) 네! 부르셨습니까?
중희	아니 도끼를? 네가 장작을 팼더냐? 저 땀 좀 봐라.
강씨	글쎄, 영감 문수가 어쩌면 그렇게 생각이 깊어요.
중희	왜?
강씨	사람이란 수족을 놀리면 게을러진다면서 아무리 말려도 한사코 장작을 패지 않나요 참 기특해서 호……
중희	허허 그랬어? 문수야 너 정말 그랬느냐?
문수	네, 어찌도 큰 어머님께서 귀여워하시는지 너무 기뻐서 그대로 참고 견딜 수가 없어. 신바람 나서 한바탕 팼습니다. 추위도 확 달아나고 몸이 그저 화끈화끈 합니다.
중희	허… 이렇게 들어온 것이 그리도 기쁘냐?

문수	네. 하늘에나 오른 듯이. 신선이나 된 듯이. 왕자님이나 된 것같이 기쁘고 기쁩니다.
중희	하… 그리도 기뻐? 그럴테지. 늘 그늘 속에서만 살아왔으니… 장작 패는 것은 나쁘다고 안 한다. 그러나 넌 글공부가 더 중요해! 배울 때는 촌음이 아까운 법이니라. 그러니 딴 일은 그만두고 글공부에만 전력을 기울려라.
문수	예 아버님 (중의 퇴장)
강씨	이놈. 거기서 무얼 하느냐 앙큼스러운 놈 뭘 생각하니? 날 어떻게 해야 잡아먹나 허구? 요놈 종이라는 것은 양반과 마주 서 있지도 못하는 법이다. 헌데 감히 나를 노려봐? 물러가서 장작이나 패 이놈아! 내 앞에서 공부합네 하고 책 갖고 얼신했다가는 알지? 그놈의 책, 여지없이 아궁이로 들어갈 테니…
문수	에잇 차라리 죽고 싶어!
(창)	어머님이 전생에 무슨 죄가 있어 이 설움 당하는가? 이 자식을 생각해서 말 한마디 못 하시고 들어가시는 모습에 가슴 터지는구나!
	아….
	(은주 중 나오며)
은주	문수도련님. 얼마나 가슴 아프오이까?
문수	다 보셨습니까?
은주	저 뒤에서…
문수	(분노의 말) 왜 보셨습니까? 가엾은 인간들의 처량한 꼴을 어쩌자구 보시었소? 이 못생긴 꼴을 보지 마시오. 어서 가시오.
은주	잘하셨읍니다
문수	뭐라구요?
은주	참지못 할 일을 참고 견디는 그 힘, 훌륭하시옵니다. 반드시 앞날에 영광이 계실 줄 믿고 있나이다.
문수	하… 내게 영광이 있다구? 듣기 싫소. 바라지도 않지만 영광이니 광명이니 하는 따위는 도도하신 양반님네들 전용물이란 말이요.
은주	문수님은 왜 양반 씨가 아니신가요? 그런 말씀 마시어요.

문수	날 보고 양반이라구? 하… 맞았어! 양반이지 양반이야. 허지만 가엾은 절름발이 양반이란 말이오.
은주	그리 비관치 마시어요. 문수님 반드시 후일에…
문수	고맙소. 이 아픈 마음에 상처를 부드럽게 매만져 주시려는 그 따뜻하신 뜻이 박문수 평생 잊지 않으리다. 그러나 이 세상에는 나 같은 인간에게 줄 영광은 아마도 생겨나지 않을 것입니다.
은주	아니여요. 아까와 같은 고력을 참을 수 있는 그 굳은 의지 그 노력으로 세상과 싸우신다면 승리의 영광은 믿을 수 있어요. 문수 님! 하잘것없는 계집아이의 드리는 말씀이외다. 꼭 세상과 싸워 이겨주세요
문수	소져! 무슨 까닭에 내게 이토록 따뜻한 인정을 베풀어 주시오.
은주	그렇게 물으시니 계집아이 뭐라 말씀드릴 수 없습니다
문수	고맙소. 어름 같은 이 세상에, 봄바람 불어오듯이 얼어붙은 이 가슴이, 소저의 말에 봄눈 녹듯 풀리는구려.
은주	미안합니다. 도리어 마음만 더 아프시도록 해드린 것 같아요.
문수	아니요. 인정에 목이 말랐던 이 몸 흐뭇하오.
은주	저 ~ 문수님!
문수	네?
은주	글공부 열심히 하시고 이달 과거에 급제해 주세요
문수	아무리 글재주가 천하 으뜸이라 해도 서자는 안되기 마련이오
은주	좋은 길이 있사옵니다
문수	좋은 길?
은주	저 큰댁에 자손이 없지 않아요? 작은댁 아드님 중에서 양자를 삼으신다고 하셨는데 문수님 큰아버님 눈에만 드신다면…
문수	그렇다고 서자인 나를?
은주	큰아버님은 성인 같으신 분이예요
문수	음 (생각한다)
은주	제 말씀 깨달으셨지요?
문수	소저 (두 손 잡으며) 고맙소. 이 가슴에 바로 새기오리다.

은주	문수님! (힘있게) 입신양명 하시어요.
문수	네 —
은주	글공부 부지런히 하시어서 큰아버님 눈에 들도록 그리고 큰댁 양자가 되시어요
문수	큰댁 양자가? (한숨을 쉰다)
은주	자 — 이 몸은 누구든지 큰댁 양자로 들어오시는 분과 혼인하게 되는 운명이예요
문수	네
은주	제 말씀 잊지 마세요. 어른께서 나오실런지 모르니, 그럼 저는 이만 (중앙으로 퇴장)
문수	소저! 아… 소리 없이 피눈물로 울며 새운 숱한 밤을 아버지는 아실까? 불쌍하신 어머니, 애절한 하루하루 이 자식을 어떻게 설움 속에서 갖은 학대를 받아 가며 우리 어머니 이소 자 어찌하면 편히 모시리까? 어머니, 어머니…

(막이 오르면 수련이 나와서 쪼그리고 앉아있다)

수련	
(창)	우리 엄마 우리 남매 전생에 무슨 죄로 이 세상에 태어나서 이 설움을 받습니까? 살피소서 살피소서 우리 엄마 슬픈 사정 우리 남매 가엾은 꼴 신령님은 살피소서 구버구버 살피소서
	아이 추워 (손을 불며) 우리 오빠 어딜 갔을까?
영수	(들어온다) 아이 추워 무슨 놈의 날이 이렇게 춥담 방에 불이나 뜨끈뜨끈하게 때났나? (수련이를 보며) 야 요 계집애야 거기나와 뭘하고 쪼그리고 앉았어
수련	배가 고파 그래요
영수	뭐야? 배가 고프면 날 보고 어쩌라구?
수련	작은오빠 밥 좀 주세요. 우리 엄마도 벌써 여럿 끼니 굶었다우
영수	나 참! 굶었으면 어쩌라구?! 종년이 곱게 종노릇이나 하지. 건방지게 바람을 피워 원수 놈의 새끼까지 둘씩이나 낳아서 고생이야! 너의 어머니가 잘

	못 해놓구, 누구 탓이야. 어서 청승 떨지 말고 꺼져. (때리려 한다)
수련	작은오빠 잘못했으니, 때리지 마세요. (뒷걸음질로 도망친다) 엄마 엄마.
영수	에이, 재수 없어. (퇴장)
	(할아범 등장)
할아범	아가씨, 도련님은 안 계시옵니다.
수련	어딜 갔을까?
할아범	왜요? 아가씨.
수련	괜히 집에 들어왔나 봐.
할아범	또, 못마땅한 일을 당하셨나요?
수련	할아범 배고파. 우리 엄마는 나보다 더 배고플 거야. 나두 알어. 엄마두 무척 배고플 텐데 두 딴것 먹었다구 하면서 모두 내게 덜어주시는걸…
할아범	아 ~ 그랬군요. 제기랄 미운 놈 밥 한술 더 주라구 했는데, 그 밥 한술 더 주면 아니 누가 벼락치나? 가엾으셔라. 끼니때마다 밥이 그렇게 적습니까?
수련	반 그릇도 안 되는걸. 뭐 오빠는 배부르게 잡수시는지 모르겠어. 아이 손이 떨려 죽겠네. 벌써 우리 방에 이틀째나 불 안 때 줘.
할아범	저런, 이 추위에! 원…
수련	(울며) 너무해 너무해. 우리가 뭐 남인가? 아버지 아내요. 아버지 자식인데…
할아범	네 알겠습니다. 제가 있다가 영감마님께 얘기해 드리지요.
수련	안 되어요. 우리가 혼나요. 그런 말 하다 들키면 우린 죽어요. 그리고 우리 엄마만 혼나요.
할아범	마님 말씀이죠? (수련 안쪽 살피고 고개 *끄덕끄덕*) 가엾으셔라 (돌아서 눈물 닦으며)
수련	오빠는 어디 갔을까? 할아범도 모르오?
할아범	저 ~ 어 (차마 말 못 하고) 곧 오시겠지요
수련	아이 추워
할아범	아가씨! 그렇게 추우시면 이 늙은이 가슴에 안기시어요. 제가 손 좀 녹여 드릴께요.

문수	(하수에서 손 불며 등장) 아이구, 다리야.
수련	오빠! (달려가 포옹)
문수	수련아! (손 만지며) 아이구 손이 꽁꽁 얼었구나! 추운데 왜 나와있니? 어서 방에 들어가 아랫목에 손을 녹여라
수련	오빠! 아랫목이나 윗목이나 똑같아요.
문수	뭐라고? (할아범 눈물 씻으며 하수 퇴장)
수련	오빠 난 죽어버릴 테야
문수	그게 무슨 말이야?
수련	이런 세상 살으면 뭐해?
문수	그만하면 대강 짐작한다
수련	오빠! 어떻하면 좋지?
문수	우리 가엾은 수련이 참을 수 있지? 응?
수련	여태까지도 참아온걸 더 참어?
문수	수련아! 죽지는 말고 참자 내가 꼭 어머니와 수련이를 편히 살도록 해줄 테니까…
수련	오빠도 고생스럽지?
문수	그런 말은 묻지 말고 대답해봐. 참을 수 있지?
수련	응. 오빠가 참으라면 어떤 고생이라도 다 참겠어. 배고픈 것도…
문수	뭐? 배고픈 것?
수련	응! (배를 만지며 운다) 너무 배가 고프니깐. 배가 아파 엄마는 나보다 더 배고플 거야.
문수	응 그랬었구나. (눈물 씻으며) 다 참아두, 배고픈 것은 못 참는다는데, 수련아 울지마라. (운다)
수련	오빠! 엄마 안 보러 갈래? 지금 안에 아무도 없어.
문수	아무도 없어? 수련아 이 오빠도 엄마가 보고 싶지, 그렇지만 절대로 그 안에 들어가지 말라고 한 것을 들어가면 사내가 아냐 너 엄마한테 가서 불효자식 문수는 죽지 않고 살아있으니 조금만 더 참으시라구 여쭈어라. 응?
수련	응.

문수	자 어서 들어가 봐. 그래두 방이 낫지 않겠니?
수련	오빠! 눈이 날리려나 봐
문수	글쎄 껌껌한데 눈이 곧 내릴 것 같구나
수련	오빠! 어렸을 때 오빠와 나와 부르던 함박눈 노래해봐
문수	그래, 한 번을 해봐. 오랜만에 우리 수련이 노래나 들어볼까?
수련	그럼 오빠!
(창)	눈이 펄펄 함박눈이 펄펄 소리 없이 내려옵니다.
	우리 엄마 어깨 위에 내 오빠의 머리 위에
	우리 엄마 눈썹 위에 소리 없이 내려와서 고이고이 앉습니다.
	우리 아빠 수염 위에 함박눈이 고일 텐데…
수련	오빠 ~
문수	수련아 ~
수련	오빠! 난 오빠만 믿어
문수	수련아 오냐 믿어라. 기어이 이 세상과 싸워 이긴다.
수련	오빠! 엄마가 불쌍해 죽겠어. (운다)
문수	울지마 그리고 세상이 아무리 모질어도 언젠가는 하늘이 돌봐주는 법이야 자 그만 울고 들어가 (영수 상 등장)
영수	이것들아! 왜 재수가 없게끔 집에서 찔끔찔끔 눈물을 짜느냐?
수련	오라버니 나오세요?
영수	뭐? 오라버니? 너 요년아, 그런 말이 감히 떨리지두 않구 입에서 술술 나오니? 당장 아가리 찢어 놓는다
수련	엄마는 달라두, 오라버니는 오라버님이 아니예요?
영수	뭐 어째? 발칙한 년아. (마구 때리며 민다)
수련	(나가 떨어지며) 아이구 아이구 (운다)
문수	(달려들어 멱살 잡으며) 영수, 너 이놈. 우리 수련이를…
수련	(말린다) 오빠 참아요. 오빠 날 보고 참으라구 해놓고선 오빠는 왜 이래?.
영수	이놈 감히 네놈이 내 멱살 잡어? 종의 새끼
문수	뭐라구? (잡아 던지며) 에잇 ―

수련	오빠 이러면 나중에 구박을 받는단 말이야.
문수	알았다 수련아, 참아야지. 또 한 번 참아야지.
영수	내 멱살 잡은 손모가지가 그대로 성해 있나 두고 봐라. 괘씸한 쌍것들. (노려보며) 에잇 구역질 나는 새끼들. 재수 없다. (상수 퇴장)
수련	정말 분해 못 살겠어.
문수	분하다. 땅을 치고 통곡이라도 하고 싶어라.
수련	오빠! 정말 참기 어려웠지?
문수	수련아, 두고 봐라. 이 오빠 지금부터 결단코 어떤 분한 일을 당해도 화 안 낼 테니까…
	(이때 할아범 하 등장)
할아범	도련님! (떡을 싸)
문수	왜 그러우
할아범	이거 잡수시지요
문수	이게 뭐요?
할아범	떡입니다. 그동안 얼마나 배고프셨읍니까?
수련	아이 좋아라
할아범	금방 찐 것이라 물씬물씬합니다. 어서들 잡수세요.
문수	고맙소. 할아범. (떡 하나 집어 수련에게 준다)
수련	(먹으려다) 엄마 ~ (목메어 못 먹고 운다)
문수	자 어서 배고픈데 먹어라
수련	아니야 엄마 먼저 갖다 드려야지
문수	(떡을 다 싸서 앞섶에 쥐여주며) 수련아, 이것 다 가지고 들어가서 어머니하구 먹어라.
수련	오빠는?
문수	나는 배 안 고프다. 어서 가지구 들어가.
수련	싫어! 배고플 텐데 오빠두 먹어. (몇 개 꺼내준다)
문수	싫대두
수련	자 어서 오빠는 배고파도 아닌척하는 심정 나도 알아. 이것만 가지고 들어

	가서 엄마하구 먹으면 돼.
할아범	도련님도 잡수세요
문수	그래 (마지못해 하나만 받는다)
수련	그럼 이건 엄마 갖다 드릴게. 할아범 고맙습니다. (절한다)
할아범	아 ~ 아가씨 이러시면 안됩니다 에 ~ 참 (퇴장)
	(할아범 어색한 듯) 헤… 그럼 도련님 (중앙 퇴장)
강씨	(상수에서 등장) 문수야 너 손에 드는데 뭐냐?
문수	마님, 저…
강씨	뭐냐 말이야? (확 뺏으며) 아니 이건 떡인데 어디서 났지?
문수	저…
강씨	빨리 말을 못해? 옳치, 너 이놈. 건너편 떡집에서 훔쳤지?
문수	아닙니다. 마님.
강씨	그럼 돈도 없는 네놈이 샀을 리는 없구. 어디서 났지 바른대로 대라.
문수	저, 심부름갔다 오는 길에 친구를 만났습니다. 자기 집에서 오늘 고사를 지
	냈다구 하면서…
강씨	음 정말이지? 좋아 이 떡을 그대로 먹으면 안 된다.
문수	네!
강씨	이렇게 추운 날 이런 꽁꽁 언떡을 먹으면 배탈나기 마련이야 저녁밥에 쪄
	줄 테니 그때 먹어라
문수	그리 얼지는 않았어요
강씨	시끄러! 무슨 말대답이냐? 그래 편지는 잘 갖아드렸니?
문수	네! 내일 오시겠다구 하시더군요
강씨	다녀왔거든 거름을 떠내든가, 장작을 패던가 하지. 왜 놀고 있니?
문수	네 잘못했습니다. (인기척 에헴 - 중희 목소리)
강씨	호…. 그렇지 않으냐 문수야? (금방 간사하게…)
중희	(등장) 아니, 무슨 얘기들이 그렇게 재미있노?
강씨	네 글쎄 문수가 밭에 거름을 내겠다구 하기에, 공부나 하구 일은 통하지
	말라구요. 그렇지 않으냐 문수야!

문수	네
중희	너 큰아버님 말씀 잊었니? 공부할 땐 딴생각 말라셨지 않니? 그런 일은 하인들이나 하는 거야. 아니 임자 손에 들고 있는 것이 떡 아니요?
강씨	네, 떡이예요.
중히	웬 떡이요?
강씨	이웃집에서 가져온 건데, 문수 주려고.
중히	고맙구려 문수를 그렇게 생각해서… 문수야 어서 받아먹어라.
강씨	그런데, 싫다구 하잖아요. 이렇게 추운 날 떡을 먹으면 배탈난다구 하면서 저녁밥에 쪄달라고 하잖아요.
중히	하…. 그럼 저녁밥에 쪄 주구려
강씨	네, 그럴 생각이예요.
할아범	(등장해서) 큰댁 영감마님께옵서. 두 분 다 속히 들어오시라구 하십니다. (강씨, 중히 중앙 퇴장)
할아범	(문수 손잡고 덩실 ~ 춤추면서) 도련님 ~
문수	할아범 왜 이러우?
할아범	도련님 됐어요. 됐어요.
문수	뭐가 됐단 말이요?
할아범	도련님도 추세요. 자 얼씨구 절씨구.
문수	미쳤오? 공연히 춤추게?
할아범	미칠 뻔두 했어요. 너무 좋아서… 춤추시라니까요!
문수	무슨 일인지 얘기를 사여야지 춤도 출 게 아니요?
할아범	춤 먼저 추셔야 얘기를 하지요. 자 얼씨구 절씨구 하…
문수	얘기를 해줘요. 뭐가 그렇게 경사스러운지…
할아범	얘기할 테니 도련님 기절은 하지 마십시오
문수	하… 참!
할아범	지금이 댁 어른 두 분을 왜 부르셨는지 아세요?
문수	내가 그걸 어떻게 알아?
할아범	저는 알거든요. 큰댁 두 분께서 상의하시는 걸 소인이 먼저 들었단 말씀이

	예요.
문수	무슨 말인지 갑갑하구려. 남 애만 태우지 말고 애기해줘요.
할아범	큰댁 양자는 도련님이 되셨어요.
문수	(놀라며) 뭣이 내가?
할아범	네 큰댁 영감께서 문수 도련님을 아주 잘 보셨어요. 이제 도련님도 서자를 면하시고 큰댁으로 들어오시면 두 분이 다 인자하시겠다. 얼마나 좋으시겠어요.
문수	참 뜻밖이로군. 영수가 될 줄 알았는데…
할아범	실상은요, 큰댁 영감마님께서 영수도련님을 더 생각하셨는데 은주 아가씨가 그만…
문수	아가씨가?
할아범	그쯤만 알아 두십시오
은주	(중앙 등장) 축하합니다
문수	믿어지지 않는구려
은주	아니! 싫으세요?
문수	우리 어머니와 동생 수련을 이 댁에 놔두고 큰댁에 혼자 가서 산다는 건 좋을 것도 없소이다.
은주	안심하세요. 어머님과 수련이도 큰댁에 가서 함께 사시도록 하겠다구 하셨어요.
문수	소저 그게 정말이요?
은주	네, 진정이야요.
문수	소저 고맙소! 고맙소.
할아범	얼씨구 절씨구 지화자 절씨구 얼씨구 (춤춘다)
문수	아이구, 이게 꿈이 아닐까?
할아범	도련님 넙적다리를 꼬집어 보십시오. 꿈은 아닐 테니…
문수	어머니 – 수련아 참고 참은 보람이 있었구나! 어머님께 알려야지. (퇴장)
할아범	아가씨, 기쁘시겠어요.
은주	참, 할아범두 몰라요!

할아범	하… 아가씨, 요게 바루 장땡이라는 겁니다.
	(막이 오르면 문수 방에서 글을 읽고 있다)
할아범	(등장) 도련님 글공부 하시는구나! 참고 사신 보람이 있어 하늘이 도와 양자님이 되시는 것을. 그만 그 앙칼진 안마님 때문에 결정 못 보고. 영수도련님과 두 분 중에 누구든 다음에 있을 과거에 급제하는 사람으로 택하기로 정하고, 당분간 어머니와 수련이는 큰댁에 들어가 함께 사는 것이 중지되었으니, 장차 또 그 고생을 어찌 계속할까?
중히	문수 방에 있니?
할아범	영감마님이 나오시는군.
중히	(상등장) 문수야
문수	네 (방에서 나온다)
중히	너 공부하느냐?
문수	네
중히	너 공부하느냐?
문수	네 –
중히	부지런히 해라. 꼭 과거에 장원급제하도록…
문수	아버님
중히	왜 그러느냐?
문수	과거는 그만둘까 합니다
중히	뭣이라구?
문수	큰댁에 양자는 영수가 되어야 하지 않습니까?
중히	너는, 네 애비의 뜻을 저버릴 셈이냐? 그렇지 않으면 자신이 없어서 하는 소리냐?
문수	마음이 괴롭습니다
중히	상관없다 어른들 하시는 일에 복종하면 돼! 지금 너, 명목만은 큰댁의 양자다만 뭣 때문인 줄 알지?
문수	네
중히	이번에 급제 못 하면, 큰댁의 양자는 영수가 되고 너는 영원히 내 서자가

	되고 마는 거야. 정신 바싹 차려야 한다. (중히 하 퇴장)
문수	아 ~ 어이할꼬? 이런 일 때문에 미움은 더 한층 심해지고 죽고만 싶구나. 죽고 나면 어머니와 수련이는? 오냐 공부를 하자 어쨌던 과거는 보자 우리 세 식구를 하늘에 맡기고 가는 데까지 가보자. (은주 옷 싸 들고 중 등장)
은주	문수님 - !
문수	은주 소저!
은주	이것 받아 주십시오.
문수	이건?
은주	제가 만든 거예요. 몸에 맞으실런지 모르겠어요. 나중에 입어보십시오. 자 -
문수	내 옷을 은주 소저가 손수… (받는다) 고마워요.
은주	방에 넣어두시어요. (문수 보따리 방에 밀어 넣는다) 문수님이 꼭 장원급제 하셔야 해요.
문수	글쎄요
은주	그런 대답은 싫어요. 다짐을 하셔야지요.
문수	하하… 과거에 급제하기란 하늘의 별 따기인데…
은주	이 은주는 꼭 믿어요. 문수님께서 장원급제하실 것을…
문수	소저
은주	네
문수	저… (머뭇거린다)
은주	말씀해 보세요
문수	네. 저… (또 머뭇거린다)
은주	아니
문수	저… 날이 무척 춥습니다
은주	아이, 참
문수	네?
은주	그 말씀 밖에는 없으세요?
문수	저

은주	참!
문수	눈이 내렸으면 참 멋이 있겠습니다
은주	네?
문수	눈을 만지면서…
은주	눈을 맞으면서…
문수	서로 좋아하는 사람끼리…
은주	서로 좋아하는 사람끼리…?
문수	눈 속에서 사랑을 속삭인다면
은주	눈 속에서 사랑을 속삭인다면…혹 오타 아닌지요?
문수	얼마나 멋있겠느냐구요 하….
은주 (창)	눈송이 그것처럼 포근한 님의 가슴
	송이송이 눈송이는 하늘이 내려주신 사랑의 축복인가 수줍고 부끄럽소
문수	종 몸에서 태어난 몸, 자신을 사랑하는 나와 소저는 뜨거운 말이 저절로 삼켜지는구려.
은주	그런 말씀 마옵소서. 지체와 체면이란 허물 좋은 것. 문수님 저의 뜻을 저버리지 마오.
문수	은주 소저, 나는 소저를 사랑하오 －
은주	문수님 (포옹) (영수 상 등장하여 소리친다)
영수	은주 음 ~ 양반집에서 이거 무슨 추잡한 꼴이요?
	(두 사람 놀랜다)
문수	뭐라고?
영수	네 어미가, 어려서부터 바람이 나가지구 우리 아버지한테 네 놈을 낳더니, 네 놈 역시 그렇구나.
문수	음, 참을 수 없어. (빰을 친다)
영수	응? 네놈이 감히 내 빰을 쳐?
문수	말 취소해라 (멱살 잡는다)
영수	못하겠다.

문수	(또다시 잡으며) 에잇, 나쁜 자식. (은주, 중 퇴장)
	(강씨, 상 등장)
강씨	저런! 죽일 놈이 있나. 놓치 못해?
문수	(손 놓는다) 잘못했습니다
강씨	영수 이놈아. 못생기게 멱살 잡혀?
영수	쌍것이기에 상대를 안했습니다
강씨	응 ~ 잘했다 양반은 위신이 있지 않니? 네 이놈 너의 잘못을 네가 알렸다?
문수	네 벌을 내리시옵소서
강씨	영수야 저놈을 빨가벗겨서 곡간에 가두어라
영수	이리와 (문수의 멱살 잡아끈다)
강씨	옷을 벗겨서 모두 이리 가져오너라
영수	네 (문수 끌고 나간다)
강씨	음… 잘했다. 이런 기회를 기다렸느니라 매월아 ~
매월	네 ~ (상 나온다)
강씨	영감마님 잡수실 식혜 한 그릇, 떠 오너라.
영수	(하 등장, 문수 옷 내밀면서) 어머니, 옛어요.
강씨	오냐! 아주 발가벗겼지?
영수	네
강씨	곳간 문은 어찌했느냐?
영수	밖으로 잠갔습니다
강씨	거, 잘했다 (문수 옷 뒤척인다)
영수	뭘 찾으세요?
강씨	주머니
영수	여기 있네요. (주머니 열어주며) 그게 뭐예요? 어머니.
	(강씨 품에서 비상 봉지 꺼낸다)
강씨	쉿 – 비상이다
영수	그걸 어떻게 하실려구요?
강씨	보고만 있거라 하는 수가 있느니… (주머니 속에 조금 넣고 조금 남겨 품

	속에 넣는다) 이래놓고, 문수란 놈이 자결한 것처럼 꾸민단 말이야.
영수	그럼 문수를 죽이게요?
강씨	응 식혜에다 비상을 타서 먹으라고 주면, 죽은 다음에, 여러 사람 보는 앞에서 문수의 주머니를 조사하면 비상 가루가 나오거든. 그러면 누가 생각하던지 제 놈이 자결한 걸로 알겠지.
영수	어머니 됐어요. 참 어머니 제갈량이셔.
강씨	그만 내가 용서했다고, 곳간을 열어주고 옷을 주어라.
영수	네 (옷가지고 퇴장)
강씨	흥 두고 보자. 내가 그대로 둘 줄 알고? (상수 퇴장)
할아범	(中 등장) 문수 도련님을 비상을 먹여 죽이려고? 끔찍한 일이로군 (문수 영수와 등장)
영수	어머님이 인자하셔서 용서했어. 다시 그런 짓을 했다간 죽고 남지 못할 것이니, 그리 알아. (상 퇴장)
문수	(깊게 한숨) 아 ~ 마음이 아프다.
할아범	도련님
문수	할아범이요?
할아범	안에서 도련님께 식혜를 잡수시라고 할 겁니다. 하지만 절대로 잡수셔선 안 됩니다
문수	무슨 말인데?
할아범	도련님 제 말씀을 꼭 들어야 합니다
문수	아니 왜?
할아범	글쎄 그런 일이 있습니다. 도련님 아셨음 절대 잡수시면 안 돼요. (안에서) 할아범 - 할아범 -
할아범	네 - 들어갑니다. 아셨죠? 할아범 말씀 꼭 들어야 합니다. (안에서) 할아범 -
할아범	네 - 들어갑니다. (문수에게 손짓하며 퇴장)
문수	이상한 일이다. 내게 식혜를 먹으라고 할 리도 없지만 그걸 먹지 말라니 무슨 일일까?

분이여	(식혜 그릇 들고 등장) 문수야
문수	어머니 나오세요?
분이여	공부는 열심히 하고 있니?
문수	네
분이여	나는 너만 믿는다. 네가 과거에 장원급제해서 서자의 소리를 면하고 큰댁의 양자만 된다면 이 어미, 당장 죽어도 여한이 없다.
문수	어머님을 위해서 꼭 장원급제 하겠습니다
분이여	식혜다 마님이 무슨 변덕이 생겼는지 너를 갖다주라고 해서 가지고 나왔다 너 식혜를 먹어본 일이 없지? 어서 먹어봐라. 맛이 있느니라
문수	저는 싫어요. 어머님 잡수세요. 어머님 안 잡수시면 저도 안 먹겠어요
분이여	아니다 나는 먹었다. 어서 먹으라니까 어미 보는 앞에서.
문수	글쎄, 어머님 잡수세요.
분이여	글쎄 나는, 한 그릇 먹었다 넌 깐 그러는구나.
문수	잡수셨다 하더라도 또 잡수세요. 전 안 먹겠어요. 어머니 입을 벌리세요. (이때 강 씨 나와서 보고…)
강씨	이봐 문수 분석전문가 출신 개미
분이여	아 마님, 나오세요
강 씨	문수 먹으라고 했지. 자기 먹으라고 했나. 문수 주고 어서 안으로 들어가.
분이여	네 (식혜 그릇 주고, 앞으로 퇴장)
강씨	문수야
문수	네
강씨	이 추위에 옷을 벗고 벌을 서느라고 욕봤다. 따뜻한 식혜다. 먹어라.
문수	고맙습니다
강씨	알고 보면 나도 퍽 인자한 사람이야. 그럼 식기 전에 먹어라. (강 씨 퇴장)
문수	네 (식혜 들여다보면서) 할아범 무슨 일로, 이것을 먹지 말라고 했을까? 식혜 맛이 어떤 건가? 좀 먹어 보고 싶은데… 오냐 조금만 먹어보자. (마시려 할 때)
민수	(하 등장) 아이 추워. 아니 그게 뭐야?

문수	식혜
민수	식혜? (뺏는다) 응? 정말 식혜로군 누가 줬어
문수	마님이!
민수	우리 엄마가?
문수	응!
민수	그럴 리가 없는데. 이것 봐 식혜는 너 같은 쌍것은 못 먹어. 건방지게 시리 (마신다) 하하… (그릇 마루에 놓고 상 퇴장)
문수	흥! 나 같은 사람은 식혜 먹을 자격조차 없단 말이야? (들려 하는데 안에서)
강씨	아니 민수야 왜 이러니? 아이고, 애가 왜 이래?
영수	뭐? 식혜를 마셨다고?
강씨	민수야, 정신 차려라. (강 씨, 영수, 민수 부축하여 등장)
강씨	아이고 이 일을 어쩌나. 민수야, 문수란 놈이 우리 민수를 죽였구나.
영수	민수가… 문수가 우리 민수를 죽였어!
문수	아니 민수가 죽다니, 이게 어찌 된 일이냐? (매월 상수 등장하여 중앙 퇴장) (할아범 중 등장)
할아범	하늘도 무심하시지 않았구나! 민수가 제 어머니가 탄 비상에 죽은 것을 문수 도령에게 억울한 누명을 뒤집어쓰게 되었으니 이 일을 어찌할꼬? (중히 중앙에서 등장)
중히	할아범 저놈을 나무에 꽁꽁 묶도록 하오
할아범	네? (놀라며 어쩔 줄 모른다)
중히	뭘, 우물우물 대나? (영수가 묶는다) 너는 다시 할 말 없을 것이나. 날이 밝는 대로 관가에 넘겨 능지처참토록 할 것이다.
문수	정말 억울하옵니다
강 씨	이 죽일놈아! 엽낭속에서 비상이 나왔는데, 그래두 아니라구해? 영감 저놈은 관가에 넘길 것 없이. 여기서 당장 죽여줘요.

중히	진정하오
강씨	아이구 불쌍한 내 아들 민수야. 네가 문수란 놈 손에 죽다니…
	(민수 보듬고 통곡하며 상수 퇴장) (중서 등장)
중서	문수 이놈아! 어쩌자구 글쎄.
중히	형님 들어가십시오. 모든 것이 제 잘못입니다.
중서	(퇴장하면서) 날이 밝는대도 즉시 관가로 끌고 가거라
중히	네 (은주, 분녀, 수련 등장)
분녀	(문수에게 달려들어) 네가 그런 짓을 하다니. 죽을 혼이 씌었단 말이냐. 이 몹쓸 것아.
수련	오빠, 나는 믿어지지 않아.
문수	도저히 빠져나갈 수 없는 함정에 빠졌구나. 수련아 내가 죽거든 네가 내 몫까지 합쳐서 어머님께 효도를 해야 한다. 어머니는 정말 불쌍한 분이셔
중히	분녀야, 너도 이 밤으로 수련이를 데리고 나가거라,
분녀	네
중히	썩 나가란 말이야. 영수야, 모녀를 내쫓고 문 닫아걸어라.
영수	네. (분녀, 모녀 마구 다룬다) 나가! 이년들아~
분녀	문수야! −
수련	오빠 −
문수	어머니 − (영수에게 끌려 나가는 모녀) (은주 차마 못 보고 퇴장) (영수 대문을 건다)
중히	할아범 −
할아범	네
중히	할아범, 좀 졸리겠지만 자지 말고, 문수를 지키게.
할아범	네 (중히, 상수 퇴장 영수 문수 뺨치고 따라 퇴장)
문수	할아범
할아범	네
문수	할아범은 무엇을 알고 있지요?
할아범	이제 와선 말할 수 없습니다. 말해봤자 소용 없구요. 더구나 섣불리 말을

	했다가 이 할아범도 목이 달아납니다.
문수	알았소. 묻지 않겠오.
할아범	정말 가엾으십니다
문수	말 마오
밖에서	문수야 ~ 오빠 ~ (문수 통곡한다. 은주 중앙 등장)
은주	할아범
할아범	아가씨는 왜 나오십니까?
은주	영감마님께서 부르세요
할아범	나를요?
은주	네. 빨리 들어가 보세요. 여기는 잠깐 내가 있을 것이니…
할아범	네 (중앙 퇴장)
은주	문수님
	(문수를 끌러 준다)
문수	아니
은주	어서 도망가세요. 세 분이 함께 널리 널리 가세요.
문수	이 몸은 도망갈 수 있으나, 나중 일은 어쩌려구…
은주	이 몸은 걱정하지 마시고 어서… (대문 밖으로 내보내고 문 잠근다)
	(밖에서) 은주 －
은주	문수님, 어서요.
문수	(위성) 그럼 －
은주	네, 신령님이여 문수님을 돌봐주소서.
할아범	(나와 보고는) 아니 그럼 아가씨가
은주	할아범
할아범	알겠습니다. 잘하셨습니다. 잘하셨어요. 하… 도련님 조심하셔요
	(분녀, 수련 고문당한다) (중히, 강씨, 장정 ① ② 서 있다)
강씨	오늘은 좀 단단히 달달 하세요. 저것들 손에 죽은 우리 민수의 원수를 갚아 달란 말예요
중히	민수가 임자 혼자의 자식이요? 내 가슴은 더 아프단 말이요. (축 늘어진

분녀, 수련)	네 이년, 그렇게 다 죽어가면서도 끝내 문수의 일을 모른다구 할 테냐?
분녀	모르옵니다
수련	아버지 너무 하시어요
중히	시끄럽다 이년. 너희 모녀는 들어라. 지금이라도 문수에 관해 낱낱이 아뢴다면 음식도 주고 매를 맞은 독도 약을 써서 풀어주겠지만 그렇지 않으면 네 년들 목숨은 오늘을 넘기지 못한단 말이야.
분녀	살고 싶지 않아요. 어서 죽여줘요
중히	수련아! 어머니가 불쌍하지 않니? 네가 말을 해라
수련	
(창)	아버지의 피를 받고 어머니의 살의 받아 이 세상에 태어난지 겨우 불러 십육 년이라 더 살기 원치 않소 죽이던지 살리던지 마음대로 하십시오. 세상이 싫소이다 어머니 – (운다)
강씨	영감 들었어요? 저리 가세요. 저 두 년을 나무에 꽁꽁 묶어 달아라.
장정①②	네 (분녀, 수련 나무에 묶는다)
강씨	내다가 매를 치게 죽여도 상관없으니까 매가 부러지게 치게
장정들	네 (분녀, 수련 매우 친다)
강씨	매우 쳐라. (신음하는 분녀, 수련)
중히	에이 – (속이 안 좋아 외면한다)
강씨	너 이것들. 어서 문수 있는 곳을 대지 못하겠느냐? (친다) (할아범 등장)
할아범	할아범 문안이요
강씨	아니 너는?
할아범	비록 쫓겨난 몸이 우나, 이제 주인댁에 경사가 났다 하옵기에, 감히 죄를 무릅 쓰고 문안드리옵니다.
강씨	음 ~ 지난 일을 생각하면 괴씸하기 짝이 없으나, 이렇게 찾아와 준 것이 기특해서 진 죄를 용서한다.
할아범	마님 고맙습니다. 소인이 알기로는 이 댁에서 누가 장원급제를 하셨다는데…

강 씨	할아범 지금 뭐라고 했어! 우리 집에서 장원급제?
할아범	자세히는 모르겠으나 소인이 알기로는 분명히 박씨 문중에서…
강 씨	알겠다. 박씨 문중이라면 우리 집밖에 없지. 그러면 우리 영수가 장원급제한 것이 분명하구나. 너 이것들 우리 영수가 오면 너희는 죽고 남지 못할 것이야.
할아범	작은 마님 조금만 참으셔요. 문수 도련님이 이곳으로 오십니다.
분이여	뭐라고? 우리 문수가?
수련	할아범, 우리 오빠가 오신다니 웬 말이요?
할아범	네. 오늘 안으로 나타나실 겁니다.
강 씨	할아범 그게 정말이지
할아범	네
강 씨	그걸 할아범이 어떻게 알지?
할아범	알 도리가 있습니다. 그리고 은주 아가씨가 밖에 와 계십니다.
강 씨	뭐라고 은주가 와 있다고?
할아범	아가씨 들어 오십시오 (은주 아름다운 의상으로 등장)
은주	안녕들 하십니까?
강 씨	네 이년 무슨 낯짝으로 들어왔느냐? 또 두 년을 도망시키려고 왔지?
은주	아직 분이 안 풀렸거든 이 몸도 매달고 치시옵소서
강 씨	저런 방자한 년이 있나. 말속에 뼈를 두고 하는 말 참을 수 없다.
은주	아주머니 문수 도련님이 오십니다. 기분 잃지 마세요
수련	언니
은주	슬픈 사람들은 끝끝내 슬픈 일을 받아야 할 것인가?
수련	죽고만 싶어요
은주	오빠도 안 보고?
수련	오빠 -
강 씨	이년들 주둥이 닥치지 못해? 문수 이놈을 우리 어사 나리 보는 앞에서 목을 두 동강 내야 우리 민수의 원수를 갚을 텐데… 은주야 이년 문수가 온다더니 어디 오니? 그래 그동안에 문수와 무슨 내용을 해놓고 나타났느냐? 네

주둥아리를 달고 차렸다.

은주 　마님 처분대로 하십시오. 그러나 악독한 죄상을 곧 하늘이 알아서 처분할 겁니다.

강씨 　뭐야? 이년아 내가 누구냐? 곧 수의사또께서 행차하시면 어떠한 벌을 받으려고 여봐라 매를 이리 내라 (매들로 은주를 매우 친다)

　　　서리들(안에서)암행어사 출두요. (하며 등장) (모두 대문 쪽 바라본다)

　　　(문수 점잖게 수의를 입고 들어온다) (일동 어쩔 줄 모르고 벌벌 떤다)

　　　(장정 도망간다) (수련 어사를 바라보고)

수련 　앗! 오빠

문수 　어머니 – (부녀에게 달려간다)

분이여 　문수야 네가 수의사또가 되었구나! (문수, 분이여, 수련 끌어안는다)

　　　(분이여 땅바닥에 쭉 쓰러진다) (일동 어안이 벙벙하여 어쩔 줄 모른다)

문수 　어머니 정신을 차리세요. 무술가 장원급제해서 돌아왔어요.

분이여 　문수야 이젠 죽어도 여한이 없다. (운명한다)

수련·문수 　어머니 – (통곡) (은주 돌아서서 흐느낀다)

문수 　어머니 왜 돌아가셨어요. 원통합니다. 문수의 장원급제를 바라시더니 급제해서 돌아왔는데 왜 죽습니까? 어머니 – 이렇게 무참히 돌아가시다니 왜 이처럼 냉정하세요. 어머니 –

　　　(은주, 수련 통곡한다) (문수 몸부림치더니, 분이여 보듬고 안고 휙 일동을 바라본다)

문수 　서리 –

서리들 　옛!

문수 　누구든지 도망치는 자가 있거든, 가차 없이 처형하였다.

서리들 　옛! (서리들 대문 막고 서 있다) (이때 영수, 등장하여 어리둥절)

문수 　영수야, 너도 거기 꼼짝 말고 서 있거라.

영수 　아버지 –

중히 　과거는 어찌 되었느냐?

영수 　낙방했습니다.

중히	그럴 테지… 네놈이 장원을 해? 그럼 그렇지 문수가 장원급제한 것을 알았겠구나!
영수	네 그래서 면목 없이 곧 돌아오지 못했습니다.
강씨	병신 같은 놈 차라리 죽어라. 이놈아 예끼 병신같은 놈아 -
문수	(시체 마루에 놓고 일어서며) 모두 잠깐 조용히 해주세요 (중에서 앞으로 가까이 다가가 선다) 큰아버지
중에서	무슨 일이냐?
문수	제가 이번에 큰아버지 함자 밑에 양자라는 이름으로 과거를 보았습니다. 용납해 주시겠습니까?
중에서	네가 그런 마음만 있다면, 나는 쌍수를 들어, 내 아들로 맞이하겠다.
문수	그러면 여러 어른 계신 데서 이 년 전, 제가 민수를 죽였다던 그 일을 밝히겠습니다. 할아범- (강 씨 어쩔 줄 모른다)
할아범	(나서며) 네
문수	할아범은 그때 일을 알고 있지요?
할아범	네. 알 수 있고 말고요
문수	바른대로 말하오
할아범	민수 도련님은, 저기 계신 마님과 영수 도령이 죽인 거나 다름없습니다.
강씨	저런 죽일 놈의 늙은이가 있나?
할아범	마님 안 됩니다. 더는 못 속입니다.
강씨	아가리 닥치지 못할까, 영수야 넌 왜 가만있느냐?
영수	어머니 이젠 저도 어머니 말 그만 듣겠습니다.
강씨	뭐라고?
영수	죽을 때나 깨끗이 죽으렵니다. 어머니 할아범 말과 같이 더는 숨기질 않습니다. 모든 것을 이 자리에서 털어놓으십시오,
강씨	아니 저놈 미쳤나?
중히	음… 그러고 보니 무슨 곡절이 있었구나!
영수	아버지 저를 죽여주십사. 오 그 일은 어머님과 제가 저질러 놓고, 형님께

누명을 씌웠습니다.

강 씨   영감 곳이든지 마십시오. 저놈이 미쳤지. 세상에 자기 자식 죽이려는 어미
        가 어디 있겠소?

중히   여봐라 서리

서리들   넷인 –

중히   (강 씨들 가리키며) 저 계집을 나무에 묶어라

강씨   뭐라고요? 영감도 미쳤소?

중히   어서 꽁꽁 묶어라

서리들   넷 –

강씨   영감 너무하오 이게 근 삼십 년간을 같이 살아온 나에게 베푸시는 정이요?
        영감이 이러실 줄 내 진정 몰랐고. 아이고 영감 –

중히   맞아 죽기 전에 바른대로 말해라. 식혜에다 비상을 탄 게 너지?

강씨   생각해보시오. 아이고 영감 자기 자식 먹을 식혜에다 비상을 타는 어머니
        가 어디 있소?

문수   그렇습니다. 어느 부모가 자기 자식을 죽일 리가 있겠습니까? 내가 자살한
        것처럼 꾸미려고 비상을 식혜에 타 그 비상 가루를 내 주머니에 떨어 넣고
        민수를 죽이려 한 것이 아니라, 바로 종의 자식이라 천대하고 학대해온 날
        죽이려고 한 것이었다는 것을 벌써 잊었습니까? 그러나 하늘이 무심치 않
        아서 내가 식혜를 마시려는 순간 민수가 들어서며 종의 자식놈이 무슨 놈
        의 식혜냐 하면서 뺏어서는 벌컥벌컥 마시고 들어가자마자 바로 자기 어머
        니 앞에서 피를 토하고 죽게 된 것이요. 그렇지요. 마님?

중히   오냐 불민했던 이 아비를 용서해라

강씨   아이고 분해. 내가 문수란 놈을 죽이지 못하고, 죄 없는 내 자식만 죽였구
        나! 원통해라

중히   에잇 천하의 독부였구나. 여봐라, 저년을 당장 동헌으로 끌고 가라. 죄의
        심판을 받아야 한다.

서리들   네 – (끌어내리는데 강 씨 품에서 장도 꺼내 자결)

강씨   악 – 민수야 (절명) (서리들 부축하여 나간다)

중히	천벌이로다. 죽어서 자식 민수를 어이 대하겠는가?
문수	아버님 이제 모든 것은 끝났습니다. 하루 한시를 기 한번 펴보지 못하고 배 한 번 불러보지 못하고 기구한 한평생을 눈물로써 사시다가 돌아가신 불쌍하신 어머니! 어찌하여 한 번도 우리 세 식구를 못 살피시지 않으셨습니까? 그동안 종이라 해서 내 동생 수련이 어린 것이 배도 많이 곯았습니다. 나무지게 지고 글을 읽을 때마다 불쌍하신 우리 어머니 그래도 이 자식을 위해 남의 집 품을 팔아가며 머리를 잘라 팔아가며 이 자식 성공을 위해 기다리시던 어머님이십니다. 아버님 어머님의 시체만으로도 아버님의 따뜻한 손길로 양지바른 곳에 모셔 주시어요.
중히	오냐 불민했던 이 아비를 용서해라
영수	형님 나도 죽여주오
문수	아니다 너는 과거의 잘못을 뉘우쳤으니 훌륭했다. 이제 죄는 없어졌느니라 영수야 내 손을 잡아라
영수	(울며) 형님!
수련	작은오빠!
영수	수련아, 고맙다. 이 못난 오빠를 용서해라.
문수	할아범
할아범	네
문수	내가 오늘 훌륭한 몸이 된 것도 모두 할아범 덕이요. 이문수 머리 숙여 감사드립니다. (절한다)
할아범	아이고, 원 도련님 왜 이러십니까? 아이고 이거 참… 이러시면 안 됩니다.
문수	은주 소저
은주	네
문수	그대의 지극한 사랑을 무엇으로 다 갚으리까? (분이여, 시신 앞에 꿇어앉으며)
강씨	어머님 장하신 어머님, 부디 극락으로 편히 가옵소서. (일동 분 여자 앞에 읍하여)
일동	

(창)	가옵소서 극락으로 가옵소서
	장하도다 분녀부인 어질도다 문수 모친
	인간의 거울이요 나라의 자랑일세
	편화한 주락세계 연화대로 가옵소서
문수	어머니 –
수련	어머니 –
중히	여보 –
(창)	만화방청 춘삼월에 젖던 꽃도 다시피고
	서산일몰 하여다가 동산월출 하건만은
	인자하신 우리 어머니 언제 다시 돌아오실는지…
	어머니 이제 이문수는 울지 않겠습니다
	어머니께서 주고 가신 마패를 벗을 삼아
	산간초옥 면면 촌촌으로 방랑의 길을 떠나렵니다
	그래서 우리처럼 서러움 받는 사람은 기쁨의 길로 인도해주고
	부모에게 불효하는자 가차없이 처단할 것이요
	한 남자가 두 여자를 울리는자 있으면
	이 박문수 엄히 징계할 것이옵니다.

장화홍련

제1막

(무대는 기와집)

<서창> 때는 먼 옛날 애 백 년 3년 이야기로 평안도 청산고을 배무용이라는 죄수에게 아름다운 두 꽃송이 장화·홍련 활짝 피어 양갓집 자녀로서 고이고이 자라나서 이 집안에 복동이요 이 고장의 자랑일세

(막 오르면 단심이 청소하다 마루에 앉아 푸념한다)

단심 외가에 간 아가씨는 왜 아직 돌아오지 않으실까. 아가씨가 집안에 없으니 재미가 있어야지 빨리 오셔야 할 텐데.

노복 애 단심아, 여기서 무얼 중얼거리고 있어 집안이나 말끔히 치우지 않고.

단심 지금 치우고 있어요.

노복 어서 치워라. 오늘 마님과 아가씨들께서 외가에서 돌아오신다.

단심 아가씨들께서 오늘 오셔요. 아이 조와라 어서 오셨으면.

노복 원, 계집에도 수다는. 그리고 오늘 스님께서도 오신다니 불공드릴 차비도 해야 된다.

단심 저 할아범, 스님은 왜 오셔요?

노복 아, 불공을 드리러 오지. 마님께서 슬하에 자식이 없어서 불전에 불공을 드려 두 아가씨를 낳으셨다. 그런데 꿈속에 보살님이 장미꽃 두 송이를 안겨 주워서 잉태를 하셨드란다. 그래서 꽃 아가씨는 장화라고 지었고 작은 아가씨는 붉은 꽃이라고 해서 홍련이라고 이름을 지으신 거란다.

단심 네, 그랬었군요. 그런데 스님은 무엇 하러 와요?

노복 무엇하로오긴. 매년이면 한 차례씩 스님이 오셔서, 우리 두 아가씨를 위해서 공을 들이곤 한단다. 단심아 이곳은 네가 치울 테니, 너는 어서 들러가 불공 준비도 하고 안을 말끔히 치워 놓와라.

단심 네 (퇴장)

노복	어느 때, 꿈이나 오실는지. (비 들고 쓸 때)
	(부인, 장화, 홍련 등장)
부인	삼순 할아범
노복	아이고, 마님 돌아오십니까.
부인	그래, 별일 없었나?
노복	그러문 입죠. 하 ~ 아가씨들 외가에 가서 재미있게 노셨습니까?
장화	응~
노복	외할아버지 할머니도 뵈옵고요.
홍련	응 우리를 보시드니 얼마나 반가워 하신지. 외할아버지 두 눈에 눈물이 고이셨어.
노복	그리시겠지요. 퍽 오래간만에 가셨으니까요.
장화	할아범 아버님은 어데 가셨지. 외가에 가 있는 동안 얼마나 뵈옵고 싶었는지. 밤마다 아버님 꿈을 꾸웠어.
노복	아이구, 그러셨서요.
부인	어데 계신가
노복	네, 여태 기다리시다가 잠시 문전 논에 나가신 모양입니다.
부인	오 그래. 왜? 장화야, 너희들 다리도 아프고 배가 고프겠구나. 어서 들러가 보와라 예 단심아
단심	예 (등장) 아이고, 마님 오셨서요? 아이구 아가씨, 나는 얼마나 보고 싶었는지. 왜 인제 오세요?
부인	수다 떨지 말고, 어서 아가씨들을 모시고 들어가서 쉬도록 하여라
단심	네 아가씨. 어서 들어가세요
장화·홍련	그래 (3인 퇴장)
부인	여보게 삼순 할아범
노복	네
부인	스님께서 곧 오실 텐데, 준비는 다 되여 있겠지?
노복	예, 다 되었습니다.
부인	그래 그럼, 어서 나가서, 영감마님 어서 모셔 오드록 하게.

노복	네 그럼, 나갔다 오겠읍니다.
부인	(꿈에서 쾌물상자 꺼내며) 아 귀여운 우리 딸들에게 나누어 주라고 아버님께서 주셨는데 무얼까 (상자 열어 보고) 아니 이것은 옥비녀 이것은 옥가락지 두 쌍씩 주셨군. 저것들이 언제 커서 이 비녀를 쓰고 시집가나. 시집을 가고 나면, 쓸쓸하고 보고 싶어서 어이 하리.
노복	(등장) 마님 영감마님께서 오십니다
좌수	(등장) 그래 우리 장화·홍련이가 왔다고. 그래 어데 갔소? 이 애들은?
부인	원 영감께서도 아무리 그것들이 보고 싶으시기로 제가 여기 서 있는대도, 어쩌면 이제 왔느냐. 말씀한 마듸 없으세요?
좌수	하 ~ 그것들을 보고 싶은 생각에 부인을 미처 보지 못했구려 하 ~ 하 ~
노복	제가 모시고 나오지요. 뒤뜰에서 단심이와 이야기하시면 노독을 푸시는가 봅니다. 아가씨! (퇴장)
좌수	그래 처가는 별고 없으시고. 어르신 내외분 강영 하시고요?
부인	예, 그러문요. 다들 별고 없으시고 안부를 전하십듸다.
	(장화홍련 등장) (아버님 품에 안긴다)
부인	애들은 아버님을 뵈웠쓰면 인사를 드려야지. 철없이 굴다니. 참 할아범 스님이 오실 때가 되었으니, 동구 밖까지 마중 좀 나가게.
장화	참 너무 반가워서. 아버님, 절 받으세요.
홍련	저도 아버님, 절 받으세요. (장화·홍련 절한다)
부인	영감 저 애들을 외할아버지께서, 저네들 주라고 이것을.
좌수	그게 무어요 아니 이것은 옥비녀 옥가락지.
부인	장성하여 시집가게 되면 하나씩 주라고요
장화	엄마나 시집 안 가
홍련	나도 시집 안 갈래
좌수	하 ~ 웃고 자식들 누가 지금 가라는 게냐 다음에 커서 가라는 게지
홍련	아버님 어머님, 우리가 시집가면 어이 하시려고요.
좌수	자식들, 못 하는 소리가 없구나.
장화	저도 아버님 어머님 외로우실 생각을 하면 시집 안 갈라오

부	그렇다 해서 아니 갈 수야 있나!
장화	아버님 어머님 듯도 시요 저희 형제나으실 때, 백일정성 불공드려 저희들을 나으시고 저희들을 기르실 때 진자리 마른자리 금지옥엽 길러 주신 부모님에 그 은공 하늘보다 높으시고, 바다보다 깊으시니, 분골쇄신 된다 해도 그 은공을 갚으리까 평생토록 모시리다.
부인	(울며) 기특한 것을. 너희들이 벌써 그런 철이 드렀구나.
홍련	엄마 우리 엄마 고운 얼굴에 눈물방울이 얼룩지셨네. 엄마 우리 형제 기르시느라고, 고생이 많으셨지요. 하지만 이제는 걱정 마세요. 언니와 제가 아버님 어머님 한평생 모시고 편안히 해드리고 싶어요.
좌수	자식을 착하고 기특하지
노복	영감마님 스님께서 오십니다
좌수	뭐 스님께서
스님	(등장)
좌수	스님, 어서 오십시오.
一同	스님, 어서 오십시오.
스님	나무아미타불 관세음보살.
좌수	스님께서 미거한 귀애 딸들을 위해서, 매년 이렇게 어려운 행차를 하시니 감사합니다.
부인	삼순 할아범, 어서 준비하게.
노복	네
	(노복, 단심. 마리 깔고 상에 향로 놓아 중앙에 놓는다)
스님	(단상에 앉으며) (일동 삼례 하고)
(염불)	백일정성 칠성당에 지성 올려 보살님께 아기 탄생 발온하여 옥황상제 뜻으로써 장미꽃 두 송이가 청산고을 나무 관세음보살 (일어서서 읍하면 一同 일어서 읍한다) (스님 장화·홍련 얼굴 보고서)
	아 ~ 꽃같이 아름다운 얼굴들, 마치 꽃이 무색하겠구려.
좌수	그럼, 내년에 다시 뵙겠습니다.
	(스님 하늘 우러러보고)

스님	아, 천명을 어이할고. 천명은 어쩔 수 없는 법. 지원극통이로군. 나무아미 타불 관세음보살.
좌수	(一同) 스님 안녕히 가십시오
	(스님 퇴하고 부인 현기증에 비슬 쓰러진다) 일동 놀래며
좌수	여보! 부인.
장화·홍련	어머님 왜 그러세요? 어머님 정신 차리세요!
좌수	부인, 이것 안 되겠군. 할아범 어서 가서 의원을 불러오게.
노복	네 (퇴장)
좌수	단심아, 너는 어서 안방에 침구 깔고, 불 좀 때여라.
단심	네 (퇴장)
장화	어머니
부인	오, 장화야! 홍련아! 이 애미는... (실신 상태)
좌수	여보! 부인.
장화·홍련	정신 차리세요! 어머니!

활막

<서창>	원통하다 절통하다 나이 어린 두 꽃송이
	어머니를 여의고서 눈물로 지새운 밤
	어 연간 3년일세 어머니 어머니 목이 메여 불러
	바로 한 번 가신 우리 모친 돌아온 길, 바이 없네
	(노복, 단심 산소에 갔다온 차림 등장)
단심	할아범, 마님이 돌아가신 지 벌써 3년이 흘렀네요!
노복	그렇지. 인자하신 마님 돌아가셨으니 어린 아가씨들 앞일이 걱정이로구나!
단심	정말이에요. 매일같이 어머님 생각에 밤잠을 못 이루면서, 눈물로 밤을 세우는 것을 볼 때마다, 저도 같이 울었어요.
노복	그럴 테지 단심아, 우리는 어떠한 일이 있드래도, 두 아가씨께서 장성하셔서 출가하실 때까지 정성껏 돌봐 드려야 한다.

단심	네. 영감마님께서 어젯밤에 부르시기에 갔드니, 아가씨께서 출가하시면 아가씨 뒤를 따라가라 하셨어요. 영감마님 분부도 계시고 하니, 제 목숨이 있는 한 아가씨들을 정성껏 모시기로 마음속으로 다짐했어요.
노복	오냐, 기특한 말이로다. 그래야지. 오 참 벌써 저 ~ 기 오신다. 어서 먼저 가서 집안을 치워야지.
단심	네, 어서 가요.
노복	어서 가자 (2人 퇴장)
	(좌수, 장화, 홍련 등장)
장화	아버지 다리 아프시지요
좌수	괜찮다
장화	아버지, 소녀 아버님께 사죄울 말씀 있아 옵니다.
좌수	오냐! 무슨 말인지, 어서 해보와라.
장화	어머님 탈상도 지냈으니, 새 어머님을 맞어 드리심이 어떨까요?
좌수	무엇이, 안된다. 쓸데없는 말 하는구나. 아예, 그런 말은 말어라.
홍련	하오나, 아버님은 어머님을 사별하고, 아버님께서 너무 적적하고 외로우시지 않어요?
좌수	나는 괜찮다. 오히려 너희들이 둥지 잃은 새 모양 외롭고 쓸쓸하겠다.
장화	아니에요. 아버님 소녀들에 외로움보다 아버님의 허전한 마음이 더하실 것이 옵니다.
좌수	나는 괜찮다지 않었느냐. 아예 그런 말 하지 마라.
장화	아버님, 소녀 형제 청을 너무 물리치지 마옵소서. 첫째 집안에 어머님이 안 계시니 집안 꼴이 말이 아니옵니다. 소녀들이 있을 때는 괜찮다 하지만, 소녀 형제 장성하여 출가하면 노래의 아버님을 그 누가 받드러 드리겠사옵니까.
홍련	아버님, 소녀 형제 간곡한 청이 옵니다. 또한 새 어머님 들어오셔서 외롭지 않을 것이 옵니다.
좌수	기특한 말이로다. 하지만 너희들에게 뉘가 끼칠까 봐서, 그게 걱정이다.
장화	소녀들은 괜찮습니다.

좌수	자 그만. 그런 이야기 그만두고, 어서 들어가자.

제2막 (계화 막)

무대	막이 오르면 장화 홍련 나와서 앉아 있다가 홍련 일어서서 달을 바라보다 창한다
홍련 (창)	달아 달아 밝은 달아 이태백이 놀든 달아 저기저기 저 달 속에 계수나무 박혔으니 금도끼로 찍어내어 옥도끼로 다듬어서 초가삼간 집을 짓고 양친 주모 모셔다가 천년만년 살고지고 (울면서) 언니 우리는 부모님이 계시지 않으니 양친부모는 모실 수 없지 응? 언니. (장화에게 안겨 운다)
장화 (창)	두견새 우는 소리에 엄마 생각 간절하여 목이 메 불러봐도 대답 없는 우리 엄마 피눈물을 뿌려주네! 어머니 ~ 우리 형제는 어이 하도리까?
홍련	언니 (운다)
장화	홍련아, 이제 그만 들어가자.
홍련	언니 어젯밤 꿈에는 어머님이 칠보화관을 쓰시고 좌우에 선녀를 거느리고 어섰는데 오늘 밤은 어떤 모습으로 오실까?
장화	글쎄다 홍련아, 그만 들어가자 만일 새어머니가 나오시다 들으시면 또 꾸중 듣겠구나
홍련	새 어머님의 성품이 날이 갈수록 날카러워지니 이젠 무서워서 못 살겠어! 언니 둘이 차라리 죽어서 황천 가신 엄마 곁으로 가
장화	홍련아 우리 형제 죽어진들 무슨 여한이야 있겠느냐만 노래하신 아버님이 얼마나 슬피 우시겠느냐 자 쓸데없는 생각 말고 어서 들어가자
홍련	그래요. 언니 (장화와 같이 방으로 퇴장) (장쇠 중앙 등장)
장쇠 (창)	나 장쇠다 ~ 호접접 같을 쌍쌍 와자짝 범나비 쌍쌍 단심이는 어데 가고 장쇠 나를 몰라주네!

	예, 단심아 단심아.
단심	(끝쇠 없고 중앙 등장) 빨리 좀 자요. 아이고 내가 무슨 팔자람. 남들 다 자는데 잠도 못 자고 아이구.
장쇠	예 단심아
단심	아이 깜짝이야 흥 왜 그래요? 남은 속상해 죽겠는데.
장쇠	애 단심아 너 그렇게 애기를 없고 있으니 참 보기 좋타
단심	좋긴 뭐가 좋아요
장쇠	너 그렇게 서 있으니, 꼭 내 색시 같다.
단심	나 참, 기가 막혀서. (웃는다) 호호호.
장쇠	엉 저게 나보고 웃네! 사람 환장 하겠네! 그런데 너 언제 애기를 낳니
단심	뭐요? 애기를 낳어요?
장쇠	그래, 언제 애기를 낳았느냔 말이야?
단심	나 참, 기가 막혀서 이걸 내가 낳았어요? 장쇠도련님 동생이예요.
장쇠	뭐? 끝쇠. 어디? (보고) 응, 끝쇠로구나. 어쩐지 끝쇠처럼 드라니 꼭 나같이 생겼지.
단심	예. 맞엇서요. 아주 잘 생겼어요. 어머나. (찡그리며 애기엉댕이 때린다)
장쇠	왜? 내 동생을 때리는 거야?
단심	아이고, 난 몰라. 쌌어요, 쌌어.
장쇠	뭐 쌌어? 하하, 잘했다 잘했어! 총각이 처녀 엉뎅이에 오줌좀 쌌기로, 총각을 때려~ 엉? 너, 어머니한테 다 이른다. 어머니－어머니.
단심	저 － 장쇠 도련님
장쇠	나, 장가 보내주. 단심이한테 장가 갈테야. 어머니. (중앙 퇴장)
단심	아이구, 전생에 무슨 죄로 저런 아들을 낳았을까.
촐랑	(문밖에서) 이리 오너라
단심	누구세요? 이 밤중에.
촐랑	(대문 박에서) 누님, 나요. 나 촐랑이요.
단심	뭐? 촐랑이. 아이고 그 촐랑이. 촐랑대고 또 뭣 하러 이 밤중에 왔지? (대문 열어주며) 어서 오세요.

출랑	오, 단심이냐? 안에 마님 계시냐? 우리 눈님 계셔?
단심	네. 계셔요. 출랑아저씨 출랑대며 이 밤중에 왜 왔어요?
출랑	엣끼, 이년. 뭐? 뭐? 출랑대며 뭣 하러 이 밤중에 왔어? 엣끼.
단심	호호, 출랑 아저씨, 어서 들어가세요.
출랑	엣끼, 고얀 년. 그래 내 이름이 출랑이지만, 너까지 나보고 출랑댄다고 그래. 누님 누님.
계모	(상수 등장) 아니, 밖에 누가 왔나?
출랑	네, 동생 출랑이가 왔습니다. 혜혜.
계모	오, 동생가네 왔나? 마침 잘 왔네! 단심아 애기는 자니?
단심	네. 제 등에다 한바탕 싸놓고 코를 골고 있어요.
계모	뭐야? 도련님이 네까지 종년 등에다 오줌 좀 쌌기로 뭐가 못마땅하니? 어서 들어가 자리에 뉘여라오. 참, 그리고 들어가서 수정각 좀 떠다가 장쇠 외삼촌 좀 드려라.
단심	네 (상수로 못 마땅 하 들어간다)
계모	원, 저것이.
출랑	하하! 누님, 저 단심이란 년이 제법 통통한 것이. 하하 어떻게.
계모	아이구, 이 사람아. 거 출랑대지 말고 우리 할 일이나 해야지.
출랑	그런데 누님, 갑자기 이 밤중에 왜 오라고 했습니까?
계모	왜 오라고 하긴. 자네도 알다시피, 전실딸이 둘이나 있는데, 내가 뭣 바라고 늙은이에게 들어 왔겠나.
출랑	그야, 이 집에 많은 재산이 탐이 나서, 들어 온 거지요.
계모	그래, 자네 말이 맞었어.
노복	(중앙에서 다 보고, 숨어서 엿듣는다)
출랑	그야 그렇지만. 이젠 장쇠가 있고 중쇠 끝쇠가 있는데, 이 제산이 어데 갈려고요.
계모	모르는 소리 말게. 장쇠놈은 천치요. 중쇠 끝쇠는 아직 나이가 어리니 언제 이 집 재산을 차지하나?
출랑	아니 그럼. 누님, 어찌 하실려구요?

계모	여보게, 저 – 나 귀 좀. (촐랑이 귀에다 말한다)
촐랑	네. 그러다가 다리는 누가 부러지고요?
계모	그 대신, 이 일만 잘 성사가 되면 내가 건너편 샛골에 있는, 논 열두 마지기를 뚝 떼어서, 자네 줌세.
촐랑	아니 누님, 그게 정말이요?
계모	아무렴, 내가 자네 다리 부러지게야 하겠나!
촐랑	하하, 그럼 해 보지요.
계모	그러니 방 안에 들어가서, 자네 것만 벗어놓고, 신발 한 짝만 놓고, 그 후 그저 도망만 치면 되는 거야.
촐랑	응, 염려 마십시오. 그렇게 하지요.
계모	그다음은, 내가 알아서 다 할 테니까.
촐랑	네. 잘 알았읍니다. 그럼 하지요.
계모	그럼 어서, 안에 들어가 준비하고 있게.
촐랑	네, 그럼 누님. 나 먼저 들어갑니다. (상수로 퇴장)
계모	옳지. 이제야 내 소원을 푸는가 모양이다. 예 단심아.
단심	(상수 등장) 네
계모	메물 떡, 쪄 놓은 것이 있으니, 아가씨들 밤참으로 내다 드려라.
단심	저녁도 안 드시고, 밤참부터 드려요?
계모	애라 이년. 아침, 저녁 밤참이 따로 있니? 배때기 고프면 먹을 테지.
단심	밤낮으로 메물 떡만 잡수시니, 배가 아푸시데요.
계모	배가 아프기는커녕, 살만 뚱뚱 찌더라.
단심	살이 찐 게 아니라, 부어서 그래요.
계모	시끄러워 이년아 그년 입방아는 잘 찐다. 그것도 처먹기 싫으니 그만 두. 내라. 배때기 불러서 그러겠지. 메묵은 곡식이 아니드냐? 호강에 지쳐서 그렇지 모두 그만 두워라. (상수 퇴장)
단심	아이고 하늘도 무심하시지. 날벼락은 다 어디 가고 뭘 하든 모르겠어. 저 여우 같은 우리 마님, 안 때리고 아가씨 ~
장화E	(방에서) 누구냐? 영문이 들어가는 것이 맞는지요?

단심	예 저 – 단심이예요
장화	(방에서 홍련이와 등장) 단심아, 자지 않고 밤에 웬일이니?
단심	아가씨들께서 얼마나 시장하세요!
홍련	단심아 아무리 배가 고파도 매물 떡은 못 먹겠어.
장화	혹시 찬밥 남은 것 없니? 우리 홍련이 얼마나 배가 고프겠느냐.
단심	저 이것 잡수세요. 누룽지예요. (앞치마 속에서 내준다)
장화	누룽지 (받으며) 홍련아, 자 누룽지 이것이래도 어서 먹어. 얼마나 배가 고프니? 응. 홍련아.
홍련	아니야, 나는 괜찮아. 언니나 먹어.
단심	그렇게도 곱게 자라시든 아가씨들께서 이런 배고픈 설움을 당하시더니. 아가씨, 이 모든 사실을 영감마님께 모두 말씀드려 보세요.
장화	그럴 수는 없어. 우리 형제 죽드래도 아버님의 가슴 아푸시게 해서는 불효야. 불효를 끼칠 수는 없어.
단심	불효도 불효지만 그러시다 생사람 죽겠어요.
장화	자 홍련아, 어서 누룽지 먹어라.
홍련	응, 언니. 나 하나 먹고, 언니 한 번 먹고 ,그래.
장화	홍련아 (부둥켜 안고 운다)
홍련	(누룽지 던지고) 어머니 (울어 버린다)
계모	(떡 가지고 상수 등장) 아니 이년들아 왜 자지 않고 왜 또 나와서 정성들이냐 응? 정성이….
장화	어머님 배가 고파서 잠을 이룰 수가 없어요. 찬밥이라도 있으면 조금만 주세요.
계모	뭐가 어째? 이년들아, 밤낮으로 떡이나 뭐다 잔뜩 처먹이는데, 뭐 배가 고파서 잠이 안 온다고?
장화	네, 어머니. 정말이에요.
계모	내가 언제, 네년들 굶겼냐? 언제 굶겼어? (막 때린다)
홍련	어머님, 배 안 고파요. 밥 안 먹어도 좋으니 제발 때리지만 마세요.
계모	아이고 이 원숫덩어리들. 죽지도 않고서 왜 이렇게 내 속을 썩인단 말이냐

	응 이년들아. (또 때린다)
장화	아이고, 어머니. 잘못했어요. 어머니.
계모	그래도 나는, 네 년들을 생각하고, 이렇게 떡까지 가지고 나왔는데, 뭐 배가 고파. 이년들 아! 응. (박 때린다)
좌수E	(안에서) 에헴 (중앙 등장) 아니 잠들 자지 않고 왜 밖에들 나와서 떠들썩하고 있느냐? 영문이 들어가는 것이 맞는지요?
계모	(다정하게) 아이고 애들아, 왜 울고 야단이냐. 너희가 돌아가신 너희 어머니를 생각하고 이렇게 매일 눈물로 지내면 내 마음이 얼마나 섭섭하고, 아버님인들 마음이 편하시겠느냐 응! 장화야 그만 끝어야지 응? 애들아.
장화	네 어머님 (운다)
좌수	그렇구 말구. 이왕에 돌아가신 어머니를 너희가 자꾸 생각하고 울면 되나. 이 늙은 애비도 마음을 생각해야지!
계모	그렇구 말고요. 아버님 마음이 얼마나 아푸시겠느냐? 응 자 그만 진정하고 떡들이나 먹어라. 응. 자 어서. (떡을 준다)
좌수	아니 임자 웬 떡이야.
계모	원 참, 영감도. 한참 먹을 나이에, 하루 세 끼 가지고 되겠어요? 밤도 깊고 해서 궁금할까 봐 밤참으로 줄려고 내왔어요.
좌수	그러셨오? 애들아, 새어머니께서 저렇듯 너희를 생각하는데, 이젠 돌아가신 어머니는 잊어야지. 응!
계모	자 어서, 떡이나 먹어라. 애 단심아 ~
단심	예. 여기 있어요.
계모	큰 그릇에 수정각 좀 듬뿍 떠다가 너의 아가씨들 드려라. 응 목마르시겠다.
단심	예 (상수 퇴장)
좌수	그래라. 수정각도 마시며 떡들 먹고 놀다, 들어가 자라.
장화	예, 아버님. 안녕히 주무세요.
좌수	오냐 (중앙 퇴장)
계모	아니 이년들아. 그만 청송 떨고 들어가 자지 못해. 아이고, 차라리 아무도 모르게 나가 죽어라, 죽어. 이년들아. (막 때린다)

단심	(상수 등장) 아가씨, 수정각 내 왔어요. 어서 잡수세요.
계모	아니 이년아, 수정각 누가 떠오라고 하더냐. 응?
단심	조금 전에 아가씨들 갖다 드리라고, 하시지 않았어요?
계모	(뺏으며) 이런 잡아먹을 년. 나 먹을 것도 없는데 주기는 누구를 주겠느냐? 너도 들어가서 일찍 자고, 일찍 일어나 일이나 해라. 어서 썩 들 들어가 꼴도 보기 싫다. (상수 퇴장)
장화	홍련아 (엎드려서 통곡한다)
홍련	언니, 우리는 어떻게 해?
장화	불쌍한 우리 형제, 전생에 무슨 죄로 이런 설움들 당하는가. 어머님이 살아생전 옥비녀 옥가락지 두 쌍을 손에 들고 너희가 장성하여 출가외인이 되고 보면 이 엄마는 쓸쓸해서 어이하면 좋겠느냐고 하시면서 우리 형제를 사랑하셨는데. 어머니 우리 형제는 어이 하라고, 벌써 돌아가셨어요. 어머니 (운다)
홍련	언니 울지마 언니 (통곡한다)
단심	큰아가씨, 작은 아가씨를 생각하셔서 큰 아가씨가 참으세요.
장화	그래 참아야지. 하지만 아무리 참으려고 해도 복받치는 이 설움을 참을 길이 없구나.
홍련	언니, 언니마저 이러면 나는 어떻게 하라고 그래? 언니. (통곡한다)
장화	그래, 언니가 잘못했다 홍련아. 자, 그만 울고 들어가자. 응! 홍련아.
홍련	응, 들어가 어서. (장화·홍련 방으로 퇴장)
단심	(울며) 아가씨 불쌍하신 아가씨들. 우리 아가씨들은 칠성님께 빌고 옥황상제님께서 받들어 주신다더니. 그 말씀도 모두가 허사이던 하나님이요. 그리고 지하에 계신 마님, 부디 우리 아가씨들을 보살펴 주옵소서. (울면서 중앙 퇴장)
계모	(상수 등장 사방을 살핀다) 음, 이제야 조용하군. 이년들이 자나 (살펴보고) 음 됐군. 여보게 동생 ~
홀랑	예 (상수 등장)
계모	때는 이때야. 안에 들어가 갓을 벗어놓고, 신발 한 짝은 미리 벗어놓고, 알

겠지, 응?

홀랑   누님 그럼, 아까 약속한 논 열두 마지기는 틀림없겠지요?

계모   아따 이 사람아, 이게 나만 살자고 하는 노릇인가. 어서 안에 들어가서 고함을 칠 테니, 자네는 들어갔다가 도망을 치고.

홀랑   염려 말아요, 누님.

계모   그럼, 잘해 보게 응. (상수 퇴장)

홀랑   예 잘 알겠습니다. 헤헤 오늘만 지나면 한목 단단히 보겠지. 그러나 웬일인지 가슴이 두근 걸. 내, 자. 이판사판이다. 슬슬 시작해 볼까. (주위를 살피고 방으로 들어간다) 영문이 들어가는 것이 맞는지요?

장화·홍련   (방에서 비명) 사람 살려요! 사람 살리세요. 아이고.

계모   (안에서) 아니, 이게 무슨 소리야? 여보 영감 도적이요. 어서 나와봐요. (계모 좌수 단심 상수에서 나온다)

홀랑   (방에서 나와보고 놀래) 아이고 (하수로 도망친다)

노복   (중앙에서 나와 보고 하수로 촐랑이 따라서 퇴장)

일동   저놈 잡어라 (장화 홍련 방에서 나온다)

계모   아이고 이게 웬일이요? 아닌 밤중에 다 큰애 방에 외간 남자가 드나들다니. 아이고 우리 집안은 망했구려!

좌수   아니, 도대체 어찌 된 일이냐?

장화   아버님, 저의들은 도무지 모르는 일이옵니다,

계모   뭐 모를 일이라니? 네 방에서 방금 사내놈이 뛰어나갔는데도 몰라? 이년들아.

좌수   좀 조용해요. 장화야 이년 이게 웬일이냐?

계모   (방에서 갓 내온다) 아이고 영감, 이것 부세요 사내놈의 같이 이렇게 있으니. 장화야 이년, 양반집 귀 수가 심야에, 외간 남자를 불러들여서 이게 무슨 꼴이냐? 그래 언제부터 이렇게 되었니? 응.

장화   어머님, 정말 모르는 일이에요. 어머니.

좌수   닥쳐라. 이것이 웬일이냐 아마 내가 천벌을 받는 모양이로구나! 장화야 이년 네가 이런 끔찍한 일을 저지를 줄은 꿈에도 생각지 못했구나! 아이고

	내 죽어서 너의 모친 혼령을 어찌 대하더란 말이냐!
장화	아버님 죽여주십시오. 차라리 죽는 것이 소원이옵니다
좌수	뭣이 죽어? 이것이 이 아비에 대한 말버릇이냐!
계모	참 얼굴도 두껍다. 영감 너무 애통 마세요. 자식이란 그러기에 품 안에 자식이지 무슨 소용이 있답디까! 그저 쉬쉬해둡시다.
좌수	쉬쉬해두다니!
계모	그러면 자식을 죽이겠소. 절겠어! 그저 모든 것은 부모가 참아야지요. 안 그렇소. 영감
좌수	어찌 됐든 장화 너 이년 광속에 갇혀 있거라
장화	아버지 (엎드려 통곡한다)
홍련	아버지 언니가 무슨 죄가 지중하여 광숙에게 갇혀야 하옵니까? 언니는 아무런 죄도 없사옵니다. 아버님
장화	홍련아, 그만둬라. 부서명을 거역하면 불효야
홍련	언니 언니까지 나를 버리면 나는 어이하라고. 나도 언니하고 같이 있을 때야. 언니! (막 통곡한다)
좌수	아낄 몹쓸 자식. 그래 아비의 눈에서 피눈물이 나와야 너희 맘이 풀리겠느냐? 못된 것. 여봐라 장화를 광속에 가두어라.
노복	(급히 하수 등장) 영감마님, 잠깐만 기다리십시오.
좌수	할아범이 웬일인가 응
노복	영감마님, 큰 아가씨는 정말이지 애매하옵니다.
계모	아니 할아범 자네가 무얼 안다고 그러나 응? 늙은 것이.
노복	마님, 너무 심하십니다. 하늘에 날벼락이 무섭지도 않습니까?
계모	뭣이 어째? 이 늙은 것아. 아이고 기가 막혀.
노복	영감마님 여기에는 무서운 흉계가 숨어 있습니다.
좌수	뭣이라고? 흉계라니 무슨 일을 가지고 그러나?
노복	예, 말씀 드리겠습니다만, 그보다도 먼저 영감마님께 보여 드릴 놈이 있습니다. 제가 데리고 오겠습니다. 동리 사람이 잡아서 먹어놨습니다. 잠시만 계십시오. (하수 퇴장)

좌수	뭣이라고? 뭐가 어찌 된 거야.
홀랑	(포박되어서 노복과 하수 등장) 누님 나 이렇게 됐우
좌수	아니 자네는 촐랑이가 아닌가?
계모	아니 자네는, 동생이 아닌가? 아니 자네가 이게 어찌 된 일인가?
촐랑	누님 미안해요. 매형 뵐 낯이 없습니다.
계모	옜끼, 이 사람아, 자네가 이럴 수가 있나? 그래 언제부터 둘이 눈이 맞았나? 응 어서 말해봐(눈짓 손짓한다)
촐랑	예, 저 한 석 달째 돼요. 미안해요. 누님.
계모	뭐 석 달? 아니 그래 내가 영감님을 무슨 얼굴로 대한단 말인가 응? 몹쓸 사람. 다시는 내 집에 출입하지 말게.
좌수	듣기 싫소. 여보게 할아범, 촐랑이 저놈을 광속에다 처넣게.
노복	가자 이놈아 (끌려다 촐랑이 다시 나오며)
촐랑	누님 나는 누님만 믿소. 누님 논 열두 마지기. 아이고 누님.
노복	(끌며) 잔소리 말고 어서 가자 이놈아 (중앙으로 끌고 퇴장)
좌수	장화 네년도 네 방에서 꼼짝 말고 있거라. 아… 내가 천벌을 받는 모양이로구나 (상수 퇴장)
장화·홍련	(엎드러지며) 아버지 (통곡한다)
계모	야 이년들아 무얼 잘했다고 큰소리냐. 응 네년 때문에, 우리 촐랑이만 죽게 됐구나. 아이구 이 일을 어쩌나! (상수 퇴장)
장화홍련	어머니 (통곡한다)
단심	아가씨 어서 들어가세요. 아가씨의 눈같이 한마음을, 하나님 보살피실 것이옵니다. 아가씨.
노복	(중앙 등장) 그렇구 말구요. 아가씨 두 분 뒤에는 이 늙은 할아범 있으니 염여 말고 들어가 주무십시오.
장화	할아범 고마워요. 단심아, 고맙다.
노복	예 단심아, 아가씨를 어서 모셔야지.
장화	어머니 우리 형제를 보살펴 주십시오. 지하에 계신 어머니.
홍련	어머니 (통곡하며 엎드린다)

노복·단심 아가씨 (같이 통곡한다)

암전

제2막 2장 (계화 집)

무대　(막이 오르면 배좌수 무대 마루에 누워있고 마그네슘 펑 터지면 선녀들 둘이 나와 춤추다 옥황상제 모시고 나온다 "꿈 장면")

상제　배 좌수는 듣거라. 옥황성에 영을 배반하고 인자하고 장한부인 원한 속에 생을 마친 부인의 뜻도 몰라라. 잠을 자고있는 건가? 꿈을 꾸고 있는 건가! 장화 홍련 두 딸이 죽어진들 좌수는 알고 있는가? 계모 학대 서름 주고 호천망극하리로다 어서 ~ 꿈을 깨고 두 꽃송이 시들어서 죽어진들 좌수 너는 알겠느냐? 두 번 다시 살피지 못할진대 천벌을 면치 못하리라.

좌수　네 명심하겠나이다. 옥황상제님 죄송하옵니다.

상제　배 좌수는 명심하라. 이후에 또다시 깨달지 못할진대. 천벌이 나릴 것이며 멸만지화를 면치 못하리라 알겠느냐?

좌수　네 죄송합니다. 명심

상제　그럼 명심하라 하하 불망하겠사옵니다. (상제 뒤로 사라진다)

선녀1 · 2

(창)　가세 가세 어서 가세. 장화 · 홍련 그대 부친 부디부디 살펴주오. 꽃송이가 시들어서 원한 속에 죽고 보면 옥황성에 노여움을 막아내지 못하리라. 가세가자 어서 가세. (펑 터지며 사라진다)

좌수　(몸부림치며 헛소리한다) 장화야? 홍련아?

홍련E　(방에서) 언니 아버님께서 주무시는데 아마 가위가 누르시는가 봐

장화E　(방에서) 아니야 아버님이 꿈을 꾸시는 거야

좌수　(헛소리한다) 장화야 홍련아…

홍련E　(방에서) 저것 봐요. 언니 아버님을 깨워 주십시다.

장화　(방에서 홍련이와 등장) 아버님 ~

홍련　아버지, 정신 차리세요. 아버님. (깨운다)

좌수	아 ~후유 (잠을 깬다)
홍련	아이, 일을 어쩌나 땀을 쭉 흐르셨네! (땀을 닦아준다)
장화	아버님, 왜 그러세요?
좌수	꿈이었구나
장화	무슨 꿈을 꾸셨어요? 아버님.
좌수	아~ 아니다. 장화야 홍련아 오늘부터는 너희를 고생 안 시키고 계모가 너희들을 구박 못 하게 하마.
장화	아버님 그런 말씀 하시지 마세요. 계모가 무슨 학대를 해요 모두 저희가 잘못하니까 사람 되라고 꾸지람을 듣는 거예요.
홍련	아버님 그런 말씀 하시지 마세요. 계모가 무슨 학대를 해요. 모두가 저희가 잘못하니까 꾸지람을 들어요. 만일 계모께서 들어오시다 들으면 저이들 형제만 가지고 야단해요.
좌수	오냐 내 자식들아 넷이 계모에게 구박을 밭을 때마다 돌아가신 넷 어머니 생각이 오죽이나 나겠느냐. 이 아비가 불면하여 너희를 편안하게 못 해주니 너희 볼 낯이 없구나! 계모 불측하게 굴 때마다 나 역시 너의 모친 생각이 난다.
장화·홍련	아버지 (운다)
좌수	

좌수

(창) 장화야, 홍련아. 너희 모친이 살아계실 때, 슬하에 자식이 없어 매일 근심 끝에 명산대천에 찾어가 칠성담을 모아 놓고 백성 성을 공을 들어 든 날 밤에 너희 모친 피곤하여 침석에 의지할 적. 우연히 잠이 들어 꽃 두 송이 얻은 후에 그달부터 택이 있어 나은 것이, 너를 낳고 구호 또한 너를 낳고 네 이름은 장화이고 네 이름은 홍련인데 그후 넷 모친께서 시름시름 병이 생겨 넷 모친 죽고 난 후 너 이 둘을 기르자니, 애비 힘이 벅차기로 너의 계모 맞이한 후 불칙하고 고액하여, 너 형제를 구박하나. 이 애비도 안다만은 참고참고 견디녀라. 장화야 홍련아 이 불쌍한 내 자식들아.

장화

(창) 아버지 듣조시오. 옛성인이 허였스되 효자불여 악저라 하여 형제효행하여

금술을 당하오며 저희 형제 장성하여 출가외인 되고 보면 노래의 부친 뒤를 그 누가 받드리까. 학대구박 심타해도 저의 복이 있고 보면 후일 영화 없으오리까? 부디 걱정 마시옵고 가사이념 처리하사 복록을 누리소서.

장화·홍련 아버지 (운다)

좌수　　그래, 너의 계모는 어대를 갔느냐?

홍련　　장쇠 다리고 굿 구경 갔나 봐요

좌수　　잘 돌아다닌다. 잘 돌아다녀. 내가 팔자가 사나워 그걸 계집이라고 맞이해 드렸드니 제멋대로 다니는구만

계모　　(이때 계모 장쇠 하수 등장하여 엿듣고 서 있다)

홍련　　아버지 저의 형제로 해서 너무 심려 마세요. 계모가 아무리 학대하고 구박 하며 못살게 군다 해도 언젠가는 오른 마음으로 돌아슬 날이 있겠지요

좌수　　오냐 이렇게 착한 너희를 그 몹쓸 것이 구박하는구나!

계모　　(쑥 나스며) 흥 세 식구가 모여 앉아서, 내 욕들 잘하는구나!

장화　　(홍련이와 겁내며 일어서며) 저이들이 언제 어머님 전 욕을 했다고 그러세 요

계모　　요년들 어데 가니? 어서 또 내 욕을 더 좀 해봐라.

홍련　　저이들이 어머님 전, 욕을 언제 해요?

계모　　이년들 욕이 아니면 험담이냐 (막 때린다)

장화·홍련 (방으로 들어가며) 알지

계모　　(앉으며 좌수에게) 도대체, 영감부터 틀렸어요 나 없는 기색만 보이면 저 두 년들을 끼고 앉아서 불쌍하니 계모가 학대하느니 하고, 온통 내 험담만 들라는 정도 삼 만리나 떨어지겠소. 그리고 내가 저에 꾸짖는 것도 사람 되라고 꾸짖는 것이지. 제들이 미워서 하는 줄 아시오.

좌수　　임자가 매일같이 유죄·무죄 간에. 저 애들을 들볶은 그것이 자식 되라고 나무래는 것이요. 내 속으로 낳지 않았다 뿐이지, 이 자식이나 저 자식이나 다를 게 뭐냐?

장쇠　　나는 아들이니까, 더 귀여워해야 되지 않아요?

계모　　도대체 영감이 저년들 앞에서 그런 말을 하니까. 여자들이 점점 더해요. 그

러니 영감부터가 틀렸어.

좌수   허허… 이런 말 들어봤나 나보고 틀렸다니 잘 생각해보오. 내가 여기서 낮잠을 자다가 꿈에 옥황상제 전에 불려 갔다 왔소.

계모   흥 옥황상제요 왜 염라대왕은 안 부릅디까

배좌수   하늘이 굽어살필 터이니, 마음을 바로 가지라 이 말이야.

계모   흥, 한참 횡기를 쓸 모양이구려. 바로 나 삐 트느라 뇌 심사는 한가지 박에는 없어요. 내가 죄가 있으면 어련히 천벌을 받으리까. 누가 영감보고 대신 받으라 할까 봐 겁이 나시오?

좌수   에잇, 말 못할 사람 같으니라구!

계모   흥 그만둡니다. 누가 말을 하자고 합디까.

장쇠   어머니 싸우지 말어. 저 누나들 떡, 굿하는데 가서 떡 가져왔어? 응 누나?

계모   주기는 뭘 주니? 집에서 배가 터지도록 처먹었을 텐데. 장쇠야 너야말로 배고프겠구나! 점심 차려줄까?

장쇠   실어 떡 먹어서 배불러

장화·홍련 (방에서 울음소리 들린다)

계모   요년들아, 왜 또 쫄쫄 짜고 있느냐? 너의 애미를 잡아먹고 서두 못살어서 날마저 잡아먹으려는 방자냐 방자야. 요 패씸한 년들. (방에 들어가 때린다)

좌수   애들아, 울지 말고 점심들이나 차려 먹어라

계모   (나오며) 점심은 무슨 놈의 점심이요 요새같이 짧은 날에

좌수   허허 이게 무슨 말이야? 내가 이런 말은 할 말은 아니지만, 해야 길고 짧고 말은 해요. 배속도 크고 작고 간에 같을진대. 어째서 장쇠 보고는 점심을 먹으라고 하고, 저 애들은 점심을 못 먹게 하오.

계모   아따 자식. 역성 고만 좀 하구려. 그리고 생각 좀 해 보고. 내가 밥 한 끼 아끼느라고 저것들을 안 먹였겠소? 그렇게 굶었더라면 벌써 굶어 죽은 제가 옛날이 되겠구려.

좌수   글쎄, 누가 굶겼다고 했오? 장쇠가 배가 고프면 저 애도 고플 게 아니요. 그런데 어째서 장쇠 보고만 점심을 먹으라 하며, 저 애들은 점심을 못 먹게

하느냐 그 말이요.

계모   아이고, 그만 좀 위하시오. 열 끼를 먹여도 술술 내려갈 텐데. 안 그러우 영감?

장쇠   싫어. 나 열 끼 안 먹어. 요전에도 어머니가 점심 두 번 먹으라고 해서 두 번 먹고 체해서 죽을뻔했구면.

좌수   잘하오. 잘해 제 자식은 체하도록 먹이고 전실 자식은 허기가 나도록 안 먹이니 잘하는구면. 내가 팔자가 사나워서 이걸 계집이라고 어떻지

계모   흥, 이제 와서 냄새가 나는 모양이구려. 걱정 말아요. 부득이 집에서 살려고 해도 저년들 꼴 보기 싫어서도 못 그러니, 어서 이 집 재산을 장쇠 앞으로 돌려 주구요. 지금 이래도 장쇠 데리고 나갈 테니까, 청성마진 데리고 이 집에서 잘 사시요 잘 살아요

장쇠   아버지 어머니가 왜 누나들을 미워하는 줄 아세요. 재산을 나한테 안 주고 저 누나들을 줄까 봐 그래요.

계모   이 자식아, 모르면 그대로 가만있어.

좌수   무엇이 어쩌구 어째? 여보 이리 좀 앉구려

계모   아, 앉았는데 또 어떻게 앉아요?

좌수   내가 이런 말은 할 말이 아니요만은. 내가 일찍이 빈곤하게 지내는데 저 애들 모친이 친정에서 가지고 온 재산으로 유유하게 지내고 보니 말하자면 임자가 지금 먹고 입고 쓰는 것도 저 애들 모친의 덕이야. 그런 것을 생각한다면 크게 감동해야지. 아해 부지럽는 생각하지 말고,저 애들을 심하게 굴지 말어.

계모   아니, 뭐가 어쩌구? 어째요? 허허. (탄식한다)

(창)   허허 이말 좀 들어보소. 허는 장부 삼 형제를 줄줄이 낳아주어도 그 공은 어대가고 죽은 아내만 칭찬이요. 딸자식만 귀엽다네 이제 물이 누구의 제 물이냐 죽은 아내 재물이다. 딸자식은 나누어 주어도 아들자식은 못 주겠다, 오기 지심을 하는구나! 아이고 장쇠야. 너하고 나하고 같이 죽자. 재물 차지해 보기는 애당초에 틀렸구나! 아이고 장쇠야. (운다)

장쇠   아 어머니, 울지 말어. (따라 운다)

죄수	
(창)	야~ 말 듣거라. 넋두리는 웬일이며 우는 일은 웬일이냐! 간악하고 악독하고 방자하고 요망한 년. 전실 자식은 구박하고 갖은 음해를 다 하고도 천벌이 없을쏘냐 소행은 괘씸하나. 자식보고 참는 심사, 네 어찌 모르느냐. 너 이년 한 번만 더 그런 마음을 같았다가는 당장 이 집에서 내쫓치리라. 괘씸한 년.
계모	앗다, 큰소리는? 날 내쫓을 놈은 누구이고, 내쫓길 년은 어데 있소?
죄수	뭣이 어째! 내쫓질 놈이 누구냐고? 에잇, 천하에 요망한 년. (싸운다)
장화	(홍련이와 방에서 등장) 아버님 고정하세요
홍련	어머님, 진정하세요! (싸움 말린다)
죄수	에잇 고약한 것 같으니라고. 에잇 (중앙으로 들어간다)
계모	비켜라. 이년들. 너 이년들 보기만 해도 소름이 쭉. 미친. 흥, 그러면 내 마음이 돌았을 줄 알았드냐? 들어가 이년들아.
장화·홍련	네 (홍련이와 방으로 퇴장)
계모	아이고 분해. 가만있자 요년들을 고대로 두엇다가는.
장쇠	(떡을 가리키며) 어머니, 이걸 그대로 두엇다가는, 아마 어머니 이 떡 하나 먹어봐.
계모	아이고 이 자식아, 못난 의견 못난체하고 가만히 있지. 어째서 톡톡 나스느냐? 응 이 자식아.
장쇠	채! 또 못났지. 나만 보면 못 난다, 못 난다 야단이야?
계모	아이고, 이 자식아. 너하고 나하고 같이 죽자. 이 자식아 아이고 (때린다)
장쇠	앙앙 (울면서)
암전	

제2막 3장 (계화 집)

무대	(막이 오르면 계모 상수 나와 장화 방 살펴보고 상방 살핀 후에)

계모	예 장쇠야 ~
장쇠	응 왜 그래 아이 졸려
계모	장쇠야 이리 좀 나오너라
장쇠	뭘 하게?
계모	떡 줄게, 이리 나와봐.
장쇠	떡?
계모	그래그래 어서 이리 나오라니까
장쇠	(상수 등장) 아이구 졸려. 또 떡 준다고 하고 심부름 시킬려고
계모	예 장쇠야, 너는 내 아들이지?
장쇠	그럼, 어머니 아들이지. 내가 누구네 아들인가 뭐.
계모	그러면 너, 어대 가서, 쥐 한 마리만 잡아 오너라.
장쇠	쥐? 뭘 하게?
계모	쉬! 마침 이년들이 잠이 들었으니, 때는 이때다. 아버지는 사랑방에 주무시고 저년들은 잠이 들었으니 때는 이때다.
장쇠	무슨 때? 쥐 잡는 때. 쥐를 잡아서 무엇에 쓸려고?
계모	떠들지 마라. 잠 깬다. 어서 가서 쥐 한 마리만 잡어와
장쇠	실어 징그러워서 어떻게 잡어 내가 고양인가 쥐를 잡게
계모	어서 떠들지 말고 크다란 놈을 한 마리 잡어와. 그래야만 너에게 좋은 일이 있어.
장쇠	쥐 잡으면 좋은 일이었어? 어머니가 잡수실려구.
계모	이 자식아. 내가 고양이냐? 쥐를 다 먹게.
장쇠	그럼 나는 고양인가 쥐를 잡게 쥐를 어대다 쓸려구?
계모	이 자식아 글쎄 그렇게 하면 좋은 일이 있으니 잡어와
장쇠	뭐 좋은 일 그럼 잡어올께 쥐야 나오너라 떡 줄게
계모	이놈아, 쉬 떠들지마 장쇠야. 밖에 가서 잡어와.
장쇠	그럼, 나가서 집어 올게.
계모	그래 그래 ~
장쇠	쥐야 쥐야, 나오너라.

계모	쉬, 밖에 나가서 집어와.
장쇠	어머니, 쥐가 다 자나봐.
계모	그러니, 저쪽으로 나가서 잡어 봐.
장쇠	징그러워 어떻게 잡어 쥐가 물지 않아?
계모	어이구, 자식도.
장쇠	또 못났는지. 그러면 쥐 잡으면 장하다고 해야지.
계모	오냐오냐 우리 장쇠 용치, 아주 껍질까지 벗겨 오너라.
장쇠	내가 뭐 그까짓 쥐 한 마리 못 잡어. 나보다 조그만한 놈을.
계모	방안을 한번 봐야지. 응~ 이때다. (또 보고 있을 때)
단심	(중앙 등장) 마님, 어찌 안 주무세요?
계모	(놀래며) 응, 단심이냐. 왜 여태 않자니?
단심	방에서 바느질을 하느라니…. 밖에서 인기척이 들려 웬일인가 하고 나와 봤어요.
계모	그래 나두, 잠이 오지 않아서 나와 보았드니, 너의 아씨들 방에서 알른 소리가 나기에 궁금하여 나왔드니. 작은 아가씨가 어디 아픈 모양이다.
단심	그래요. 아까 까지도 괜찮았는데. 작은 아가씨! 작은 아가씨!
계모	쉬 이제 겨우 잠이든 모양이다. 알른 사람 깨우지 말고 어서 들어가 자고 내일 아침에 일찍 일어나 일이나 해라.
단심	저 마님 제가 아씨방에서 잘까요? 혹시 심부름이래도 할 일 있으면 해 드리게요.
계모	걱정 말고. 어서 들어가 자고 내일 아침 일찍 일어나도록 해라.
단심	녜, 마님. 안녕이 주무세요.
계모	오냐
단심	(나가다 돌아다보면 계모와 시선이 마주친다. 놀래 중앙 퇴장)
계모	후유~ 저런 건방진년. 고때 툭 불거질까. 후유~ (한숨을 쉰다)
장쇠	(쥐 들고 하수 등장) 어머니 ~
계모	아이고 깜짝이야! 조용해라 이 녀석아.
장쇠	(쥐를 흔들며) 에비 에비.

계모	이놈아, 징그럽다! (놀랜다)
장쇠	우리 엄마 겁쟁이야. 엄마, 나 용치?
계모	오냐 우리 장쇠. 용타 용해!
장쇠	그런데 어머니, 이 쥐를 뭘 할려구 그래?
계모	글쎄, 이리다오. 그러구 너는 밖에 나가서 누가 오는가 봐라.
장쇠	어머니, 누가 오면, 온다구 그래?
계모	그래, 어서 나가봐라.
장쇠	응 (밖으로 나간다)
계모	응, 오냐. (방으로 들어 갈려구할 때)
장쇠	(뛰여 등장) 어머니 어머니 ~
계모	(놀래며) 그래 누가 오니 어서 말해라. 어서 아무도 안 와.
계모	아이고 이 자식아. 누가 오면 온다구 그래? 어서 나가봐.
장쇠	응 (밖으로 나간다)
계모	아이구, 못난 자식. (방으로 들어간다)
장쇠	(다시 들어와 방안 쳐다보고) 오라, 저렇게 할려구 그랬구나? 저런 바보들 그런것두 모르고 잠만 자네. 에잇 바보.
계모	(뛰어나오며) 아이고 장쇠야 떠들지 마러. 이 자식아.
장쇠	어머니, 참 재미있다. 저것들은 거런것두 모르고 잠만 자.
계모	장쇠야, 너 아무에게도 오늘 저녁에 쥐 잡았다는 이야기 아무에게도 하지 마라. 만약에 이런 말 함부로 했다가는 너 죽고 나 죽어. 누가 묻거든 말해서는 안 된다. 응!
장쇠	아무 걱정 말어. 누가 물으면 나 쥐 안 잡았다고 그럴테야.
계모	그러지 말고, 그저 모른다구만 하면 돼.
장쇠	걱정 말어요. 나를 바보 바보 하니까 정말 바보로 아는 거야? 누가 물으면 나 어머니가 쥐잡어 오래서 잡어다 주닌까. 저 누나 자는 이불 속에다 넣는 것 못 보았다구 하면 되지 않어?
계모	글쎄, 그런 말도 말고 나는 아무것도 모르요. 그러면 돼.
장쇠	그러면, 나 단심 이한테 장가보내 줄테야?

계모	뭐가, 어째? 해필이면 하고 많은 색시 다 놔두고 우리 집에서 부리고 있는 단심이를 좋아해.
장쇠	색씨 오 백이면 무엇해. 다 나한테는 시집이 오기가 싫다는데.
계모	그럼, 단심이는 너한테 시집 오겠다드냐?
장쇠	고것이 요즘, 나만 보면 빙글빙글 웃고 있거든. 헤헤.
계모	아이고 이 못난 놈. 그래그래 장쇠야. 너 사랑에 가서 아버지 좀 나오시라고 그래라.
장쇠	왜? 쥐 잡은 것 보라구 할려구?
계모	쉬 이놈아. 쥐 소리는 일절 입 밖에 내지 마라.
장쇠	응, 나 단심이 한때 장가 이야기해 줄려구.
계모	아이구 못난 놈. 오냐 그래그래.
장쇠	아이고 좋아라. 그래 아버지 – 아버지 (중앙 퇴장 아버지와 등장) 아버지 어머니가 아버지 오래요
계모	영감 이리 좀 올라 않구려
좌수	아닌 밤중에 잠자지 않고 웬일이야?
계모	글쎄, 이리 올라 앉구려.
좌수	밤이 야심한데. 잠은 자지 않고 할 이야기가 도대체 뭐야?
계모	장쇠야?
장쇠	응
계모	졸리겠다. 어서 들어가 자거라. 죄 없는 너까지 잠을 못 자는구나.
장쇠	싫어 나 안 졸려.
좌수	무슨 이야기야? 어서 말해 보구려.
계모	내가 영감을 나오시라고 한 것은 다름이 아니라. 오늘날에 영감이 하시는 말씀을 이리 생각 저리 생각하느라니 밖에서는 인기척이 있는지라. 아 그래서, 나와 봤드니. 아이고!
좌수	그래, 나와 봤드니 어쨌단 말이요?
계모	내가 이런 말을 하면 영감은 반드시 내 모해라 하겠지만, 오늘까지 말하지 안 했더니 인제 와서 도저히 말을 않는 것이 내 도리가 아닐까 하여, 야밤

	임에도 불구하고 나오시라고 였주엇오.
좌수	무슨 말인지 못 알아듣겠구려 속 시원하게 말하구려
계모	집안에 불측한 일이 생겼어요
좌수	아니 불측한 일이라니
계모	영감은 친아버지니까. 불면 나를까 쥐면 꺼질까 애지중지하면서 키웠건만 저 자식들은 아버지의 마음을 손끝만치나 아는 줄 아시오. 에잇 쨋쨋. (한 숨 쉰다)
좌수	허허 이런 답답한 일이 있나. 무슨 일인지 말을 해야지. 도대체 무슨 말인지 알아들을 수가 없구만.
계모	내 입이 더러워질까봐 참아 말을 못하겠구만.
좌수	그래, 무슨 말인지. 어서 알아듣게 말이나 해보오.
계모	그래, 큰 계집에 년이, 락태를 했어요.
좌수	뭣이, 락택을 해!
계모	그래요 락태를 해놓고, 뒷수습을 할려 하니 밖에는 인기척이 있는지라, 나오지도 못하고 학망이 굴다가 이제야 모진잠이 다시 든 모양이니. 어덜을 장차 어찌하면 좋겠오?
좌수	에잇, 그럴리가 없지! 그럴리가 없어.
계모	그러실 줄 알았오. 나두 자식을 기르는 년이 거짓말을 하겠오. 그렇다면 확실한 증거를 보여 드리리다. (방에 들어가서) 자 ,보시오.
좌수	(보고 난 후 놀래) 응!
계모	이래도 거짓말이라 하시겠소?
좌수	청천벽력도 분수가 있지. 이게 도대체 어찌 된 일이요?
(창)	허 이게 웬일이냐. 유시에 애미일고 은근히 자랄 적에 심고에 깊이 무척 문밖을 모르드니 애비 눈을 속여가며 외박 출입이 있엇더냐. 가문을 더럽히고 애비망신 시키려고 이지경이 웬일이냐. 아이고 내 팔자야.
계모	영감이 이렇게 복통을. 하지만 저년들은 부모의 마음을 티끌만치나 알아줄 줄 아시오?
좌수	그러니 이 일을 장차 어떻게 하면 좋단 말이요? 저것을 당장 죽일 수도

없고.

계모   아이고, 글쎄 말이요. 부모가 되여서 자식을 죽일 수도 없고, 살려 두자니 수치를 면치 못할 것이니 고작 좋게 말했대자 계모가 불측하여 전 실 자식을 모함했다 할 것이고. 차라리 내가 죽는 것이 낫지. 영감 말리지 마십시요 (옷고름으로 목을 매려고 한다)

좌수   (말리며) 여보 마누라 쓸데없는 생각 말고 고정하오 이 일은 내가 눈으로 본 것을 누가 마누라 모해라 하겠오? 마누라가 죽고 보면 나는 누굴 믿고 어찌 살라고. 쓸데없는 생각 말고 후사나 처리합시다.

장쇠   어머니, 죽지 말어. 어머니 아버지한테 나 장가 이야기 했오?

좌수   이놈아, 집안에 큰 불측한 일이 생긴 줄도 모르고 장가가 다 뭐냐 이놈아.

장쇠   모르긴 내가 왜 몰라요. 나두 다 알어요.

좌수   알다니, 니가 뭘 알어?

계모   이놈아, 니가 뭘 않다구 그래? (눈짓한다)

장쇠   허허 - 나 아무것도 몰라요 (중앙으로 퇴장)

계모   아니, 이일을 도대체 어떻게 하겠오. 어떻게 조치를 해야 할 게 아니요?

좌수   조치는 하겠으나 어떻게 했으면 좋을지 모르겠구려. 저거 죽일 수도 없고.

계모   죽이다니요. 부모가 되어서 자식을 죽이는 법이 어디 있단 말이냐? 여보 영감 내게 한 가지 좋은 의견이 있는데.

좌수   무슨 의견이요? 빨리 말해보오. 마누라 하자는 데로 하리다. 이런 변이 어디 있단 말이요.

계모   글쎄 말이요. 우리 집안이 이제 쑥대밭이 되는구려. 생자식을 죽일 수도 없는 일이고. 집안에 두자니 자연히 소문이 나면 남이 부러워 어찌하오. 그러니 이렇게 하는 것이 좋겠소. 잠시 저의 외가에 가서 있다가 오라구 합시다. 그게 좋지 않아요?

좌수   그것, 좋은 의견이요. 그러면 내일 날이 밝으면 삼순 할아범 암동하여 단심이를 딸려 외가로 잠시 보내도록 합시다.

계모   아이고, 딱하기도 하지요. 영감은 이래서 이 집안을 망쳤어요.

좌수   아니 왜?

계모	왜라니요? 날이 밝는 것이 다 뭣이고. 단심이는 다 뭣이고. 또 삼순 할아범은 다 뭐예요?
좌수	그래도 날이 밝아야 길 차비도 치르고. 삼순 할아범을 딸려 보내야만, 말 고비라도 잡구 갈 것이며. 또 단심이가 따라가야, 앞에 가서 손심부름 이래두, 할 것이 아니요.
계모	그년 때문에 집안이 망한 줄도 모르고 단심이란 년을 딸려 보내요? 백주 천명에 장화가 말 우에 타고 외가로 가는 걸 동래 사람들이 봐만 보십시오. 당장 삼군에 소문이 자자할 것이며, 또 그 입 싼 단심이란 년이 동래 사람들 앞에 가서 우리 아가씨는 이러구저러구 해서 쫓겨왔음 내만, 해 보십시오. 장화는 외가에 하루도 못 있고 당장에 되돌려 보낼 테니 안 되돌려 보내지.
좌수	그도 그래
계모	그러니 삼순 할아범도 단심이도 다 그만두고. 제 오래비 장쇠 식혀 이 밤 안으로 외가로 보내도록 합시다. 그게 좋지 않소. 영감.
좌수	그도 그래!
계모	아이고, 이 태평세월 하는 영감아. 이래도 그도 그래, 저래도 그도 그래. 도대체 그도 그래가 어떻게 됐단 말이요?
좌수	여보 마누라. 너무 나를 이렇게 시달리지 마오. 내가 지금 내 정신이 있게 되었오. 그럼 마누라 하자는 대로 하도록 합시다.
계모	마누라 하자는 대로 하자면 도대체 어떻게 하시겠단 말이오?
좌수	삼순 할아범도 그만두고, 단심이도 그만두고. 오늘 밤 안으로 저 오래비 장쇠시켜 보내도록 합시다.
계모	영감 말씀을 똑바로 해요. 괜히 보내기 싫은 것을 계모의 오해로 보냈단 말 나는 나중에 듣기 싫으닌까요.
좌수	이번 일은 내 눈으로 똑똑히 본 일인데. 누가 마누라 모해라 하겠오.
계모	그럼 어서, 장화란 년을 불러 내요.
좌수	그렇게 합시다. 부르지 불러. 네 이년 장화야 ~
계모	아이고 영감. 작태라 하는 것은 해산하기보다도 더 힘이 든다는데 오직이

	나, 몸이 고달푸면 잠이 깊이 들겠오. 좀 더 크게 불러봐.
좌수	너, 이년 장화야 ~
계모	(일어나 방으로 들어가며) 아니 이년아. 아무리 뻔뻔한 년이기로 덩어리를 내놓고도 잠이 들 수 있느냐. 이년아, 냉큼 나오지 못하겠느냐.
장화	(계모 홍련 방에서 나오며) 어머니
계모	어머니고 주머니고, 네까진 년들에게 애미란 말도 듣기 싫다. 거기 앉지 못하겠니.
장화	(홍련이와 자리 잡고 앉으며) 아버님, 무슨 분부이신데 밤이 야심한데 주무시지 않으시고, 웬일이시옵니까?
계모	웬일은 웬일이야. 네 죄를, 니가 모르겠느냐?
장화	어머니, 죄라니요?
계모	여보 영감. 길게 말씀하실 게 아니오라 딱 잘라서 간단히 말씀 하세요.
좌수	나두 길게 말하고 싶지 않소. 장화야, 너 부제다언하고, 오늘 밤 안으로 외가에 가서 잠시 쉬였다가 오도록 해라.
장화	(놀래며)네 아버님? 별안간 돼가는 웬일이 오며, 더구나 이 심야에 알지도 못하는 길을 어찌 가라 하시옵니까?
계모	어찌 가라는 것은 알아서 뭘 하겠니? 아버지가 한번 가시라면 네 하고 갈 일이지. 웬 잔말이 많어?
장화	그렇지만
좌수	네 이년. 부명을 거역할 셈이냐?
장화	부명을 거역함이 아니오라. 별안간 심야에 외가로 가라하시오니, 소녀 부친 복종을 난연 후, 오늘날까지 문밖을 나가보지 못한 몸. 부친께서 어이 생각하시여, 이심에 알지 못한 길을 가라 하시오니, 궁금하여 묻사옵니다. 아버님.
계모	그러기에 널더러 혼자 가라드냐? 네 오래비 장쇠를 시켜 착실히 데려다주고 올 테니, 걱정말고 길 떠날 차비나 차려라, 차려.
장화	부친 명이시니 두말쯤 하오리까 만은. 죄송하오나, 날이나 밝거든 가게 해주십시오. 아버지.

좌수	오냐, 그런 청쯤 못 들어 주겠느냐. 그러면 날이 밝거든 가거라.
계모	너 이년. 잔말 말고 오늘 밤 안으로 가도록 해라. 아니 여보 영감 어째서 저랬다 하십니까? 빨리, 이 밤 안으로 보내요. 그리고 장화 너 이년. 너도 그만큼 글을 배웠으면 불효는 무고 효는 뭔지 잘 알겠구나. 분명히 여차하면, 네 하고 들을 것이지, 앙탈하고 핑계들 삼을 셈이냐? 아니, 여보 영감. 도대체 어떻게 할 셈이요? 빨리, 이밤 안으로 보내요.
좌수	아이고 모르겠다. 그럼 이밤 안으로 가거라.
장화	네. 아버지.
(창)	아이고~ 아버지. 아버지 들조 시오. 어머님도 들으시오.
	소녀 18이나 모친 복종을 나온 후로, 귀방에 깊이, 밖을 모르옵고, 외인을 모르온데, 심야 삼경 깊은 밤에 산들 어이 넘사옵고.
	냉냉한 새벽바람 강을 어이 건너리까. 죽으라 하옵신들 살기를 바라리까. 이제 당장 죽드래도 죄명이나 알고 싶오.
계모	흥, 현철하고 얌전하신 부인 뱃속에서 나온 딸이라 다르구나. 아버지께서 가라면 예 하고 갈 일이지 꼬박꼬박 말대답. 그리고 영감 영감은 어서 사랑방에 내려가 계시구려. 맞을 년들 옆에 앉아 계시다가는 영감에 굳은 의지에 꺾이리라. 나는 장쇠 보고, 길 떠날 채비를 차리라고 할애. 어서 영감은 내려가 계시구려. (한참 있다가) 아 - 어서요.
좌수	(신 신고, 일어나며) 에잇, 불칙한 불효자식.
계모	자, 어서 들어가세요. (좌수 중앙 퇴장 : 계모 상수 퇴장)
장화	홍련아 (운다)
홍련	언니 (부등켜 안겨 운다)
(창)	아이고 언니 웬일이요 간단 말이 웬말여요. 언니 나이 육 세 때네. 내 나이 네 살 때에 자모를 사별하고 귀중하신 부친은덕 이만치나 자랐는데. 무상 죄가 지중하여 심야삼경 야밤중에 쫓겨가기 웬일이요. 나도 가지 나도 가요 언니 따라서 나도 가요.
장화	홍련아, 내가 같다가 수이오면 다행이지만 만일 더디오면 어쩌니?
홍련	언니 (통곡한다)

장화	홍련아, 우리가 서로 보는 듯이 속 적삼이나 박혀 입자구나!
	(방으로 들어간다)
(창)	망종 가는 형의 부탁 명심하여 들어다오. 형은 비록 죄가 있어 부지생사 쫓겨 가나. 너는 부디 내 말 듣고 부친에게 극진하고 동생들과 우에 있게 화목하게 지내다가 좋은 은총 선비 만나 유자생명 복을 맡고 기리영화 누릴 적에 돌아가신 모친홀령 위로하기 바라노라. 잘 있거라 질 있거라 설어 말고 잘 있거라
홍련	
(창)	아이고, 언니 정말 가오. 간단 말이 정말이요. 언니가 간, 년 후에 홍련은 어이 살어. 귀방에 홀로 앉자 언니 생각 모친생각 나홀로 어이 살어. 아이고 어머니 우리 어머니는 어디 가서 이 설움을 모르시나. 언니! (통곡한다)
노복	(중앙에서 단심이와 등장) 예 단심아 별안간 웬일이냐
단심	저두, 잘 모르겠어요.
노복	그래, 영감마님은 어데 계시고 마님은 어데 계시니?
단심	영감마님은 사랑에 계시고, 마님은 장쇠 도령님보고 나귀 안장지라고 하면서 길 떠날 채비를 차리던데요.
노복	길 떠날 차비 (아씨 앞에) 아가씨 소인놈은 무슨 연유를 모르오나. 이 밤에 가시는 곳이 어데 심니까? 이 늙은 몸이 대신해야 할 일이라면 죽기라도 하오리다. 가시는 연유나 일러 주사이다. 아가씨.
장화	삼순 할아범 (목이 메여 운다)
홍련	언니 (통곡한다)
단심	아가씨
(창)	소녀 비록 천비로나. 어려서 댁에 자라, 아가씨 몸종으로 여일시 하였고. 오늘까지 모셔올 적 출가하여 가시는 길 아마 뒤를 따라가라 영감마님 분부 듣고 아가씨만 오셨거늘. 소녀 두고 가시는 길 궁금하고 알고 싶소.
장화	단심아, 기특하다 삼순 할아범 고마워요. 내가 가늘 길이 되거라 그렇게 알게. 전생에 죄가 많어. 어려서 모친 잃고 다만 형제 서로 의지하다 해어지니 그것이 설움이지 다른 원한이야 있겠오. 내가 있을 때나 다름없이 내

	동생 홍련이를 잘 보살펴 주오. 삼순 할아범 그리고 단심이 너두.
노복	네, 그러심니까.
장화	홍련아
홍련	언니
	(양인 포옹)
계모	(상수 등장) 아니 이년아 빨랑빨랑 나스지 못하고 뭘하고 있는 거야. 이년아. 그리고 너희는 왜 안 자고 나와 있는 거야?
노복	저 마님. 소인들은 무슨 연유인지는 모르오나, 아가씨가 가시는 길이 외가라 하시니 소인놈이 아가씨를 대신 모셔다드리고 오겠음니다. 마님.
단심	마님, 소녀는 빈 첩을 들고 다녀 오겠읍니다.
계모	야, 아 년놈이, 누구 앞에서 당돌히 나타나 말 지랄이야. 네년 놈들이 갈 일이라면 내가 대신 가겠다. 저리 비겨나지 못하겠느냐? 요망스러운 것들. (밀어친다)
노복	아이고 마님 (넘어지고 단심이 부축한다)
계모	그리고 너 홍련이 너의 형은 죄를 지였기에 외가에 쫓겨가지만, 너두 이 애미 말을 잘 들어야 해. 만일 그렇지 않으면 너마저 쫓겨날 줄 알아라. 아니, 그런데 장쇠놈은 뭘 하는 거야? 장쇠야.
장쇠	(상수 등장) 응
계모	빨리빨리 데려가야지. 뭘 하고 있는 거야?
장시	말이 잠이 덜 깼나 봐. 자꾸만 졸고 있어.
계모	장쇠야, 너는 어머니 말을 안 들을 태냐? (귓속말한다)
장쇠	어서 나서 울고 짜고 해도 소용이 없어. 괜히 나만 혼나는구면. (장화 마당 밑으로 끌어내린다) (홍련 따라 내려간다)
계모	요년 빗겨나지 못해 응 (홍련이 따려 한다)
홍련	(붙들고 울며) 언니 나두 가요 언니
노복	(마님 앞에 꾸러 앉지며) 마님
(창)	비나이다 비나이요 만님전의 비나이다. 소인들은 미천하오나 양반댁 종으로써 천명을 있아오나 사람 된 인정도 뒤야 양반만 못하리까 살려주오.

살려주오. 장화 아씨를 살려주오.

계모   이 연놈들아, 당장 저리 비키지 못해. (노복 밀어 버린다)

장쇠   아닌게 아니라, 불쌍하긴 하다. 어머니 한 번만 용서해 줍시다.

계모   이놈아, 불쌍하긴 뭐가 불쌍해. 그래야 너에게 좋은 일이 있어 이놈아, 그
        리고 장쇠야 (귓속말 한다) 가다가 알지?

장쇠   가다가 연못에 푹 집어넣어.

노복   (눈치채고) 큰 아가씨 가시면 안 됩니다. 아가씨

장쇠   그럼 나 장가보내주지 (장화 앞으로 간다)

장화   장쇠야 가자. 부명을 거역하면 불효야 그럼 어머니 (이러나 절한다) 내내
        안녕히 계십시오.

장쇠   엄마, 참 착하다.

장화   장쇠야 가자 (울면서) 홍련아, 잘 있거라.

장쇠   응 (장화 끌고 나간다)

홍련   (장화 붙들고 안 논다) 언니 나두 가요. 언니!

노복   아가씨 (울며 따라간다)

단심   아가씨 (울며 따라간다)

홍련   언니 (쓰러저 울면서)

암전

제2막 4장(산간 막)

(목석같은 장쇠놈은 말을 곱히 골아 산중 연못가를 당도하니)

(우라창) 물은 잔잔 백옥이라 초목이 무성하고 백손이 자욱하여 둘래는 사십리요
        깊이는 모를래다 불쌍하고나 장화 신세 사자를 모르고 따라를 간다

장화   (장쇠 따라 하수 등장) 장쇠야 여기가 도대체 어디냐?

장쇠   어댄지 알아서 뭣해? 빨리빨리 따라오면 된단 말이야.

장화   여기가 외가로 가는 길이란 말이냐?

장쇠	애매나 먹이네 외가로 참외고 나 하라는 대로 해.
장화	어디로 가는 길인지, 알고나 가마.
장쇠	나 원, 어대로 가는 길인지 알지도 못하고 왔단 말이야?
장화	내가 어떻게 아니 외가로 간다고 하니 외가로 가는 줄만 알지
장쇠	흥, 외가 누나는 누나의 죄도 모른단 말이야?
장화	죄라니. 내가 무슨 죄가 있단 말이야.
장쇠	무슨 죄! 누나는 뻔뻔스럽지 그럼 내가 일러 줄 테니 잘 들어봐. 그동안 누나 행실이 좋지 못한 일이 많았으나, 어머니가 원래에 착하시고 무던하셔서 모르는 체하고 있엇으나, 나중에는 시집도 안 간 계집애가 낙태를 했으니, 될뻔이나 할 일이야?
장화	(놀래며) 뭣이 내가 낙태?
장쇠	그래 그것도 탈로 낳으니 집안 체면을 생각해서라고 살려 둘 수 없는 일이요. 그러니까, 나더러 외가에 가는 척하고, 가다가 저기 연못에다 밀어 넣고 오라구 했어.
장화	뭣이? 저 연못에다! (놀랜다)
장쇠	그래. 저 연못속에 들어가면 나올 수 있어?
장화	그래. 날 연못에 넣고 오라구 아버님께서 그러시드냐?
장쇠	별것을 다 묻네. 나는 어머니 말밖에는 않듣는 사람이닌까. 몰라. 울어도 소용없어. 어서 마음을 가라앉어서 뛰어들어가. 빨리 들어가란 말이야.
장화	그럴 테지. 아버님이야 그럴 리 있겠느냐. 이제야 알겠구나. 내 어찌, 그 속에서 살기를 바라겠느냐.
장쇠	빨리 들어가. 무서워 죽겠단 밀이야.
장화	장쇠야. 우리가 전 일에 우에를 잊었느냐? 그 정을 생각해라도 죽어가는 이 누나 가련히 여기거든 청 하나만 들어다오.
장쇠	청은 무슨 청. 살려 달라는 말이지?
장화	아니다. 내가 목숨을 보전하려면 부명을 거역하는 것이 살기를 바라겠느냐만은.
장쇠	아니야. 이번 일은 부명이 아이라 모명이야.

장화	모명이라구? 그럴 테지. 그러니까 내가 살기를 바라며 계모 어찌 박여난단 말이냐. 장쇠야 이왕 죽을 목숨이니 잠시 말을 돌려주면 외 삼촌 댁에 가서 인사나 여쭙고 돌아가신 어머니 묘 앞에 가서 하직 인사나 여쭙고 오겠다. 장쇠야 응?
장쇠	헤헤. 저만 꽤 있는 줄 알어. 다 나보구, 못났다 못났다 하니까 정말로 못난 줄만 알고 그런 꾀를 어디다 피우는. 저는 외삼촌 집에 간다하구 도망가서 저는 살고, 나는 죽게 하려구? 두말 말고 어서 뛰어들어가. (연못에 장화 민다)
장화	오냐, 장쇠야! 죽으마.
(창)	유유창천이요. 이 어찌 된 일이니까 무삼일로 장화에게 원한 되게 하심니까? 죽어가니 우리 부친은 어데 가시고 이 원한을 모르시나이까. 홍련아!
장쇠	빨리 뛰어들어가. 무서 죽겠구만.
장화	장쇠야. 마주막 부탁이다. 나는 비록 악명을 입고 죽는다. 많은 홍련이에게는 부모에게 죄없이 하여다오. 그리고 너는 홍련이를 불쌍히 여겨주고 부모에게 죄 없이 하여다오. 그리고 너는 홍련이를 불쌍히 여겨주고 부모에게 효도 극진하며 좋은 사람이 되어다오. 홍련아 빈방에 홀로 앉아, 주야장천 긴긴밤을 누구와 같이 지내겠느냐. 참아 너를 두고 어찌 죽는단 말이냐.
장쇠	왜 이리 잔말이 많어? 어서 뛰여 들어가. (장화 연못에 밀어 넣다)
장화	아 – 장쇠야 – 아 (연못에 풍덩 빠저 죽는다)
장쇠	아이고, 누나야 누나야 나와. 아이고 어머니. (놀랜다)
호랑이	(하수에서 등장 장쇠 노린다) 아 – 웅 아 – 웅
(우라창)	너, 이놈. 장쇠놈아. 나는 이 산 대호로써 신령님의 명을 받고 너 잡으로 내 왔노라. 이놈 꼼짝 말고 계 있거라. (호랑이이가 장쇠 가지고 놀다가, 장쇠 팔하나 물어 뜯는다.)
장쇠	아이 – 악! 어머니.
암전	

제3막 (계화 막)

무대   들 앞에 오동나무 하나 서 있다

          (홍련이 방문 열고 오동나무 바라보며 처량하게 앉아 들고 있다)

(우라창)   그때여 홍련이는 형을 잃고 홀러 앉어 곰곰이 생각들하니.

          전후사가 눈물이라. 오늘이나 형이 올까 내일이나 형이 올까.

          답답한 심정으로 파랑새를 부르면서 형의 소식을 물어 본다.

홍련

(창)   새야 새야 파랑새야 슬피우는 파랑새야. 너는 비록 미물이나 홍련의 답답한

          심정 너는 응당 알것이니. 외가 세간 우리 언니 죽엇느냐 살았느냐.

          살엇지든 울지 말고 죽엇거든 울어다오.

우라   (새소리 처량하게 슬피 들린다) 찌 찌 찌….

(창)   우에 울어 새가 우네. 저 파랑새 울음을 우네.

          저 새가 들었으니 우리 언니는 죽었구나.

          야속할손 우리 언니 죽던 말이 웬 말이요. 아이고 언니 (혼자 처량하게 울

          고 있을 때)

단심   (중앙 등장) 아가씨 진정하세요

홍련   단심아, 나는 어찌하면 좋니? 우리 언니는 죽었구나! 불쌍한 어찌하리

단심   원, 아가씨도 큰 아가씨가 돌아가시다니요?

홍련   아니야, 우리 언니는 분명히 죽었어.

단심   원 아가씨도. 망측스러우시지. 지금쯤 큰 아가씨는 작은 아가씨 생각을 하

          시면서 빨리 갈으면 하고 계실 텐데. 그게 무슨 말씀이세요?

홍련   아니야. 나는 안다. 다른 사람은 몰라도 나는 알아.

단심   아니, 아가씨. 아가씨가 어떻게 아세요?

홍련   아까 저 오동나무 가지에 앉진 파랑새가 슬피 울기에 내가 물어봤어?

단심   아니, 파랑새 보고 무어라도 물어봤어요? 민물에 짐승이 말을 하나요?

홍련   말은 못 해도 내 말은 알아듣더구나!

단심   아니, 파랑새보고 미라고 하셨기에요?

홍련	새야 새야 파랑새야. 슬피우는 파랑새야. 너는 비록 민물이나 홍련의 답답한 심정 너는 응당 알것이니. 불쌍한 우리 언니, 죽엇느냐 사랏느냐? 살엇거든 울지 말고, 죽엇거든 울어다오.
단심	그래, 새는 울엇어요? 안 울엇어요?
홍련	울엇어. 새는 분명히 울엇어. 언니. (운다)
단심	원 아가씨도. 그까짓 민물에 짐승이 뭘 안다고 그러세요?
홍련	알지 알어. 장쇠도 알고.
단심	참 아가씨, 제가 장쇠 도련님 보구 한 번 물어볼까요?
홍련	내가 그렇게 물어봐도 말을 하지 아니하는데, 니가 물어 본다구 말을 하겠니?
단심	아닌게 아니라, 이상한 일이에요. 큰 아가씨를 외갓집까지 날 모셔다드리고 오는 길에 산중에서 큰 호랑이가 나와 장쇠 도련님 두 귀와 팔 하나를 물었다는데 정말 이상한 일이예요.
홍련	그런게 아니라. 우리 언니는 호랑이에게 물려서 죽고, 장쇠만 살아 돌아 온 게지.
단심	글쎄요. 그 이야기만 하면 모두들 쉬쉬하는 게, 참 이상해요.
홍련	그것 봐. 우리 언니는 분명히 호랑이한테 물려 죽엇어? 단심아 내가 외가가 어딘지 물어서 한번 가보고 올까?
단심	공연이 그런 말씀 하시다가 마님께 들키는 날이면 벼락 맞으실려구 그러세요? 우선 영감마님께서 꾸중하실 텐데. 그러구, 참어 보라구 하시는 것이 더욱 이상해요.
홍련	그것 봐. 우리 언니는 분명 죽엇단 말이야.
계모	(이때 상수 나오다 엿듣는다)
단심	글쎄요. 쇤내두 아닌 게 아니라. 그런 의심은 나긴 나지만. 설마 그럴리야 있겠어요? 그런데 이상하기는 해요. 아가씨가 타고 가신 말이 땀을 쭉 흘리고 달려오는 까닭에 온 동래 사람들이 가든 길을 찾아가 보니, 장쇠도련님이 호랑이한테 물려 어사불성이 되어가지고 넘어져 있드라 나요! 그래서 떠 매고 왔는데…. 그러니 쇤내 생각두, 이상한 일이라 생각돼요.

홍련	우리 언니는 호랑이한테 물려 죽고, 장쇠만 살아온 거야? 언니.
계모	(썩 나섰며) 요년들 요망하고 방자한 년들 또 무엇을 쑤근 대느냐. 그리고 네 이년 단심 아 너는 무엇을 않다구 주둥아리를 함부로 놀리고 있느냐 응. 이년아
단심	마님, 저 – 저 – 저
계모	저–저가 다 뭣이? 그리고 홍련이 너 이년, 그까짓 행실이 못된 네 형년이야, 살앗든 죽엇든 왜 쫄쫄 짜고 야단이냐? 이년아. (꼬집어 뜯는다)
홍련	어머니 잘못했어요. 이제는 다시는 안 울겠습니다. 어머니.
계모	뭐 잘못했어! 이제는 다시 안 울어? 이년아 (막 때린다)
좌수	(중앙 안에서 기침 소리 난다) 에헴
계모	아이구, 홍련아. 어디 아푸냐? 아이고 홍련아. (만지는 척한다)
좌수	(중앙 등장) 왜 이리 집안이 소란스럽냐
계모	홍련아, 어디가 아푸냐? (머리 만지며) 아이고 머리가 뜨겁구나
좌수	어디가 아파서 울고 있느냐?
홍련	아버지, 배가 좀 아퍼서 그래요.
좌수	배가 좀 아푸기로 크다 큰 애가 울기는 왜 울어?
계모	아이고 영감 그런 말씀 마십시. 아픈데도 어른, 아이가 따로 있단디까. 오직이나 아프면 울기까지 하겠음니까? 아이고 홍련아, 예 단심아 단심아.
단심	네
계모	거기 잇는 걸, 소리처 불렀구나. 너, 이 아가씨가 뭘먹구 체했나보다. 안방 벽장 문 열고 오동나무 상자에서 사항소화반 한 알만 가지고 속히 오너라. 어서 빨리.
단심	네
홍련	예 단심아, 그만두어라.
좌수	왜? 배가 아프다면서 어째서 약을 그만두라고 하느냐?
홍련	이제는 다 나았어요. 아버지.
계모	아이고, 그새 다 낳았느냐? 병. 제 성미를 닮아서 싹싹도 하여라. (꼬집어 뜯는다)

좌수	마누라는 안에 들어가 보오. 장쇠가 아직도 앓른 소리를 하는구려.
계모	그게 다 누구에 까닭이요. 모두가 장화란 년 까닭이지. 불쌍한 것은 우리 장쇠 뿐이요. 호랑이한테 물렸어도 말 못 하고 꿍꿍 앓코만 있지. 아이고 장쇠야. (울며 상수 퇴장)
좌수	(마루에 앉으며) 홍련아, 이리온 홍련아.
홍련	(아버지 품에 낳기며) 아버지 (운다)
좌수	홍련아, 울지 마라. 이 애비가 못나서 알고도 모르는 채 모르고도 모르는 척하지만. 어찌 네 설움을 이 애비가 모르겠느냐.
홍련	아버지, 우리 언니는 어찌 되었음니까? 죽엇음니까? 살았음니까? 네 아버지!
좌수	너의 언니는 아마 죽엇나 보드라.
홍련	네? (놀래며) 죽엇다니요? 그게 웬 말씀이세요? 아버지.
좌수	네 형 행실이 불칙해서 외가로 남모르게 보내는 도중 제 생각에 외가로 들어 갈려하니 면목이 없으므로 자결한 모양이드라.
홍련	네, 자결이요?
좌수	장쇠가 미처 붙잡을 사이도 없이 연못으로 뛰어들어 자결했다 하드구나.
홍련	아버지 자결이라니 웬 말씀이요?
좌수	홍련아 너만 알고 우리 서로 의지하면서 살자구나
홍련 (창)	아이고 아버지 아버지 들조시오. 형이 무슨 죄가 있어 죽단 말이 웬말이요. 아버지는 인자하셔 자식 생각하지 않고 계모 말만 올케 여겨 아버지도 속았구려 살려내오 살려내오. 불쌍한 언니를 살려내오.
좌수	홍련아 울지 말고, 이 애비의 설움을 들어봐라.
(창)	애비나이 사십 때에 너의 형제 낳은 후로 너의 모친 사별하니 후사가 염여되여 너의 계모를 드렸더니 불칙하고 고약하여 너의 형제 구박하나. 이 애빈들 모르겠느냐? 울지마라 내 새끼가 불쌍한 내 자식아.
홍련	아버지 형이 무슨 죄를 지였기에 죽기까지 하였음니까? 평생에 형의 행실이 불행이 실행했을리 만무하고 기왕의 죽던 형이니 살아 날리 만무하오니

	원한이나 면케 해주. 형의 넋을 양지바른 곳에 고이 안장이나 시켜주세요.
좌수	오냐, 네 말대로 그렇게 해주마. 사실 네 형이 죽은 것을 진즉에 알려주고 싶었으니, 니가 너무 애통할까 염려되어 오늘까지 숨겨왔단다. 아가 밤바람이 차구나. 어, 방에 들어가 마음 편안히 잠이나 자거라.
	(일어나 중앙으로 들려구 할 때)
홍련	아버지, 형을 잃은 이 홍련이는 누구를 의지하고 사오리까.
좌수	아버지는 너를 의자하고, 너는 이 애비를 의지하며, 서로 믿고 의지하고 살면 되지. 어서 들어가 자거라. (중앙 퇴장)
홍련	맞았구나. 아까 그 파랑새가 분명히 언니 죽은 넋이로다. (오동나무 밑에) 언니 불쌍한 우리 언니, 원통하여 어이하리 억울이 죽은 넋이 새가 되어 왔엇구나. 새야 파랑새야 홍련이 곁을 떠나지 말고 수시로 날아와서 외로운 나를 위로야 하여다오. 언니. (운다)
노복	(하수 등장) 아가씨 너무 애통하지 마세요. 아가씨가 그러신다고 큰 아가씨가 오실리가 있겠음니까?
홍련	아니, 그럼 할아범도 아시고 계시는군요.
노복	네 이 할아범은 이 나이 먹고 가난하지만 나돈 것은 눈치 하나밖에 없지요. 큰 아가씨는 못 오실 양반이니, 그리 아십시오.
홍련	우리 언니가 못 와요. 할아범도 알았구려 우리 언니 죽은 줄을 할아범도 알았구려 (운다)
노복	네 눈치로 알았습니다. 그만 고정하시고 주무세요.
홍련	할아범 똑똑히 이야기 좀 해주세요. 우리 언니 정말 죽었어요?
노복	글쎄, 올씨다. 소인은 눈치로 알았음니다만. 그런데 엊그제 건너 마을에 사는 김포수가 산양을 갔다가 밤늦게 오는 길에 저기 자산 연못가를 지나게 되었드라나요.
홍련	그래서요 할아범
노복	막 그 연못을 지나려니까, 별안간 찬 바람이 불고 달부터 어두워지더니 연못가 운대서 곡성이 나면서 슬피 우는 소리가 들리드래요.
홍련	그래서 할아범? 어서 말해주세요?

노복	아, 그 연못 가운데에서 곡성이 일어나며 물결이 흔들리고 파도가 일어나며 하얗게 소복한 처녀 귀신이 나타나고 원통하오. 원통하오 하며 울드래요. 급결에 보아서 잘 모르지만, 우리 집 큰 아가씨 얼굴이 비슷하다고 합니다.
홍련	뭣이? 우리 언니가 귀신! 아 - (쓰러진다)
노복	거짓말이겠지. 아가씨 고정하시고 어서 주모세요. 아, 그런데 단심이는 아가씨 모시고, 잠 안 자고 어디를 갔을까? 예 단심아. 예 단심아. (하수 퇴장)
단심	(중앙 등장) 아가씨 주무세요. 쇳내가 예기 책을 읽어 드릴게요. 아가씨 어서 들어가 주무세요.
홍련	아니다. 예 단심아, 못 믿을 말이야. 우리 언니가 죽다니 거짓말이야. 그렇지 단심아?
단심	그러면요. 큰 아가씨가 돌아가시다니요.
홍련	장쇠는 알테지만 무슨 말을 해야지.
단심	그렇지요. 장쇠도련님은 알거 예요.
홍련	그렇지만, 말을 해야지.
단심	그럼 쇳내가 장쇠도련님 보고, 한 번 물어볼까요?
홍련	그러다가 어머니가 알면 큰일이 나게. 또 말을 할까?
단심	옳지. 제가 바른말을 하게 하지요.
홍련	그만. 그러다가 너하고 나하고 큰일 난다.
단심	염여 마세요
장쇠	(안에서) 단심아! 단심아.
단심	아가씨, 어서 방으로 들어가세요.
홍련	단심아, 부디 조심해야지 부탁한다. (방으로 퇴장)
단심	네, 염여 마세요. (마루를 치우는 척한다)
장쇠	(중앙 등장) 단심아! (단심 보고) 하하, 요게 여기 있는 것을. 여태껏 찾아다녔지.
단심	저두, 여태껏 도련님을 찾아다녔지요.

장쇠	니가, 나를? 하하 - 나는, 니가 참 좋다.
단심	저두, 도련님이 참 좋아요.
장쇠	하하, 그럼 나는 더 좋다. 그리고 단심이 너한테 장가보내 달라고 어머니한테 자꾸 졸랐다.
단심	나두, 다 알고 있어요,
장쇠	요게, 벌써 그걸 다 알고 있어?
단심	그럼요 그걸 몰라요. 내가 도련님을 얼마나 좋아하는데요. 그걸 몰라요
장쇠	허허 - 고것 점점 더 좋아지는구나.
단심	그럼, 말이에요. 내가 물어볼 말이 있는데 그 말을 듣고 바로 해야지 나를 좋아하는 것이지 그렇지 않으면 난 실어요.
장쇠	요게 묻지도 않고. 요게 싫다고 하여 뭣이든지 물어봐. 니가 묻는 데로 아는 것은 다 말할 데니까. 물어봐.
단심	그럼 말해요. 뭣이든지 꼭 말해줘야 해요?
장쇠	그래, 걱정 말아.
단심	그럼, 우리 이렇게 약속해요. (깨끼 손고락 내민다)
장쇠	그래. (손가락 걸고 흔든다) 인제 뭣이든지 다 물어봐.
단심	저 장쇠 도련님, 장화 아가씨 정말 외가네 갔어요?
장쇠	뭐? 요런 깍쟁이. 그런 것 물어보려고 그랬구나. 싫타 뭐.
단심	싫으면 그만두시구려. 맹세까지하구. 뭐 그래!
장쇠	요게 삐쭉하긴. 그런 것 왜 물어? 다른 것 물어봐.
단심	글쎄 말이예요. 한집에서 살다가 없으니까 궁금해서요. 정말 도련님이 외가에까지 모셔다드리고 왔지요? 아유, 우리 도련님은 참으로 착하시지요.
장쇠	요게, 날 자꾸 살살 꼬이네. 싫다 뭐.
단심	싫다면 그만두시구려 (밖으로 나가려 한다)
장쇠	아이고 단심아, 말할게. 가지 마. 아이고.
단심	그래, 장화 아가씨는 무슨 죄로 쫓겨갔어요?
장쇠	죄는 무슨 죄. 그렇지만 난 아무것도 모른다. 뭘 잡은 것밖에.
단심	아니, 뭘 잡엇다니요?

장쇠	이런 맹꽁이는 그런 것도 몰라. 어머니가 말이야 떡 줄 테니 이리 나오라고 하더니 말이여. 쥐를 잡아서.
단심	그래 쥐를 잡아서?
장쇠	너만 알어. 홍련이 누나한테 말 말어. 남녀가 입이 무거워야 하는 거야 알았지?
단심	알엇어요. 그래서 어떻게 되었어요?
장쇠	아이고, 어머니가 말하지 말라고 했는데.
단심	아이고 우리 도련님, 참 착하시지. 나는 도련님이 참 좋아.
장쇠	쥐 껍질을 벗기라구 하드니, 그걸 말이야. 장화 누나가 자는 이불속에 다 넣었어.
단심	그래서요?
장쇠	그러닌까, 그게 낙태한 게 되지 않어.
단심	그래서, 또 어떻게 되었어요?
장쇠	너 정말. 여자나 남자나 입이 무거워야 해.
단심	그러문요. 입이 무거워야 하지요. 예! 예. 그러세요?
장쇠	뭐가 그래서야? 그래서 시집도 안 간 처녀가 락태를 했으니 양반집 집안에 망신이 된다구 이 집에다가 둘 수 있어? 그래서 외가에 보낸다고 날더러 데려다주는 척 가다가.
단심	가다가, 어떻게 되었어요?
장쇠	연못에 빳처 죽이라고 해서. 죽여버렸다 뭐.
단심	뭣이?(놀랜다)
홍련	(방에서 나와 엿듣다가) 장쇠야
장쇠	이것들이, 왜 그래?
홍련	그래, 니가 장화 누이를 연못에다 넣어 죽였구나! (운다)
장쇠	그래, 엇째? 그래야만 내게 좋은 일이 있다기에 그랬어. 왜?
단심	에잇. 개, 돼지, 독사, 천치. (장쇠 밀고. 홍련에게 가, 운다)
장쇠	요것이, 물어볼 것 다 물어보고, 바보 천치라구 하네.
홍련	죽엇구나! 계모의 모해로 죽엇구나. 불쌍하게 우리 언니가 죽엇구나.

계모	(안에서) 장쇠야 장쇠야.
장쇠	네, 이년들아, 어머니한테 알리면 너희도 죽인다.
계모	(안에서) 자, 오야 장쇠야.
장쇠	네. 지금 들어가요. 아 (울며 상수 퇴장)
단심	아가씨, 제가 할아범 불러올까요? (울며 중앙 퇴장)
홍련	
(창)	새야 새야 파랑새야. 니가 분명 넋이드냐? 언니 넋이 분명커든 어서 빨리 내려와서 산중 험한 길을 물어 언니 죽은 못에 가자.
	새야새야 파랑새야 언니 홀령 파랑새야
	(생각하다 방으로 편지 쓰로 들어간다)
	그때여 홍련이는, 이제야 형이 분명 죽은 줄을 알고 부친전 마주막 하직 편지를 쓰는대, 한 자 쓰고 눈물 짓고, 두 자 쓰고 한숨 쉬며, 글자마다 눈물이라 설움이 복받치어 울음을 울며 부친 전의 하직하며 훌적훌적 울음을 운다. (대문 박에서 파랑새 우는 소리 처량하게 들린다)
홍련	(편지 써서 나오며) 왔구나! 파랑새가 왔구나. 아버님 불효 여식 홍련이는 마지막 하직하오니 길이 만수무강하옵소서. 그리고 불쌍한 저의 형제 넋이라도 위로나 하여 주옵소서 아버님.
	(바람 소리와 파랑새 울음소리 들린다)
(창)	저 파랑새 가자 우네 저 파랑새가 재촉을 하네
	이내 팔자 기박하여 이 팔에 죽고 보면
	이 문전을 언제 오며 부친 얼굴 언제 보리
	아이고 아버지 ~
	홍련이는 죽사오니 만수무강하옵소서 아버지 (슬피 울며)
	(새소리 처량하게 울며 홍련을 부른다)
홍련	언니! 언니! (하수 퇴장)
단심	(삼, 노복과 등장) 삼순 할아범, 어서 오세요.
노복	단심아, 그게 정말이냐? 아가씨. (찾는다)
단심	아가씨 (편지 젖어. 노복 주며) 이게 뭐예요?

노복	(편지 보고) 아 불싸. 큰일 났구나.
단심	아가씨가 쓰신 편지가 아니에요?
노복	단심아, 영감마님 전 여쭈어라. 영감마님 ~
단심	네. 영감마님 (중앙 퇴장)
좌수	(단심이와 중앙 등장) 홍련이가 어디 갔다고?
노복	영감마님, 작은 아가씨 편지가 여기 있었읍니다.
좌수	뭣이? (편지 받어 얼른다)
	(편지) 부주전 아뢰옵겠나이다. 소녀 형제 일찍이 모친을 여의 옵고. 아버님 슬하에 고이 자라옵는데 계모 형 들어와 저의 형제 학대하고 구박하오. 나 참고 견디며 지내오다가 계모의 간계로 형이 원통이 죽은 줄을 이제 알았으니. 어찌 원통치 안사오리까. 소녀 홍련이도 참고 살아오다가 형과 같이 될까 하여 형을 따라 명도로 가오니. 이 불초여식 홍련이를 다시는 생각지, 마르시고 아버님께서는 기리 만수무강하옵소서. (불효자식 홍련 올림)(땅에 주저앉으며) 아이고 우리 집안이 이제야 망하는구나. 아이구 너 이놈? 장쇠야 ~
계모	(상쇠와 상수 등장) 밤중에 왜이리 집안이 소란해요. 영감?
좌수	네 이년아! 전실자식 둘 다 죽엇으니 이제는 네 속이 시원하겠구나.
계모	여보 영감 이게 웬일이요. 생때같은 자식 둘씩이나 죽다니 이게 모두 이년이 박복한 탓이지요?
좌수	울긴 왜 울어? 이년아. 귀찮게 여기든 전실 자식이 이제 다 죽엇는데 울긴 왜 울어 이년아.
계모	허허. 이 말 좀 들어보소. 그럼 그년 형제가 죽은 것이 모두가 내 탓이란 말이요?
좌수	이년이 그래도. 터진 아가리로 말대답은 잘한다. 어서 죽어라. (막 때린다)
장쇠	허허. 인제 우리 어머니 경치네. 우리 어머니 죽네.
좌수	삼순 할아범, 동리 사람들 깨워 가지고, 내 딸 홍련이 좀, 찾으로 나갑시다,
노복	네, 영감마님. 동리 사람들 ~ (좌수 단심 3인 하수 퇴장)
계모	아이고, 내 팔자야.

장쇠	어머니, 어디 다쳤소?
계모	아이고 이 망할 자식아. 그렇게 말하지 말라 했더니 말을 전부 다 하고 말았구나.
장쇠	응. 쥐 잡은 그 말. 이제부터 말 안 하면 되지?
계모	아이고, 이 자식아. 너하고 나하고 죽자! 이 자식아. (때린다)
장쇠	아이고, 아 – 엉 (울면서)

암전

제4막 1장 (산중 연못막)

무대	막이 오르면 산중 연못가이다 우라창이 나오며 막이 오른다
(서창)	산은 첩첩 적막한대 원통이 죽어버린 장화 그 원혼이 억울하고 원통하여
	울며불려 통곡하니 산천도 울고들어 천지를 뒤 흔드네
	(장화 넋 되어 연못가에서 나오며 창을 한다)
장화	
(창)	오하라 창천이요 이 천지가 어이하여 이다지도 캄캄하오
	어둠 속에 헤매는 이 몸 홀로 외로워라
	전생에 무삼죄로 물귀신이 되었는지 알려 주오
	말해 주오 이내 설움을 풀어주오
	(장화 쓰러져 운다. 선녀들 장화 어머니 인도하며 춤추며 등장)
장화모	
(창)	오하라 내 평생에 슬하에 자식 없어 옥황성에 기도 올려 너희들을 낳으나
	무슨 죄가 그리 많아, 너희 형제 헤어져서 자식들은 지하이고
	내 넋은 하늘이니, 한을 땅에 서린 한을 어느 누가 풀겠느냐
	장화야 내 딸이야! (가까이 가서 부축한다) 아가 내 딸 장화야!
장화	
(창)	아이고 어머니, 모친 얼굴 상봉한 지 몇몇 해가 되었는지 모친 얼굴 보라

하고 목을 놓아 불러봐도 못 본 것이 한이 되니 저승에서 보겠구려 이내 넋은 원통하게 더러운 누명 쓰고 연못 귀신이 되었으니, 외로워서 못 살겠소. 외로워서 못 살겠오.

(대사) 어머니 한가지 소원이 있음니다. 밤이면 새소리 하나 없는 연못가에 홀로 앉아 두고 온 홍련이 생각. 두고 온 부친 생각. 너무나도 애달퍼서 못 살겠어요. 어머니, 한데 맺힌 이 원한을 어이하면 좋으리까? 어머니.

(창)   어머니 아무리 죽여버린 원통한 넋이라고, 지원극통이 원한을 풀기 전에 저승길도 못 가겠오. 어머님, 부디 이 딸을 도와주오. 어머니.

장화모

(창)   나뭇가지 낙엽지듯 모질게도 시들었구나. 옥황성에 장미꽃이 생에는 허사구나! 어쩌다 내 딸이야 극락세계 모오르나 장화야 들어봐라. 청산고을 원님께 가서 이 설움을 하소하여. 너의 원한 훑은 다음 이 어미를 찾아 오너라. 옥황상제 나는 올라 간다마는, 너무 애통하지 말고 어미 말을 명심해라. 장화야 ~ (퇴장한다)

장화   어머니 어머니

(창)   가셨구나! 가셨구나! 저 하늘로 오르셨네. 어머니 분부대로 청산고을 원님에게 이 원한을 하소하여, 한에 맺힌 이 설움을 통쾌히 풀은 다음, 어머니 곁으로 가오리다 어머니.

(장화 사라지고 밖에서 우라창 또 나온다)

(우라창)   밤은 적적 고요한데 은하수는 기우러저 첩첩산중 만수근 했구나. 바람은 잠을 자고 울림 또한 잔잔한 달빛만 좋은 듯 저 흉조가 울음을 운다

장화

(창)   저기 오는 홍련아. 나는 장화 혼이로다. 나는 계모 모함 수중 원기가 되었으나 너는 무슨 죄가 있어 천금 같은 명을 끊어, 나를 따라오라느냐! 세상사 난 측이라 운명을 모르오. 너는 빨리 돌아가서 성현군자 만난 후로, 유자생여 복을 받아, 부모에게 효도하고 돌아가신 모친 홀령 위로하기를 바라느냐? (파랑새 소리 처량하게 나는데, 홍련 하수 등장한다)

홍련   언니! 언니. 불쌍하신 우리 언니 전생에 무슨 죄로 악명을 살고 가시였소?

	언니 잃은 홍련이가 세상 살아서 무엇하오리까!
좌수	(놀래며) 장화야, 홍련아, 나두 같이 가자. (들어가려고 한다)
일동	(놀래며 말린다) 영감마님, 고정 하십시오.
좌수	장화야! 홍련아!

암전

(홍련이는 강 언덕에 올라선다)

홍련

(창)	비나이다 비나니요. 하나님 전 비나이다. 어린형제 억울하게 죽사오니 황천 후로 산신제불 명찰화감 하시옵고. 장화홍련 지원극통 받게 살려주옵소서
장화	홍련아, 너는 형의 부탁을 저버리려느냐 안된다. 어서 집으로 돌아가거라. (손을 흔들며 만류한다)
홍련	아니예요. 집에 가 있는다 하드래도, 결국에는 계모의 모함에 죽게 돼요. 언니, 나두 언니 따라가겠어요.
장화	안된다. 어서 가거라. (손을 흔든다)
홍련	언니! 언니. (뛰어 들어간다. 풍덩)
좌수	(선두 하수 등장 일동 따라 등장) 장화야 ~
동래인	(노복 단심 동래인 화불 밝혀 들고 등장 찾는다) 아가씨
노복	(홍련 신발 주워 들고) 영감마님 여기 아가씨의 신발이
좌수	뭣이 아이고 홍련아 (땅을 치며 통곡한다)
(창)	늦엇구나 늦엇구나 한 걸음 늦엇구나. 이 몸이 어리석고 쳐죽일 천치로서 천추에 한이로다. 현숙한 저의 유언 임종시에 남긴 유언 신신부탁 하였건 만. 이 몸이 미련하여 흉녀의 간계를 모르고 자식들을 죽였구나. 일을 장차 어찌하리 아이고 내 팔자야.
일동	영감마님, 고정하십시오.
장화·홍련	(물귀신이 되어 등장) 아버지! 아버지!

제5막 (사또 막)

무대   (웅장한 동원이 다 막이 오르면 삿도 이방 급창 사령들 제 자리에 각각 위치에 맡겨 있다)

삿도   이비, 게 있느냐?

이방   네, 이방이요.

삿도   네가 이 고을의 이방이냐?

이방   예, 그러하옵니다.

삿도   네가 이 고을에서 이방 직을 몇 해나 거행 하였느냐?

이방   예, 한 10여 년간 거행 한 줄로 아뢰옵니다.

삿도   그럼 이 고을에 내력을 잘 알겠구나

이방   자세히는 모르오나. 대략은 알고 있사옵니다.

삿도   내가 한양에서 듣자 하니, 어 철산교들에는 빈 농터와 공가가 많다 하니 그게 무슨 연유인고?

이방   예 본시 이 고을은 서북에 곡창으로 흉작을 모르옵고. 연년이 풍년이 들어 백성들이 부유하옵고. 고을이 번창하옵더니 한 5, 6년 전부터 해마다 흉년이 들며 전답이 곡식이 없사옵고. 백성들은 아사지경에 이르러 백성들은 동서로 분산하고 남북으로 유리하옵더니. 스스로 읍장은 패업 지경에 이르렀사오니. 공가는 나날이 늘어가는 형편이로소이다.

삿도   응. 해마다 숭년이 들고, 그리고 또 듣자 하니, 이 고을에 관장들이 도입하면 정사도 베풀 사이도 없이 죽는다 하니, 그 말도 또한 모른 말이냐?

이방   네 그러하옵니다

삿도   뭣이?

이방   네. 한 5, 6년 전부터 관장이 도입하와 동원에 등헌 하옵시면, 시정도 하시기 전에 밤이면 비몽사몽간에 꿈을 깨닫지 못하시고 이내 변사를 하시니. 그 까닭을 아직 모르옵니다.

삿도   음! 5, 6년 전부터 숭년이 들고 5, 6년 전부터 관장이 도입하면 변사를 당한다. 어디 그럴리가 있겠느냐? 사람이 죽으면 반드시 병이 들어 죽는 법이거늘 비몽사몽간에 꿈을 깨닫지 못하고 죽는다고 하니 그럴 리가 있겠느냐? 이것은 필시 귀신에 장난이 분명하고나! 여봐라 이방.

이방   네, 잇.

삿도   내 짐작한 바가 있으니, 너희들은 물러가서. 오늘 밤부터 내와에 등촉을 밝히고, 채번하여 철야 순행 돌도록 하고. 나졸 10명은 동문을 지키고 나졸 10명은 서문들 지키,. 그리고 10명씩은 남문과 북문 각 문에 지키도록 하여라.

이방   예, 잇. 급창 분부 듯거라. 오늘 밤 내와에 등촉을 밝히여 채번하여 철야 순행들 돌고, 나졸 10명씩 해서 서문, 동문, 북문, 남문 각 문에서 철저히 지키랍신다.

급창   네, 잇. 사령은 그렇게 이르도록 하여라,

사령들   네, 잇.

삿도   다들 알았으면 어서 물러가 급히 실행하도록 해라

일동   네, 잇. (일동 상 하수로 퇴장한다)

삿도   사람은 만물에 영장이거늘 요사스러운 잡귀를 물리치지를 못한단 말인가!

우라   (파랑새 새소리 처량하게 들린다)

삿도   과연 음상하기는 하구나. 그간 여러 해 동안 공기가 많아지고 변사 했엇다니 아까짓것 쯤으로. 응 이게 무슨 소리야?

우라   (울음소리, 귀신) 하하하

삿도   (당황하며) 응 (쳐 펴고 축문 읽는다)

장화·홍련

(창)   등장가세 등장가세 성주님 전 등장가세. 우리 형제 원사할제 몇몇 해가 되었든가 지원극흥어 설움을 등대마저 서럽고 저 아모를 찾아 도니, 대경실색 변사든이 오늘 오신 성주님은 성품이 관연하고 채모가 등대하여 과연 영관 맞도다. 등장가세 등장가세 명관 성주님전 등장가세. (중앙 등장)

삿도   (떨면서) 그대들은 어떠한 여인이기에, 당돌하게 이 관가까지 나타났는고. 응?

장화   소녀들은 이 고을에 사는 배좌수의 딸인데. 소녀가 장화이옵고, 이 소녀가

제 동생 홍련이로소이다.

삿도   그래, 니가 장화고? 네가 홍련이라구?

홍련   소녀가 홍련이로소이다

삿도   그런데, 무슨 설원이 있어, 이 깊은 밤에 관가까지 나타났는고?

홍련   네, 성주님께 어려운 호소가 있어서 왔나이다.

삿도   그래, 무슨 호소인고? 어서 말을 해봐라.

홍련   네, 성주님. 전 아뢰겠나이다.

삿도   응

홍련

(창)   성주님 전 아뢰리다. 형의 나이 육 세 때에, 제 나이 네 살 때요. 자모를 사별하고 지중하신 부친은덕 근근히 지내다가 계모허씨 들어와서, 소녀형을 모함하여 원통이 죽은 후로, 소녀를 또한 죽이라하여 형을 따라 죽엇내다. 그녀 현재 맺힌 원한을 어지신 성주님이 풀어주오. 풀어주오.

삿도   음, 그랬엇구나. 그런 천하에 용납지 못할 죄인이 있엇구나. 내곳 사실하여 너희들의 원한들 풀어줄 것이니, 염여 말고 어서 물러가거라.

홍련   아비만은 죄가 없사오니, 아비의 죄만은 사하여 주옵소서

삿도   오냐 알았다. 애비만은 사하여 주마.

장화·홍련 저분만 바라옵겠나이다 (양인 퇴장하며 귀신 소리) 하하하

         (닭 우는 소리 나며 날이 밝아진다)

삿도   음 비몽사몽이라 하더니 과연 이 말이로구나 음 식은땀이 흐른다.

         (땀 닦으며) 내 여봐라

사령들   네, 잇. (하수 등장하며 한참 시바이 하다 놀랜다)

삿도   급창 불러라

급창   (하수 등장) 네, 잇. (약간 시바이 하다가) 극창 대령이요

삿도   이방 불러라

이방   네, 잇.(상수 등장 시바이하다가) 이방 대령이요.

삿도   이 고을에 배좌수라는 사람이 살고 있느냐?

이방   네, 배문용이라는 분이 좌수를 지낸 양반이 살고 있아옵니다.

삿도	그러면 배좌수집이 여기서 멀리 있느냐?
이방	바로 이 근방이로소이다
삿도	여봐라 이방. 배좌수집 식구를 모조리 잡어들여라.
이방	네, 잇. 여봐라 급창.
급창	네, 잇.
이방	배좌수집 식구를 모조리 잡어 대령 시키랍신다.
급창	네, 잇. 사령.
사령	네, 잇.
급창	배좌수집 식구를 모조리 잡어 대령시키랍니다
사령	네, 잇. (사령들 하수 퇴장)
삿또	여봐라! 이방 배좌수집 식구가 모두 몇 명이나 되느냐?
이방	네. 전처에 딸 형제가 있고 후실에 아들 삼 형제가 있다 하더이다
삿도	그럼 모두 다 살아있느냐
이방	전처에 딸 형제는 죽고 아들 삼 형제만 살아있다 하더이다
삿도	음
사령	(밖에서) 가자 (하수 배좌수 계모 장쇠 중쇠 끝쇠 사령 등장)
사령	배좌수집 식구들 대령이요
삿도	그래 이름이 무엇인고?
좌수	배문용이라 하옵니다
삿도	응, 무슨 관직을 지냈다지?
좌수	네 성덕을 입사와 좌수를 좀 지낸 줄 아뢰오
삿도	내 들자하니, 전처에 몸에 딸 형제가 있고 후처에 아들 삼 형제가 있다 하니 그러한가?
좌수	내 그러하옵니다
삿도	다들 살아 있는가?
좌수	전처에 자식 두 딸은 병이 들어 죽엇사옵고. 후처에 자식 셋만이 이렇게 살어 다리고 왔읍니다.
삿도	그래? 그럼 두 딸이 무슨 병으로 죽엇는지 바른대로 아뢰면 죽기를 면하려

	니와 만일 거짓이 있다면 장하에 죽고 남지 못할 것이니 바른 데로 아뢰여라.
일동	아뢰여라
좌수	네, 저- 저
삿도	저-저가 어찌 됐단 말인가?
계모	삿도님께서 아시고 물으시니 엇찌 일호라도 기만하오리까. 바른대로 아뢰리다. 전실에 딸 둘이 있아온데, 장녀 장화는 외간 남자와 정을 통하다가 인태하여 낙태한 후 가문을 생각하여 참다못해 집안 채면을 생각하여 자결하였고. 동생인 홍련이도 제 형의 뽄을 받아 동래 청년들과 정을 통하옵드니 심야에 도망하여 행방불명이 되었으니, 양반집 체면으로 찾지 못해 아마도 죽은 것 같아옵니다.
삿도	분명 그러한가?
계모	죽어도 틀림 없아옵니다
삿도	좌수… 분명 그러한가?
좌수	네, 아마 그런가 보옵니다.
삿도	자식들 삼 형제 이름이 무엇인가?
장쇠	네, 제 이름은 장쇠요.
삿도	그다음 너는?
중쇠	저는 중쇠여요
삿도	또, 너는?
끝쇠	나는, 끝쇠에요.
삿도	모두가 쇠자 돌림이로구나. 그래 장쇠야 너는 너의 누나가 무슨 병으로 어떻게 죽었는지 다 알겠구나?
장쇠	네. 나는 다 알어요. 어머니 말할까?
계모	이놈아, 니가 뭘 않다고 그래.
장쇠	그럼 나는, 아무것도 몰라요.
계모	삿도님, 이 자식은 출생 후 태독으로 천치가 되어 아무것도 분별치 못하오니, 모든 것을 소첩에게 물어 주사이다.

삿도	음, 장쇠는 출생 후 태독으로 천치라.
장쇠	예, 나는 천치예요.
삿도	그럼, 중쇠 너두 모르느냐?
중쇠	네, 저는 낮이나 밤이나 잠만 자서 아무것두 몰라요.
삿도	그럼, 끝쇠 너는?
끝쇠	난 어렸을 때라, 잠만 자서 아무것도 몰라요.
삿도	좌수 분명 그러한가?
좌수	네, 분명 그러한가 하옵니다.
삿도	순순히 말을 해서 안 들으면 딴 방도가 있느니라. 여봐라.
이방	네, 잇.
삿도	형구를 갖추어라
이방	네, 잇. 급창 형구를 갖추랍신다.
사령	네, 잇.(형틀을 갖다가 중앙에 놓는다)
삿도	잠깐만. 그래 네 말대로 큰딸이 낙태를 햇다 하는데, 그 낙태한 것을 어떻게 햇느냐?
계모	네. 산에다 묻자 하니 산새가 부끄럽고. 물에다 띄우자 하니 물고기가 흉을 볼까. 생각다 못해 그대로 두엇나이다.
삿도	그대로 두었다. 그러면 그걸 어디다 두엇느냐?
계모	이런 분부 계실 줄 알고, 품에다 않고 왔나이다.
삿도	뭣이 이런 분부 있을 줄 알고 품에다 않고 왔다고 너 정말 영리하구나 하하 그럼 그것 어데 한번 보자
계모	네 (품에서 꺼내 준다)
	(사령 받아, 급창 주면. 급창 받아, 이방 준다. 이방 받어 삿도 준다)
삿도	(받아 보고) 음 건사하기는 하다만은 너무 말라서 잘 모르겠구나. 그런데 어째서 이걸 버리지 않고 품에 품고 다니는고?
계모	네. 세상 사람들은 이런 줄을 모르고 계모의 모해라 탈을 잡을까 염려되여, 후일에 증거품으로 보일려고 비리지 않고 그대로 두엇나이다.
삿도	후일에 증거품으로 그대로 두엇다? 여봐라 이방.

이방	네, 잇.
삿도	나는 아무리 보아도 잘 모르겠으니 니가 같다가 자세히 좀 보아라
이방	네, 잇. (받아보고 이상한 듯 고개만 갸웃거린다)
삿도	분명히 낙태한 것이 틀림없는가?
이방	글쎄올시다. 너무 말라서 잘 모르겠소이다.
삿도	어찌 아는 도리가 없을까?
이방	글쎄요. 알 도리가 없는 줄로 아뢰옵니다.
삿도	옛끼. 못생긴 놈 같으니라고. 너 같은 이방이 이 고을에 있기때문에, 이 고을에 이런 불쌍사가 생긴 것이야.
이방	아니 삿도님. 아무리 명관이라 하옵기로 수년간 말러 비틀어진 고기 덩어리를 어찌 분간할 수 있사오리까
삿도	야 이놈아. 네 허리에 차고 있는 장도는 무엇에 쓰라는 칼인가 불쌍한 백성들의 등골이나 갈라 먹으라는 것이냐? 어서 그 칼로 갈러 보아라.
이방	네, 알겠음니다. (떨면서 칼로 배를 가른다)
삿도	분명이 사람의 태냐?
이방	(자세히 보고) 삿도님 쥐 쥐똥이 가득 들어 있나이다
삿도	쥐똥 하하. 여봐라 이방 저년 입에서 바른말이 나올 때까지 형틀에 달아매고 매우 쳐라.
이방	네, 잇. 급창 저년 입에서 바른말이 나올 때까지 매우 치랍신다.
급창	네, 잇. 사령 저년 입에서 바른말이 나올 때까지 매우 치랍신다.
사령들	네, 잇. (형틀에 달아매고 막 때린다)
삿도	천하에 흉칙한 년 같으니. 이래도 바른말을 못할까?
계모	삿도님, 살려주오. 제발 목숨만 살려주십시오. 제물에 탐이 나서 이런 짓을 했다 오니 목숨만 살려 주십시오. 사도님.
일동	뭣이
좌수 (창)	죽여주오. 죽여주오. 이놈 먼저 죽여주오. 이 몸이 어디서 처를 죽일 천지가 되어 저년의 갈게에 빠져 자식 형제를 죽였으니 세상 살아서 무엇하오. 죽

어주오. 죽여주오. 이 몸을 당장에 죽여 주오. 죽여주오.

사령들   이놈들, 뚝.

삿도   배좌수 듣거라. 네가 아무리 분명한들 흉녀의 산계에 애매한 딸 둘씩이나 죽여놓고 그러고도 살기를 바라느냐?

좌수   이 몸이 어리석은 몸. 죽어 마땅 하여이다.

삿도   네 죄는 마땅히 죽여야 하나, 간밤에 장화와 홍련이의 설어둔 소원이 있어서 너를 특히 사하는 것이니, 일 후에 조심하고 후사나 잘 처리하도록 하여라.

좌수   장화 홍련이의 소원이요?

삿도   그렇다

좌수   장화야 홍련아 (좌수, 장쇠, 중쇠, 끝쇠, 둘 다 그친다)

삿도   그리고 네 이년 듣거라. 어늬 죄는 만만 불측하니 감형으로 보내여 순찰사의 처리를 바랄 것이로되. 국법은 한줄기라 본관 임의로 처리 하리로다. 여봐라 이방 저년을 내일 아침 장안에 여러 사람 보는 앞에서 목을 매여 처형할 것이고, 저놈 장쇠란 놈도 비록 바보천치라고는 하나 금수만도 못한 놈이니 저놈마저 내다가 능지처참을 하여라. 그리고 배좌수와 두 어린것은 장화 홍련의 유언이 있어서 끌러 줄 것이니 이후 후사나 잘 처리 하도록 하여라.

이방   네, 잇. 급창 급급히 실행 하도록 하여라

급창   네, 잇. 여봐라 사령 급급히 실행 하도록 하랍신다

사령들   네, 잇. (계모, 장쇠는 끌고 나가고 좌수, 중쇠, 끝쇠, 포발 풀어준다)

우라   (밖에서) 짝짝짝. 찢어 죽여라.

삿도   여봐라 저게 무슨 소리냐?

이방   네, 잇. (하수 나가서 알아보고 들어와서) 삿도님, 이고을 백성들이 구름같이 모여들어, 흉녀 모자를 짝짝 찢어 죽이라는, 동리 사람들의 아우성 소리로소이다,

삿도   음. 일계 흉녀 모자로 인하여 이 동리 사람들이 불안을 지녔구나. 여봐라 이방, 이 고을 동리 사람들을 이곳까지 들라고 하여라.

이방	네, 잇. 여봐라 사령 동리사람들 들라고 하여라.
사령들	네, 잇. 여보시오. 동리사람들 모두들 들어 오랍시요.
일동	(밖에서) 네 (하수로 동리 사람들 등장한다)
삿도	이 고을 백성들은 본관의 말을 명심하여 들으시오. 한마을에 있어야 도읍이 있고, 도읍이 있어야 그 나라가 수립되나니, 마을이 망하면 도읍이 망하고 도읍이 망하면, 그 나라는 지탱하기 어려운 법이요. 자식이 부모에게 효도하는자 나라에 충성할 것이며 자식이 부모께 불효하는 자가 있으면, 나라에도 충성할리가 만무하나니, 충과 효는 불과 분이라. 이 고을 백성들은 이 본관의 말을 명심하여 나라에 충성을 다하여 이 나라에 주추가 되기를 바라는 바이요.
일동	네, 명심하겠나이다.
삿도	그리고 이 고을 백성들은, 내일 아침 날이 밝거든 일찍 부역을 나와서 장화 홍련이의 억울하게 빠저 죽은 연못 물을 퍼내고 장화 홍련의 시체를 건저, 양지바르고 따뜻한 곳에 고이 안장해 주도록 합시다.
일동	네, 경심하겠나이다.
	(하늘에서 꽃 한 송이 동원으로 떨어진다)
일동	(놀래며) 아니 저게 무슨 꽃이야?
삿도	(꽃 주어 들고) 오, 천하로다. 천하로다. 장화·홍련이 하늘로 승천하면서 나에게 사하는 꽃이로구나. 천하로다. 천하로다.
좌수	장화야 홍련아
일동	
(창)	장화 홍련 맺인 원한 명관성주 다 사릴세
	소원 성취한 년후에 신선피여서 올라가니
	어찌아니가 좋을 손가
	얼씨구 절씨구 얼씨구 얼씨구나 아~ 얼씨구 절씨

콩쥐팟쥐

창무극 전 6막

콩쥐와 팟쥐

등장인물 : 콩쥐(여주인공), 팟쥐(그의 이복동생), 부(콩쥐의 아버지), 계모(팟쥐생
　　　　　모), 왕자(그 나라 태자), 공주(그 나라 공주), 아란불(그 나라 대감), 견우
　　　　　(그 나라 장군), 넙동이(꼽추총각), 귀뚜리(계모의 정부), 두껍이(하늘나라
　　　　　신하), 황소(하늘나라 장사), 콩쥐모(콩쥐 생모), 시녀들, 허녀들(간택규
　　　　　수), 직녀 헌녀, 제비 헌녀, 무관(그 나라 사형)

제1막

서창　　옛날 옛날 아주 먼 옛적에 마음씨가 곱고 고운 콩쥐 아이 있었는데
　　　　몸에다가 갈기갈기 누더기를 걸쳤지만 비단 같은 그 마음씨
　　　　왕자님을 사로잡아 꽃과 나비 쌍소되며
　　　　수레에 비단 당이 몸둥이를 걸치고서 왕자님께 시집가네
　　　　(막이 오르면 콩쥐 지게 지고 나무하러 산에 오른다. 지게 내려놓고 손을
　　　　만지며)

콩쥐

(창)　　아이구 손이야 여기두 피가 나구 이쪽도 터져 피가 나네. 배두고파 간밤에
　　　　베짜느라고 한잠 두 못잤더니 꼼짝도 못하겠네. 봄은 봄인데 나는 왜 이리
　　　　항상 슬프기만 할까! 아이구 다리야. (앉는다) 아이 꽃도 많이 피었구나.
　　　　피었네 가지각색 꽃피었네 꽃이피니 엄마생각 더욱 간절하네. 바위틈에 숨
　　　　어 피는 진달래도 곱것 만은, 나는 어이 외로운가. 내가 이러고 있다가 나
　　　　무도 못 하겠네. 나무 안 해가면 강냉밥두 못 얻어먹을 텐데(허리를 졸라
　　　　가며) 아무리 졸라매두 배는 왜 이리 고플까? 나무는 해야 하고 배는 고파
　　　　일어설 기운도 없으니 아이구 어머니 배가 고파 못 살겠소. 우리 엄마 왜
　　　　죽어 엄마의 딸 콩쥐예요. 부디 도와주오. 어머니. (쓰러진다)

(마그네슘 터지며 꿈속에서 왕자 나온다. 춤을 추며)

왕자

(창)   호랑나비 날아든다 나비는 나비로되
       이내(효과)의 제일으뜸 왕자나비 날으신다
       (춤추며 콩쥐를 애워 나비처럼 앉고 돈다. 한참 춤춘다)

(창)   나비로다 나는 왕자나비
       호랑나비 이꽃저꽃 넘나들 때
       온갖짓은 반색하며
       원앙꿈을 손짓하네 (콩쥐 가리키며)
       그중에 한 송이가 시들어서 떨어지니
       그 무슨 꽃이런가(콩쥐를 유혹한다)
       궁중이리오소 나에게로
       가엾은 내꽃이야 이꽃저꽃 모두싫고
       가엾은 원앙꽃이 내 마음속에 드는구나

콩쥐

(창)   가까이는 오지 마오. 누더기옷 부끄럽소.

왕자

(창)   누더기옷 나는 좋다.
       비단옷에 비할 건가 어허~ 이리 오소.
       왕자 품에 안겨주오

콩쥐

(창)   지체 높은 왕자님이 거렁뱅이 부르시니
       나는~ 꿈을 주나 수줍은 열일곱 살

왕자

(창)   여봐라 계 아무도 없느냐

시녀들   네~~(춤추며)

왕자

(창)   사랑의 황금문을 열어다오

시녀들

(창)　　드사이다 황금문을 열겠오이다 황보석 깔린 길로 어서 드웁소서

　　　　(왕자 콩쥐 퇴장하면 시녀들 춤이 시작된다. 춤 끝나고 퇴장하면 왕자 콩쥐
　　　　등장하며 춤춘다)

왕자

(창)　　네 이름이 무엇인고?

콩쥐　　천한, 콩쥐이옵니다.

왕자

(창)　　콩쥐 아기의 착한 마음 왕자비가 분명한 환궁하는 그 길로가 아바마마 운
　　　　허 받아 콩쥐애기 왕자 비로 모시리다

콩쥐　　왕자마마

왕자　　자 그럼 잘 있오 콩쥐 애기 (나간다)

　　　　(마그네슘 터지며 콩지 꿈에서 깬다)

콩쥐　　왕자마마 ~ (부르며 꿈에서 깬다) 왕자마마 저 같은 것은 부르지도 마오.
　　　　저는 어머니도 안 계시며 언제 죽을지도 모르는 가엾은 서쪽 새라오. 아이
　　　　배는 왜 이리 고플까 배고플 때 돌아가신 엄마 생각 원망스럽소이다. 설움
　　　　많다 해도 배고픈 설움 비하겠소. 어머니 ~ (쓰러진다)

　　　　(마그네슘 터지며 콩지모 나온다)

모　　　콩쥐야 ~ 내 딸 콩쥐야 가엾어라. 네가 이 고생이 웬 말이냐 오죽이나 배
　　　　가 고프면 지치고 지쳐서 쓰러졌고 가엾은 콩쥐야 어서 많이 먹어라.

　　　　(과일을 많이 놓고 울며 사라진다) (마그네슘 터지며)

콩쥐　　어머니~(콩쥐 깬다) 앗~ 어머니? 금방 오셨는데 어디로 가버렸을까 가시
　　　　려거든 가엾은 이 콩쥐를 다리고나 가시지 바꿈도 이상해라 내가 왕자비가
　　　　되다니 (과일 보고 놀란다) 아니 이게 웬일이야 이 많은 과일을 누가 갖다
　　　　놨을까 오라 어머니가 주시고 가셨구나! 아이 배고파 (하나 먹다가) 아니
　　　　야 아무리 배가 고파도 이렇게 좋은 것을 내가 먹다니. 내 동생 팟쥐 갖다
　　　　줘야지. (치마에 싼다)

팟쥐　　(부르며) 콩쥐야 ~ 애 콩쥐야 아니해가 넘어가는데 여지껏. 나무도 안 하

	고 뭘하고 자빠졌니?
콩쥐	팟쥐야, 지금 나무를 해 갈려고 하는 중이야!
팟쥐	뭐야 야 이년아 뭘하고 자빠졌다가 여지껏 나무도 안 하고 있었니? 그래가 지고 저 뒤 뒷산 자갈밭은 언제 멜려고 그래? (밀어 버린다. 과일 쏟아진다. 팟지, 눈이 둥그레서) 아니 이게 웬거야?
콩쥐	아이 참, 깜박 잊고 있었구나! 지금 너 갖다주려고 치마에 쌌어.
팟쥐	야 이년아 너 이거 어디서 났니? 응?
콩쥐	꿈속에서 엄마가 갖다준 거란다 너 먹어
팟쥐	뭐? 꿈속에서 엄마가 호… 이것이 귀신이 씌였나 너의 애미가 어디 있니? 벌써 죽은 네 애미가 어떻게 과일을 갖다주니?
콩쥐	아냐. 정말이야.
팟쥐	오라 그러고 보니 이년이 나무하러 갑네 하고 남의 밭에 가서 도둑질했지 않어?
콩쥐	도둑질이라니? 아니야!
팟쥐	뭐가 아냐? 이리 내놔. (과일을 바구니에 담으며) 야 이년아 도둑질한 건 관가에다 일러야 하지. (과일 하나 먹으며) (호미 내던지며) 아무 밭 말고 그 호미로 뒷산에 자갈밭이나 갈아 놔. 너 만약 나무하고 자갈밭 안 매고 집에 들어오면 알지? (때리고 간다)
콩쥐	팟쥐야 ~ (앉으며 운다) 아이구 어머니, 배가 고파 나무할 기운도 없는데 자갈밭까지 어찌. 맨몸 자갈밭을 안 매고 가면 강남 밥두 못 얻어먹을 텐데. (쓰러진다)
콩쥐부	(밖에서) 콩쥐야 ~ 아이구 콩쥐야. 너 여기서 뭘하고 있니? 해두 저물어 가는데 집에 안가구 응?
콩쥐	나무하러 왔어요. 나무라도 해가야죠.
부	(눈물지며) 에이 자식아. 나무가 집에 없어서 나무를 해 어서 가서 배가 고파 기진맥진했구나.
콩쥐	괜찮아요. 아버지. 어서 먼저 가보세요. 저는 나무하러 자갈밭 메구 가겠어요.

부	뭐야? 자갈밭. 에이구 내 팔자야 콩쥐야 이 애비를 용서해라. 이 애비의 잘못으로 네가 이 고생이로구나.
쿵쥐	아니예요. 아버지. 나는 아버지만 편안하시면 전 아무래도 괜찮아요.
부	에이구 착한 것. 죽은 너의 어미가 혼이라도 있다면 나를 얼마나 원망 하겠니 콩쥐야.
콩쥐	아버님 - (운다)
(창)	아버지 들조시오. 돌아가신 엄마애기 하시지를 마옵소서.
	엄마 생각한다 해도 한 번 가신 우리엄마 오실 리가 있으리까!
	아버지나 부디 오래 사셔서 이 콩쥐를 지켜주오. 아버지.
부	콩쥐야
군졸	쉬-아란불 대감 행차시오. (군졸 아란불 풍악 소리에 맞춰 등장)
	(동리 처녀 다수등장)
군졸	모두들 숙여라. 아란불 대감 행차시다.
아란불	(군졸에게) 동리 처녀들은 다 모였느냐?
군졸	예, 밖에도 많이 부복하고 있아옵니다.
아란불	다들 들거라. 내일은 이 나라 왕자마마께옵서 유가 거동이 계시여 왕자비 간택을 하실 것이니 동리 처녀들은 화려한 옷에 고이 단장을 할 것이며, 만약 추한 옷을 입고 나오는 처녀가 있다면은, 그 처녀는 말할 것도 없지만 그의 부모까지도 모두들 극형에 처할 것이니 그리들 알라,
일동	네 -
아란불	모두들 알았거든 물러들 가고, 내일 화룡각에 단장하고 모이도록 하라 알았느냐?
일동	네 -
아란불	여봐라, 그만 환궁하자 이제 돌아볼 만한 고을은 다 돌았으니, 그만 환궁하자.
군졸	예 - (밖에다) 여봐라 - 아란불 대감, 환궁하신다. 길 비켜라.
	(풍악과 퇴장)
처녀	호 -

처녀1	애들아, 왕자비가 뭐냐 상감마마 마누란가?
부	애들아, 상감마마의 마누라가 아니라 왕자비 색씨를 고른다구. 제 각기 단장하고 화룡각에 모이라는 분부시다.
처녀들	네 –
팟쥐	아버지 – (뛰여 나오며) 아버지.
부	왜 그래?
팟쥐	아니 아버지는 밤낮 콩쥐만 붙잡고 뭘 하고 있우? 엄마가 얼른 오시래요.
부	왜?
팟쥐	누가 알아요. 어서 가봐요. 어서요. (잡아끈다)
부	애 콩쥐야, 너두 어서. 나무구 뭐구 다 집어치구 어서 가자.
콩쥐	네
부	나는 너희들 왕자비 간택에 입구갈 옷을 사러 가야겠다 (퇴장)
팟쥐	너는, 자갈밭 다 매 놓고 오래. 아버지 같이 가. (퇴장)
콩쥐	팟쥐야 (운다)
처녀1	불쌍해 죽겠다
처녀2	글쎄 말야. 팟쥐 저런 년은 벼락이라도 맞아야 해.
처녀3	팟쥐년 보다, 팟지, 어미년을 먼저 죽어야 해.
처녀1	그래 그 계모 년이 꼭 생긴 것이 불여우같이 생겨 가지구. 어이구 얼굴만 봐도 소름이 끼친다.
콩쥐	애들아, 그런 말 하지 마. 그래두 오늘까지 나를 길러 준 엄마야.
처녀들	에잇 바보야
처녀1	애들아, 우리도 어서 가서 내일 왕자비 간택에 나갈 준비나 하자
귀뚤이	그래(일동 퇴장) 왕자비, 그러나 나 같은 것은 왕자비 간택에도 못 가겠지? 왕자님은 어떻게 생기셨을까? 꿈속에서 뵙든 왕자님 왕자님이 나를 잡고 춤과 노래를 즐기셨는데. 아니야 왕자비두 나는 소용없어. 나무라도 어서 해가야지. 매를 안 맞지. (지게 진다) (하늘 쳐다보고, 한숨지며 쓰러진다)
(창)	아이구 어머니. 무슨 연의 팔자길레 이다지도 복도 없오.

부모 복이 없으며는 먹을 복이라도 있으련만 먹을 복도 없는데 구박만이 기다리오 아이구 내 팔자야 어머니−

제2막 (기와 막)

(막이 오르면 콩쥐 옷을 꼬매며 졸구 있다)

콩쥐　아이구 졸려 무정한 놈의 잠은 왜 이다지 쏟아질까. 이 옷을 얼른 꼬매야 날이 밝으면 팥쥐를 입혀 왕자비 간택에 내보낼 텐데. 자꾸 졸리니 어찌한 담 (종소리) 아! 날이 세내 어쩌면 좋아

창　　 잠아~ 오지 마라 무정한 잠아 오지마라. 이 옷을 꿔매놔야 팥쥐 동생 왕자비 된다. 무정한 잠아 오지마라(또 존다)

계모　(나오며) 아니 요년아 (꼬집는다) 빨리 꿰매는 게 아니라, 꾸뻑 − 졸고 자빠졌어?

콩쥐　어이, 어머니. 안졸구 꿰매 놀테니, 때리지 마세요.

계모　너 이년 어서 꿔매. 요년 잠만 자봐라. 송곳으로 눈깔을 뽑아 버릴 테니.

콩쥐　거진다 꿔멨어요. 어머니.

계모　닥쳐 요년아 어서 방에 들어가. 날이 새기 전에 부지런히 꿰메. 요년, 아이구 이 원수.

콩쥐　네 (퇴장)

계모　에이구, 내가 저년을 어떻게 잡아먹지.

계모　누구요?

귀뚤이　(밖에서) 누구긴 나요. 문 열어.

계모　(열어주며) 아니 귀뚤인가? 이 밤에 웬일이요?

귀뚤　영감쟁이 있소? 없오?

계모　지금 안방에서 세상모르고 꿈나라지.

귀뚤　그럼 됐어. 공연히 영감쟁이 알면 큰일이니 조심해요.

계모　아따 알면 어때. 아니 건실 자식까지 달린 영감쟁이 하고 한평생 살 줄 알았나?

귀뚤	그래도 그게 아니요. 어떻게 하든지 눈을 속여 이 집 재산을 송두리째 몽땅 떨어가지구 어데라도 나가 살아야지.
계모	허긴. 그런데, 그놈의 늙은이가 어찌나 노랭이구 꼼빨인지 한번 움켜쥐면 도대체 필 줄 알아야지
귀뚤	그야 당신 수완에 달려있는데 아냐? 콩쥐 아버지는 당신이 쥐었다 폈다 할 수 있으니 살又 간을 긁어서 따로 주머니를 차란 말이오.
계모	글쎄 늙은이가 어찌나 의심이 많은지 내놔야지.
귀뚤리	하여튼 그건 그렇고. 당신한테 리논 할 일이 있어 찾아왔는데.
계모	무슨 좋은 수라도 생겼오?
귀뚤리	다른 것이 아니라. 저 웃마을 넙동이가 이 집 콩쥐한테 장가만 들려주면 한밑천을 딱 띄워 준다는데 당신 생각어떻오?
계모	아니, 넙동이라니. 그새 부잣집 넙동이?
귀뚤리	그래 그 우락부락하게 생긴 놈 말이야.
계모	오 – 그 참 좋은 생각인데. 그러나 저러나, 콩쥐애비 말을 들어 처 먹을려구?
귀뚜	그야 당신 하기에 달렸지. 당신이 하려면 그까짓 늙은 것 하나 마음대로 못해.
계모	글쎄 다른 일은 어렵지 않지만 어째 그 일은 큰 힘이 들 것 같군. 거, 우리 팟쥐는 안될까?
귀뚜	팟쥐?
계모	아 내딸 팟쥐도 있는데. 그 지지리 못생긴 하필 콩쥐면 다야 우리 팟쥐를 시집 보내고 왜 아들이니 재산을 먹어버리자구. 그깐 녀석 재산만 먹어 버리고 팟쥐 데리고 도망가서 살면.
귀뚜	아이구 속 차려. 어찌 그리 속창시가 없어.
계모	속창사구라니?
귀뚜	누가 콩쥐 달랬지, 팟쥐 달랬나.
계모	앗따, 아무려면 우리 팟쥐가 콩쥐란 년만 못할라구.
귀뚜	아이구 팟쥐가 그게 계집야. 원 나래두 팟쥐라면 싫겠다.

계모	뭐요? 팟쥐가 어째서 인물도 나를 닮어 그만하면 됐구. 맵씨 있겠다 마음 씨 곱겠다 약삭 빠르겠다. 싹싹 하구 어여쁘구.
귀뚜	그렇지 코안째지만 누가 언챙이라고 할까 아무리 그래도 팟쥐는 열을 갖다 줘도 싫대요. (혼자) 꼭 쭉정이처럼 생긴 것을 누가 다려 갈려구.
계모	뭘 우물 해요
귀뚜리	아니야 참, 여기서 이런 게 아니라 어디서 만나 의논 하지
계모	그럼, 거기서 만납시다.
귀뚜리	그럼, 거기서 기다릴 테니 빨리 나와요. (나가며) 젠장 무슨 놈의 팔자가 제 여편네와 누구 밤낮 도둑고양이처럼 남의 눈을 피해 산담.
계모	앗다. 이게 다 이다음에 우리 둘이 발장단 맞추며 다리 쭉 뻗고 살기 위해 서지 뭐.
귀뚜리	젠장 그때가 언제야. 그럼, 거기서 만나.
계모	아이구, 팟쥐나 데리고 나가봐야지. 애 팟쥐야?
팟쥐	아이구, 졸려. 왜 엄마.(하품하며 나온다)
계모	왜가 뭐야! 유가거동에 나가야지
콩쥐	(나오며) 어머님, 팟쥐옷 다됐어요.
계모	이리 내라. (잡아챈다) 어디 보자.
팟쥐	엄마, 내 옷 다됐어?
계모	그래 이것이다. 어서 입구나가 봐야지.
팟쥐	이리 내봐. (본다) 아이구, 이까짓 것. 아이 시시해라
부	(애- 콩쥐야 -) (부르며 옷 보따리 갖고 나온다) 애 콩쥐야, 너는 오늘 이것을 입고 가봐라.
계모	아니, 그건 뭐요?
부	뭐라니? 어젯밤 우리 콩쥐 주려고 사 왔지.
계모	뭐요? (팟쥐 심통 났다)
부	아니 당신은 듣지도 못했우. 아란불 대감 오늘 왕자비 유가거동에 동리 처 녀들은 고운 옷을 입고 나오라고.
계모	아니 그러면 콩쥐만 왕자비 간택에 들구. 우리 팟쥐는 유가거동에도 나가

지 말란 말이야?

부　　팥쥐는 지금 새 옷을 해서 입으라고 주지 않았오?

계모　뭐요 어디 봅시다. (뺏어서) 아이구 이런 비단을 콩쥐만 입히고 팥쥐는 명베에 물들인 옷을 입히라 말이유.

부　　팥쥐야, 그것 말고도 얼마든지 새 옷이 있지 않냐?

콩쥐　어머니 그러시면, 그 옷은 팥쥐를 주시고, 저는 팥쥐가 입으려고 만든 저 옷이라두 주세요?

계모　핫 호-- 에이구 착하기도 하지. 여보 영감 저 콩쥐 말하는 것 좀 들어보셔요. 얼마나 고마운 것.

부　　아이구 난 모르겠다. 좋을 대로들 해라. 에이구 그저. (퇴장)

팥쥐　엄마 ヌ 어디 그 옷 좀 봐. 아이구 참 고으네. 어쩌면 아버지라고 나는 안사다 주고 저 못된 콩쥐 년만 사다 준담.

계모　누가 아니래니?

콩쥐　그러니까 그 옷을 네가 입구 네가 입으려고 만든 그 옷을 나를 주렴

계모　아따 이년아, 주제넘은 소리 말어. 이년아.

팥쥐　뭐야? 야 이년아 이 옷을 너를 줘 너는 아무 옷이나 입구 집에서 종노릇이나 하고 일이나 할 거니까, 그렇게 떨어진 옷이 제격이야.

계모　그래 너는 이 옷이나 걸치고 왕자비 간택에는 나올 생각두 말어.

콩쥐　그렇지만 어머님 저두 딸아 가보겠어요

계모　뭐야 아니 이런 거지꼴을 하고 어디를 나오니. 너는 집이나 지키고 일이나 해라.

팥쥐　엄마, 나 그럼 이 옷 입고 나올까?

계모　그래라, 어서 입어봐라.

팥쥐　(약올리며) 콩쥐야 약 오르지. 아나 이년아 새 옷이나 쳇.

계모　(팥쥐 등장) 아니 이년아, 왜 팥쥐를 뚫어지게 처다보니? 왜 우리 팥쥐를 잡아먹고 싶으냐? 그러나 언제든지 너는 내가 잡아 먹을 테니까. (때린다)

콩쥐　아니예요. 잘못했어요. 유가거동에 안나겠어요.

계모　그래 너는 나올 생각두 말고 정이나 나오고 싶으면, 너 이년 저 안에 밑

	빠진 독 있지, 그 독에다 물을 가득 길어 놓고 베 한 필 짜 놓고 벼한 섬 다 찧여 놓고서, 나올려면 나와 이년아.
콩쥐	어머님 하지만 밑 빠진 독에 어찌 물을 길어 부으릿까. 벼 한 섬은 언제 찌여 놓고요.
계모	야 이년아. 그래 못하겠단 말이냐. 아니 놀구 자빠졌으면 그 아가리로 밥이 저절로 들어 간다 드냐. 이년 다—
팟쥐	(옷갈이 입고 나오며) 엄마 엄마, 나 어때? (빙 돈다)
계모	어디 좀 보자. 아이고 예쁘기도 해라 꼭 물찬 제비 같구나.
팟쥐	엄마 이 옷을 입구 유가 거동에 나가 왕자비로 간택만 되면 저 못된 년은 아주 멀리 쫓아 버릴 테야. 생각을 하면 심통이 나 죽겠단 말이야.
계모	오냐 — 그러기에 내가 뺏어주지 않었니. 콩쥐야 이년아 우리 팟쥐는 왕자 비다 왕자비야 이년아. 자 팟쥐야 어서 가자. 너는 부지런히 일이나 해놔 이년아.
팟쥐	엄마 又 나 왕자마마 앞에 가서 춤추면 엄마가 가르쳐 준 것 한번 여기서 춰 볼까?
계모	그래 한번 춰 봐라. (막 춘다) 아이구 ~ 잘도 춘다.
팟쥐	(막 추고 돌다 넘어진다) 아이구 아야 ~(콩쥐 웃음이 터져 웃는다)
계모	야 이년아 무엇이 우스워서 웃니? 어서 옷 털어 이년. (콩쥐 팟쥐 옷 털어 준다)
팟쥐	저리 비켜 이년아. (쥐어박으며) 엄마 어서 가. 약오르지 요년. 다 엄마 어서 가.(퇴장)(2인)
콩쥐	세상에 어머니께서 저러실 수가 있을까. 아버님께서는 어머니를 태산같이 믿고 계시는데.
(창)	설움— 내 설움아 무정한 내 설움아
	내가 전생 무슨 죄를 우리 엄마 이별하고 이 구박을 받을거나
	밑 빠진 독에다 어찌물을 기를 거며 벼 한 섬은 언제 찧고 아이고 어머니—
	(마그네슘 터지며 콩쥐 모 나와 콩쥐를 마저 일으키며)
콩쥐모	가엾은 내 딸 콩쥐 염려 말고 일어나라. 너의 소원 이룰지니 어서 - 일어

	서라.
콩쥐	어머니-(안긴다)
모	
(창)	직녀전녀 나오시오
선녀1	
(창)	본부 받들어 대령이오
모	
(창)	제비 선녀 나오시오
선녀2	
(창)	네
모	
(창)	진녀선녀 제비선녀 불쌍한 콩쥐애 도와 드립시다
	어서 하늘나라 선녀 옷과 꽃신을 이리 주오
선녀	네 - (옷과 신 준다)
모	콩쥐야 어서 넌 이 옷으로 단장해라. 네가 할 일은 내가 다 할 것이니.
콩쥐	아이구 곱기두 해라. 이렇게 고운 옷이 어디서?
모	쇠소리가 울리면 늦느니라 어서 (콩쥐 퇴장) 황소장군 계 있느냐 -
황소	(나오며) 널룩 황소 대령이요 -
모	두껍 장군 계 있느냐
두껍	네 - 두껍 장군 대령이요
모	
(창)	직녀선녀 제비선녀 착하고 마음씨 고운 콩쥐 아기 돌봐주자
	직녀선녀 그대 할 일 베한 필을 짤 것이요
	제비선녀 그대 할 일 벼 한 섬을 찧어 놓고
	두껍장군 그대 할 일 밑 빠진 독에다 몸을 기대 줄 것이요
	황소장군 그대 할 일 김을 멜 것이며 쇳소리가 나기 전에 서둘러라
일동	네 - (풍악 울리면 황소 밭매고 두껍물 길고 선녀들 춤춘다)
콩쥐	(단장하고 나오며) 어머니

모	오냐, 내 딸아 어서 - 떠나거라. 네가 타고 갈꽃 가마가 등대하여 있느니
	라 한 가지 명심할 것은, 삼경 쇠소리 울리기 전에 집으로 와야 하느니라.
	명심해라.
콩쥐	예 - 그럼 어머니
모	
(창)	어서~ 재촉하라 날이시면 왕자비 허사로다
	내 딸은 고은 심덕 왕자비로 하게 될 것이니
	어서 떠나거라
일동	
(창)	꽃수레 - 꽃수레를 타고서 왕자님 찾아가네!
	방울을 짤랑 백자는 울긋불긋. 지상의 선녀가 님을 찾아가네~~~ (퇴장)

제3막 (화룡각)

(막이 오르면)

일동	
(창)	우리니리 월계촌네 꾀꼬리는 노래하고
	열일곱 살 곱게 피인 모란꽃도 봄노래라
처녀1	
(창)	곱게 피인 꽃송이를 어느 누구에게 줄 것인가
	아서라 받을리 없으니 누구를 위해서 기다릴까
팟쥐	
(창)	곱게 피인 나를 가슴 깊이 간직하고
	부러 날아 찾아오신 왕자마마 기다리네
일동	하 -
팟쥐	아니 왜들 웃지?
처녀2	팟쥐 애기. 우리도 모르게 바람이 불었구려?
팟쥐	뭐 바람이 무슨 바람 (둘러본다)

일동	시큰둥한 꽃바람
처녀1	님 바람이 불었단 말에요. 사내바람.
팟쥐	뭐야 사내 바람이라고? 그럼 너희들은 사내 바람이 안 불어서 왕자마마 앞에 선보려고 나왔니?
처녀2	그야 그렇지만. 팟쥐 아기 얼굴에는 검은깨를 뿌렸구려.
팟지	호 – (같이 웃다가) 아니 뭐라고? 내 얼굴에 검은깨를 뿌렸다구?
처녀2	그래요, 파리가 똥을 깔겨 났구려.
팟쥐	뭐야 이 계집애들이 (잡으러 다닌다)
처녀1	팟쥐 얼굴에 깨꽃이 피었다네
일동	호 –(도망 다닌다)
	왕자마마 납시여–––(아란불) 견우 무관 등장 왕자 앉는다
아란불	듣거라. (일동 숙인다) 오늘은 왕자마마께서 친히 행차 하시와 왕자비 간택을 하시러 화룡각까지 납시었으니 이 고을 동리 처녀들은 제각기 왕자님 앞에 선을 뵙고 디음 명을 기다려라.
왕자	아란불 대감, 이 고을은 마지막 간택에 고을이 되는 셈인가요
아란불	그러하옵니다. 오늘이 왕자비 간택의 끝날이 옵니다. 하오나 아직두 왕자마마에 안주에 드는 규수를 택하지 못하였으니 신들은 심신의 불인함을 감출 길이 없나이다.
왕자	어쨌든, 오늘이 끝날이니 차례로 거향 하도록 하오.
아란불	예 – 분부 모시겠습니다. (처녀에게) 각기 고운 옷매를 갖추고 한 사람씩 왕자마마 전에 예를 올리도록.
처녀들	네 –
왕자	시각이 급하니 어서 ~ 재촉해 보오
아란불	어서 ~ 재촉 하랍신다
처녀1	(절하며) 이 몸은 이 고을 장주부의 둘째 딸 이름은 옥심이옵니다. 너그러히 보아주시옵소서.
아란불	얼굴을 들어 왕자마마 전에 선을 보라
처녀1	네 (얼굴 든다)

왕자	장주부의 둘쨋딸? 어디 (보고) (견우에게) 장군 어떻오?
견우	그 무슨 말씀이시옵니까? 소신이 어찌.
왕자	핫, 욕심이라고. 그대는 이 왕자의 아내 되는 게 소원이냐?
처녀1	네 – 일구월심 그랬오이다. 이 몸이 왕자비가 된다면 비단 금침 원앙 상소 매일같이 치미 부귀영화 누리고 싶어옵니다.
왕자	부귀영화가 소원인가?
처녀1	그럼은요. 그 누가 부귀영화마다 하오리까. 세상에서 으뜸가는 영화를 누리고 싶습니다.
왕자	음 – 대감 물리시요 (아란불 물러가라 한다)
처녀1	네, 무슨 말씀?
왕자	그녀의 얼굴이 어여쁘다. 심덕이 부족하니 물러가라.
팟쥐	(처녀 밀며) 애 틀렸으면 어서 또 저리 비켜 이번에는 내 차례야. 왕자마마 저는 방물장사의 딸 팟쥐라고 하옵니다. 예쁘게 – 보아주시옵소서.
일동	핫 –
아란불	조용들 하라. 왕자마마 어떻습니까? 방물장사의 딸이라 하옵니다.
왕자	고개를 들어봐라. (든다 본다) 핫 – 과연 잘생겼군.
팟쥐	호 – 그럼요. 잘생기구 말구요. 우리 집에서도 내가 제일 잘 생겼습니다.
왕자	그래, 그리도 잘생겼다면, 그래 뭘 잘하나 왕자비가 될 미덕을 갖추었단 말인가?
팟쥐	뭘 잘하느냐구요? 잘하는 것 많습니다. 어려서부터 나비처럼 춤도 잘 추고 노래두 잘하굽쇼.
왕자	뭣이? 춤과 노래 핫 – 그럼 어디 심심풀이로 한번 보자.
팟지 (창)	에헤야 데헤야 여러 사람들 내 말 좀 들어보소 샛별 같은 이 눈동자 마늘쪽 같은 나의 코에 앵두 같은 이 입술에 우리 왕자가 반했구나! 얼씨구 절씨구 지 화자 좋네 우리 왕자 신랑 되고 팟쥐나는 마누라 되어 시집·장가 놀아보사 (춤 계속된다)

왕자	대감 무리시오
아란불	물러가라. 무엄한 것.
팟쥐	아니 왜 그래요? 왕자님은 내가 싫오?
견우	어서 물러가지 못할까. 무엄하다.
팟쥐	쳇, 왕자님은 저렇게 좋아서 웃고 있는데. 장군인가 총각인가는 왜 그렇게 호령이요. 흥!
견우	뭣이, 요망한 계집.
아란불	물러가라(계모 앞으로 민다)
팟쥐	(넘어지며) 아―앙. 내가 왕자비만 되면 두고 보자.
일동	핫―하―――
팟쥐	이 계집에들, 웃지 마.
무관	(급등) 아뢰오~저~ 저―
아란불	무엇이기에 소란이냐?
무관	저―저―대감
아란불	저. 저가 무엇이냐? 왕자마마 앞이다.
무관	네. 오색찬란한 꽃수레가 구종꾼 없이 마부도 없이 그저 수레만 이리 굴러 오고 있습니다.
왕자	뭣이라구! 그럴 리가 있나 견우장군 어서 나가 알아보시오.
견우	네(퇴장)
아란불	(처녀에게) 잠시들 물러가 있거라 (일동 퇴장)
콩쥐	(왕자나비)―나여기 왔오―
(창)	사랑의 황금길을 열어주오. 가엾은 원망 꽃이 외다 (콩쥐 춤 한참 춘다. 왕자 넋이 빠져있다가)
왕자 (창)	옳지 ~ 알겠구나! 꿈속의 선녀로다. 옥황성의 공주로다.
콩쥐 (창)	아니~ 아니지요. 하늘의 공주가 당치않오.
왕자	

(창)	그러면 그 누군가 네 이름이 무엇인고? 어서 아뢰여라. 꿈속은 아니런가.
콩쥐	
(창)	내 이름은 꽃신(보이며) 꽃신이라 부르지요
왕자	
(창)	꽃신이라~ 사랑의 꽃신인가. 나의 소원 이뤄주소. 나의 아내가 되어주오.
콩쥐	
(창)	왕자마마 그렸오이다. 일구월심 보고팠오.
	왕자님의 뜻이라면 왕자님께 가오리다.
	포근히~ 안아주오. (춤추다 포옹)
왕자	꽃신아기. 진정 내 아내가 되어주겠어?
콩쥐	높으신 왕자님의 뜻이라면 이 천민 어찌 거역 하오리까 만은, 이 몸은 ~ (운다)
왕자	왜 그러시오? 무엇 때문에?
콩쥐	아뢰옵긴 황공하오나. 이 몸은 누더기 옷에 짚신을 걸친 거러지로 보이다. 어찌 감히 왕자님을 모시릿까.
왕자	거러지라니. 이토록 오색 찬란한 몽도리 화려한 의복 선녀와 같은 그대 얼굴이 거지란 당치 않오.
콩쥐	이 몸은, 화룡각에 종소리가 날 때면 선녀 같은 이 모습은, 거러지로 변한답니다. (운다)
왕자	뭣이? 아니 그럼 그대는 귀신이 둔갑을 했단 말인가 이 왕자가 마술에 걸려들었단 말인가? 꽃신아기가 마녀 아니 귀신!
콩쥐	마마, 이 몸은 마녀도 귀신도 아니옵니다. 저- 저 이 몸은.
왕자	그래, 이 몸은 뭐란 말이요? (종소리 들린다)
콩쥐	앗, 저 종소리 왕자마마 (급퇴 꽃신 흘리고)
왕자	앗 꽃신. 가지 마오 꽃신! (잡으려다 쓰러진다. 꽃신 한 짝 보고) 아 - 꽃신 한 짝 (꽃신 들고 나간 쪽 보고) 꽃신아기 ~
(창)	그리운 꽃신아기 못 잊을 꽃신아기
	샛별이 빛나는 눈동자 날 버리고 어디 갔소

왕자가슴 설레놓고 사랑의 씨를 담아
구름같이 사라지니 그대 간 곳 어디요 어서~ 돌아오소 꽃신아기~
(아란불 견우 동리 사람 모두 등장)

아란불   아니 왕자마마. 이 어인 일이옵니까?

왕자   꽃신아기가 가버렸오.

견우   꽃신이 가다니요? 진정하옵시고 어서 태자비 간택에 선이나 보시지요

왕자   아니요. 내가 볼만한 곳은 다 봤오. 어서 환궁 합시다.

아란불   아직도 처자들이 많사온데, 그대로 환궁하시다니 어찌 된 분부 시옵니까?

왕자   아니요. 여러 소리 말고 어서 환궁하도록 합시다. 나는 이 꽃신의 임자를 찾아야겠어. 이 꽃신 한 짝의 임자를 찾기 전에는 왕자비를 맞이할 수 없오. 어서 환궁합시다.

아란불   분부 모시오이다. (무관에게) 들거라, 왕자마마 환궁하신다. 차비를 하라
(一同 퇴장. 팟, 계모 남는다)

팟쥐   엄마, 아까 그 선녀 같은 처녀가 누구지?

계모   누구긴 누구냐! 선녀지.

팟쥐   그,럼 선녀가 하늘에서 내려왔단 말냐?

계모   내가 아니? 네가 아니? 너는 왕자비 될 꿈이나 꿔 이 깨곰보야.

팟쥐   누가 나를 깨곰보로 나랬어. 이왕에 날려면 아까 그 선녀같이 낳지

계모   아 낳기야 잘 낳지, 커가면서 얼굴에 깨가루가 많아 그렇지,

팟쥐   엄마 어떻게 내 얼굴의 깨곰보를 전부 떼 콩쥐란 년 얼굴에 뿌려줄 수 없을까?

계모   누가 아니래니. 그 보기 싫은 콩쥐 년 얼굴에는 티한점 없는데. 하, 딸 내 딸 얼굴이 아이구 ~

팟쥐   그런데 엄마, 아까 그 선녀 같은 처녀가 콩쥐 얼굴을 많이 닮었지? 어떻게 보면 콩쥐 같애.

계모   시끄러 이것아. 거러지 콩쥐 년이 무슨 옷이 있어서 그렇게 차리고 왕자비 간택에 나와. 미친 소리 말고 어서 가자. 밑 빠진 독에 다 물이나 길어 났는지. 이년 하라는 대루 안 했으면 바늘로 콕콕 쑤셔 놔야지. 아이 보기 싫어

서 원.

팟쥐 　　글쎄 말이야. 음식 먹기 싫은 것은 강아지나 주지. 그년 호랑이두 안 물어
　　　　가. (귀뚜리 등장하며)

귀뚜리 　흥! 관상을 보니 미끄러졌군. 미끄러졌어.

계모 　　뭐가요?

귀뚜리 　뭐가 뭐야. 팟쥐 말이지 왕자비 간택에 미끄러졌단 말야.

계모 　　뭐야? 흥 속도 몰르면 말도 하지 말아요. 왕자님이 우리 팟쥐를 보시드니
　　　　좋아서 껄 ㅉ 웃으시며 아닌 게 아니라, 잘생겼다구 얼마나 좋아하셨는데.

귀뚜리 　그럼, 팟쥐가 왕자비가 됐단 말야?

팟쥐 　　된게 아니라. 내가 될려고 하는데 난데없이 하늘에서 선녀가 내려와서 왕
　　　　자님이 색싯감을 고르다 그만 가버렸다구요.

계모 　　그렇다니까

귀뚜기 　그러나저러나 얼른 집에 가서 콩쥐란 년이나 넙동이한테 넘겨줘요. 엊그저
　　　　께 돈하고 쌀하고 얻어 간 것을, 콩쥐를 안 주면 얼른 바치라고 우락부락한
　　　　놈이 몽둥이까지 들고 다니며 어찌나 졸라대는지 살 수가 있어야지.

계모 　　그나저나 콩쥐 년을 넘겨주면 집안일은 누가 하지. 부려 먹을 사람도 없고.

귀뚜기 　앗다 팟쥐도 있지 않어. 그리고 콩쥐만 주면 돈과 또 집도 주고 재물도 많
　　　　이 주기로 했으니 받어 가지고 우리 둘이 줄행랑치면 되지.

팟쥐 　　나는 어쩌구요?

귀뚜기 　앗다 너는 왕자한테 시집가구. 너도 내 말 잘 들어라. 장차 내가 너의 아버
　　　　지다 알겠느냐? 자 － 어서 갑시다.

계모 　　그래요 얼른 가서 해치웁시다

팟쥐 　　엄마 ～ 엄마는 도대체 아버지가 몇 개요?

계모 　　야 이년아　시끄러. 하나지 몇 개냐.

팟쥐 　　어떤게 진짜냐구?

계모 　　응 － 그야 귀뚜기가 진짜지. 이 바보야.

팟쥐 　　아이구, 내 사주팔자야.

귀뚜기 　그래 내가 너희 아버지다 알았지?

팟쥐	흥! 그렇다면 어떻고 아니라면 어떻고. 마음대로 놀아 날대로 놀아 보슈. 쳇! (퇴장)
귀뚜기	아니 저런
계모	자 – 여러 소리 말고 어서 가요. 우리 팟쥐 왕비마마 되면 발장단 맞추며 귀뚜기하고 살 텐데. 얼시구 좋다 절시구 좋아. (춤춘다)
귀뚜기	오냐 나두 좋다. 발장단이구 손장단이구 에라 얼시구 좋다. 우리 마누라 – 응 냉이만 봐도 나는 좋다 (춤추며)

제4막 (콩쥐 집)

부	벌써 가을인가 단풍이 벌겋게 물들었으니 콩쥐야 ~ 애는 또 무엇을 하러 어딜갔누 가엾은 자식 (눈물 닦으며) 남의 집 처자들은, 철따라 즐기구 시 집갈라 혼수감 장만하고 곱게 ~ 살건마는 너는 전생에 무슨 죄로 이 못난 애비 만나 철이 오는지 가는지 힘든 일만 몸이 부서져라 하고, 갖은 설움 다 받고 일복만 타고났느냐. 아이구 이 자식아. (한숨, 계모 손에 수건 두 르고 등장)
계모	아이구 쑤셔라 ~ 요놈의 손은 왜 이리 쑤신담. (부보고) 아니 영감 여편네는 아파죽겠는데. 콧등도 안 뀌고 먼 산 보구 뭘 생각하고 있소? 그 알뜰한 콩쥐 년 생각오?
부	왜 내 자식 내가 생각하는데 뭐 잘못했나?
계모	아니 우리 팟쥐는 생전 가도 생각 한번 안 합니다
부	그까짓 년은 편안히 처먹고 앉았니? 불쌍한 콩쥐만 부려 먹는 년 생각하면 뭣해?
계모	아따 그깟 년 좀, 부려 먹기로 뭐가 그렇게 못마땅하단 말요. 그것두 제 팔 자지 누가 제 애미를 잡아먹으랍디까.
부	뭐야? 아니 이게 주둥이가 뚫리면 덮어놓고 지껄이는 거야 잡아먹다니 뭐 가 어째 이 여편네야.
계모	흥 여편네, 말아요. 다 늙어 가지고. 그나저나 이것이 왜 이렇게 늦지.

부	늦다니 또 어딜 보냈기에 그만 좀 뼈빠지게 부려 먹어라. 하늘두 무섭지 않니?
계모	아따, 그럼 가만히 앉혀 놓구 나중에 키워서 뭘 하려고? 잡아 먹을라우?
부	시끄러. 상종못 할 계집 같으니라고. 그래 뭐하러 어딜 보낸 거야.
계모	산에 가서 나무 좀 해오는 길에 두꺼비 좀 잡아 오라고 시켰오. 왜?
부	뭐? 나무는 집 뒤에 산처럼 쌓았는데 또 나무 그리고 두껍이를 잡아? 두껍이는 뭣에다 쓰게?
계모	지금 내 손이 두꺼비한테 물려서 이렇게 쑤셔 두껍이 기름을 내서 발아야 낳는다니까. 잡아다 기름을 내야 할게 아니유.
부	팟쥐 좀 시키지. 뭣하고 자빠졌어?
계모	아니 내가, 누구 때문에 두꺼비한테 물렸는데?
부	아니 그럼, 임자가 손을 물린 것도 콩쥐 때문이야?
계모	그렇지 않구. 그년이 밑 빠진 독에다 길을 길어 놓으라니까 두껍이를 잡아 구멍을 막았으니 그놈이 나와 물은 게 아니요?
부	아따 밑 빠진 큰독에다 물을 기르라 시키지 말지. 깨진 독에다 물 기르라 시키질 말지 깨진 독에다 물 기르라고 극성을 떨구. 죄 없는 콩쥐를 달 又 볶으니 미물의 두껍이도 네가 미워서 툭 튀여나와 꽉 물어뜯었지? (손으로 아픈 곳을 뜯는 시늉 한다)
계모	아이구 ~ 이놈의 영감이 나 죽이네 아이구 ~
부	공연히 콩쥐 탓을 하지도 말어. 죄 받아서 그러니.
계모	뭐가 어째? 아이구 손이야. 아이구 징그러워. (달려든다)
팟쥐	(나오며) 아이구 시끄러. 이거 원 낮잠 좀 자는데 왜 그리 시끄럽지. 아이구 졸려. 아니 엄마는 밤낮 마주 앉기만 하면 싸움질유. 늙어 가지고 자식 두 보기 부끄럽지도 않우. 재수 없이 밤낮 싸움질이게 원 시끄러워서 살 수가 있어야지. 이제부터 싸우려면 나가서 싸워요. 뒷산에 올라가서 물어뜯던 할퀴든 하란 말요. 아이고 지긋 ~ 해. (나가다 부 보고) 흥, 쳇. (퇴장)
부	아니, 저런 못된 것을 봤나. 저것이 지금 누구 들으라고 퍼붓고 나가는 거

	지. 나 들으라고 하는 거 아?
계모	누구 들으라고 하는 거유? 시끄러우니까 하는 거 아뉴. 우리가 이제 안 싸우면 되지 공연히 화풀이 말고, 넙동이한테 콩쥐나 넘겨줄 생각이나 해요.
부	뭐라고 엄동이한테 누굴 넘겨? 그 곱추 녀석에게 우리 콩쥐를 넘기라구?
계모	아, 그럼, 콩쥐를 주기로 하고 돈 70량하고 쌀 다섯 섬이나 갖다 먹고, 이제 와서 입 싹 씻을 작정이에요.
부	아니 그럼 오늘까지 우리가 먹고산 것이 우리 콩쥐를 팔아먹었단 말야?
계모	팔아먹긴 곱게 시집 보내는 거지
부	뭐가 어쩌구 어째? 누가 그런 약속을 했어 난 몰라 처음 듣는 얘기야 그렇게는 할 수 없어.
계모	아니 할 수 없으면 그 우락부락한 넙동이가 가만있을 것 같애.
부	가만있지 않으면 제 놈이 어쩔 테야. 빌어먹을 여편네야. 그래 넌 하늘이 무섭지도 않니? 벼락이 무섭지도 않어. 이걸 그저 그냥.
계모	흥 쳐보지 내가 맞고 살 줄 알았어.
팟쥐	(들어 서며) 흥, 아직두 전쟁이 안 끝났어? ~
부	뭐야 이년. 버릇없는 년. 에미하고 어쩌면 그렇게두 닮었니?. 에잇 꼴 보기 싫어. (퇴장) (하수)
팟쥐	흥 자기가 뭔데 이년 저년이람. 아이구 속상해. 허구한날 이러구야 어찌산담.
넙동이	(슬그머니 뒤에 와서) 흐, 처제 흐 …
팟쥐	아이구 깜짝이야. 이건 웬 병신이야.
넙동	뭐? 병신. 뭐 병신이라구? (달려든다)
계모	(말리며) 아이구 넙동이, 날세. 장모 나야. 애가 모르고 그랬으니 나를 봐서 참소.
넙동	행, 장모를 봐서 참는다. 너, 말조심해. 장모, 콩쥐 어디 갔어? 내 색시 어디 갔어?
계모	응 - 저 - 나무하러 갔지
넙동	뭐라구? 내가 돈 주고 나무 같은 건 시키지 말랬는데 왜 내 색시 고생시키

	지 응?
계모	그게, 내가 가지 말라구 그토록 말렸는데. 그것이 또 몰래 빠져서 나갔지 뭔가.
넙동	어쨌든, 오늘 해안으로 내놔야지. 만약에 안 내놓으면 나한테서 가져간 돈과 쌀 모 다 내놔야 해. 알았지?
계모	알았네. 여보게 귀뚜리 시켜서 찾아 보낼 테니 염려 말게.
넙동	오늘 해안으로만 안 내놓아 봐라. 귀뚜리 이놈을 도끼로 할테니.
계모	아이구, 사람을 도끼로? 아이구 독해라. 사람이란 양심이 있어야 하네 나처럼 말이야 인정 있고 착하고 뭐니 又 해도 심덕이 고와야지. 안 그런가?
넙동	아무리 그래도 소용없어 동네 사람이 뭐라는지 알아? 팟쥐 애미는 늑대같구 호랑이도 안 물어간다구 그러든 걸. 히히.
계모	뭐야? 어떤 놈이 나처럼 양심바른 사람에게, 뭐? 호랑이가 물어가라구.
넙동	히… 그러니까 내 걱정 말구. 장모나 호랑이 안물려 가도록 해. 히… 이따 올께 (하수 퇴장)
계모	흥 뭐가 어째 아이구 분해. 이 모든 것이 저 콩쥐한 년 때문이지.
팟쥐	엄마, 지금 나간 그 병신이 콩쥐면 신랑야?
계모	그렇단다 그런데 콩쥐 애비가 말을 들어 먹어야지. 아이구 속터저. (쉬 – 풍악)
팟쥐	무슨 소리야
계모	글쎄다, 어디보자. (하수보며) 아이구, 애야 저게 뭐냐? 응 팟쥐야? (무관 꽃신들고 아란불 견우와 등장)
무관	쉬– 이 집에 처녀가 있으면 어서 이 앞에 나서라
아란불	햐… 그렇게 놀랠 것 없느니라. (팟쥐에게) 자 처자는 이리 앞에 서라 이 꽃신을 신어서 발에 맞으면 왕자비가 되느니라.
계모	예? 왕자비요?
아란불	그렇다 이 처자가 딸인가?
계모	예 그렇읍니다
견우	우리는 지금 이 꽃신의 임자를 찾아다니는 게요. 천지를 다 뒤져도 이 신의

	임자가 아니면 왕자비로 맞이할 수 없다 하시니.
계모	아니 그럼 이 꽃신이 발에 맞으면 왕자비가 된다 그 말씀입니까.
견우	그렇다니까 이 신의 임자가 바로 왕자비요
계모	거짓은 아니겠죠?
무관	무엄하오. 어서 이런 꽃신을 잊은 적이 있으면 어서 신어 보도록 하와. 뭣 하느냐? (팟쥐에게)
팟쥐	엄마 어떡하지?
계모	어떠하긴 어서 신어 봐라. (가만히) 맞으면 왕자비다 해⋯ 대감님 바로 이 애가 꽃신을 한 짝을 잊어버린 적이 있습니다요. 어디 (신을 보고) 아이구 머니. 어쩌면 네 신, 한 짝하고, 그다지도 같으냐?
아란불	아니, 꽃신이 똑같다 그 말인가? 그렇다면 남은 한 짝이 있을 텐데.
계모	한 짝이요? 네 저. 네 저. 그건 저. – 저희들은 꽃신의 임자를 잡으면 죽이는 줄 알고 숨어다니느라고 그만 나머지 한 짝은 물에 떠내려 보냈답니다.
아란불	그럼 물을 걷다 떠내려 보냈다 그 말인가?
계모	맞았습니다. 그래서 이렇게 숨어 사느라구 바싹 말랐답니다. 그런데 왕자 비라니요?
아란불	견우 장군
견우	네
아란불	어쨌든 신거나 봅시다.
견우	네 그렇게 하시죠. 무관. 어서. 그러면 신을 신겨 보도록 하라.
무관	네 (팟쥐에게) 어서 신어봐라. 이리 와서.
팟쥐	엄마 어떻게
계모	이리에 와서 자 어서 발을 넣어봐
팟쥐	(신는다) 아이구 아파. 만들어가 엄마.
계모	안 들어가다니 발고락을 꾸부려 이것아. 아이구 원 도둑년의 발목이냐 어째 발이 이리 크냐.
견우	그 발에는 안 맞는 것 아니냐?
계모	안 맞기는요. (구겨 넣으면서) 아이구 도망을 다니다 발을 삐었드니 부었

나 보다. 어서 넣자 이것아. 좀 발을 구겨 넣어라. 이것아.

팟쥐　　아이구 아퍼라. 아이구 ~ 엄마 아이구 아퍼라.

계모　　자 넣어라. 왕자비다 왕자비야.

팟쥐　　운 - 에이. (집어넣는다 신었다) 아퍼두, 억지루 참으며 맞었어요. 봐요. 대감 나으리들 맞었지요? (절룩거린다)

계모　　어떻읍니까요? 대감.

아란불　　음, 어쨌든 들어가긴 했으니 왕자님께 아뢰여 봅시다.

견우　　네 그러시죠. 여봐라 왕자님께 아뢔야 하니 환궁하도록 하라.

팟쥐　　내가요? 궁으로요? 그렇게 하세요. 그럼 어서 앞장 스세요 (신을 벗어들고) 어서 가세요? 제가 먼저 갈까요? 어서 가세요? 엄마 얼른 갑시다.

견우　　궁중의 예도란 그런 것이 아니야. 우선 처자만 가 나중에 본부를 받드러 어머니두 들도록 해야지.

팟쥐　　앗따, 아무렇게나 하세요. 어서 가세요. 엄마 나중에 오슈 헤… 어서 가세요. 그럼 내가 먼저 가요 (퇴장)

一同　　핫하

계모　　(따라서) 하… 안녕히들 가세요

　　　　(아란불, 견우 퇴장 웃으며 무관만 남는다)

무관　　원 무슨 놈의 처자가 그처럼 방정이람. (흉내) 앗다, 아무렇게나 하세요. 제가 먼저 갈까요? 엄마 나중에 오슈 어서 가세요 앞장 스세요. 나 원. 정신이 다 나가네. 아이구. 핫.

계모　　아따. 무쪽 같이 생긴 게, 누구 흉이야. 내 딸은 이제 왕자비다 왕자비야 얼씨구 좋구나. 내 딸이 왕자비야.

부　　(콩쥐 데리고 등장) (부, 지게 갖다 놓고) 콩쥐, 도끼 들고 옷 턴다.

계모　　아니 뭣 하고 있다가 이제 오니?

콩쥐　　네 나무는 뒤꼍에 내려놨는데, 두껍이는 못 잡았어요.

계모　　뭐야. 그럼 나는 이대로 아퍼 죽으라고? 안 잡아 와.

부　　콩쥐야 쓸데없는 소리 말고 어서 들어가. 아퍼서 죽어두 죄를 지었으니. 누구 탓을 해. 죽든 말든 버려두구 들어가. (퇴장)

계모	흥 그래 들어가 봐라. 어서.
콩쥐	네 ~
계모	이년 어디 두고 보자. (부에게) 저 콩쥐 아버지 ~
부	왜 불러. 뭐 하려고?
계모	글쎄, 이만큼 와 봐요.
부	왜 그러는 거야? 무슨 말야?
계모	그 넙동이뿐 녀석이, 오늘 안에 콩쥐를 안 주면 콩쥐를 죽여서라도 끌구 간다구 하니 넙동이 집에 가서 콩쥐는 몹쓸 열병이 걸렸으니 며칠만 참으라고 일러놓고 콩쥐를 데리고 멀리 이사를 갑시다. 그러니 어서 다녀 오슈? 그놈이 곧 나타낼 테니.
부	아이고 내 팔자야. 어쩌자구 내가 허리를 다쳐서 장사를 못 하고 콩쥐를 저 고생을 시킨 담. 그럼 나라도 가봐야지 어서. (퇴장)
계모	옳지 요때다. 이 틈에 해치워야 할 때다. 귀뚜리는 뭘 하지.
귀뚜리	(나오며) 왜 그래요? 콩쥐 어머니?
계모	쉬 -마침 잘 왔오.
귀뚜리	왜 그래가 뭐야. 넙동이 녀석이 콩쥐를 내놓으라고 어떻게 못살게 구는지 몽둥이로 우리 집을 다 부수고 나를 죽인다고 쫓아다니니 콩쥐를 줘야지.
계모	콩쥐고 뭐고. 우리 팟쥐가 왕자비가 돼서 궁으로 들어 갔다구.
귀뚜리	뭐 왕자비?
계모	그래 우리두 이제 발장단 맞추며 살 때가 돌아왔다고
귀뚜리	그럼 콩쥐는 어쩌지?
계모	이렇게 합시다 (귀속)
귀뚜리	뭐? 죽여?
계모	그러니까 나중에 후환이 두려우니 죽이고 도망가자구. 응?
귀뚜리	내가 죽여?
계모	그래 옳지. 저기 나무하든 도끼가 있군. 이것으로 아무도 없을 때 꼭 알었지 내가 나가 망을 볼 테니.
귀뚜리	알았어. 어쩐지. 가슴이 떨린다.

계모	떨리긴, 자 그럼 어서 들어가. (퇴장)
귀뚜리	(도끼 집었다) 아이구, 하늘에 날벼락이라두 때릴 것 같다. 어디 죽기 아니면 살기다 슬슬 시작해 볼까. (입을 가리고 퇴장) (넙동 뛰어들어 엿본다. 콩쥐의 비명 콩쥐 맨발 급등)
콩쥐	사람 살려요 ~ (귀뚜리 같이 따라 등장)
넙동이	(뒤에서 뀌뚜리가 잡고있는 도끼 뺏는다) 이놈아, 내가 산 콩쥐 달랬지 죽은 콩쥐 달랬니?
귀뚜리	아이구 나 죽네! (쓰러진다) (넙동 찍는다) 아 – 악 (절명)
넙동이	요놈아 (다시 찍으려다가) 아이구 죽었네요. 又 정말 죽었네. 아이구 어매야. (도끼 던지고 도망)
콩쥐	(부 데리고 등장) 아버지 조심하세요
부	아니다. 이놈을 그냥. (도끼 잡고 달려든다. 시체 보더니) 아니 벌써 누가 죽었지 않어. 콩쥐야 이게 어찌된 일이냐?
계모	(등장하며) 귀뚜리 ~ 아니 영감 왜 도끼를 들고 있소?
부	응? (놀래며 도끼 놓는다)
계모	(시체 보고) 응? 귀뚜리 아니 이게 웬일이냐? 귀뚜리.~ 이것아 너는 죽구 나만 어찌 살라구.
부	뭐야? 그러고 보니 그게 너의 샛서방이었더냐?
계모	그래 샛서방이면 어때 늙은이가 죽었지 이 늙은이야
콩쥐	아녜요. 어머니
계모	어머니구 주머니구, 시끄러. (뛰어 나간다)
콩쥐	아버지 어머니가 어델 갈가요? 아버지.
부	내버려 둬라. 그런 년은 나가야 한다. 잘 갔다 이놈의 시체나 치우자. (시체만 지는데) (계모, 무관, 사령 등장)
계모	나리님 저것 보십시오. 저놈의 늙은 놈이 글쎄 살인을 했습니다.
무관	음 여봐라, 사령. 살인 죄인을 묶어라.
부	아닙니다. 애매합니다.
콩쥐	아닙니다. 나으리 실은 나를 욕보이려고 해서 내가 죽였습니다.

부	아닙니다. 저도 아니고 제 딸도 아닙니다.
무관	모두 아니면 누가 죽였단 말인가?
계모	나으리, 저 딸년은 꼬여내고 저 늙은 놈이 도끼로 찍는 것을 보았습니다.
부	아닙니다(변동 엿본다)
무관	음, 어쨌든 가서 문초하기로 하고 부녀를 함께 끌고 가라. 궁으로 끌구 가서 하옥해 두었다가 왕자님이 국문한 다음 죄를 밝혀 처형하리라. 가자~
사령	네~가자~ (콩쥐 부여 끌구 퇴장)
계모	(귀뚜리에게 가서) 아이구 귀뚜리 나를 두고 어델 갔나. 누굴 믿고 살라구~ 아이고~
계모	아이구머니나, 누구요?
넙동	누구라고? 이 불여우 같은 계모 년아.
계모	아니, 자네 넙동이가 웬일인가?
넙동	웬일은 웬일 줄을 사람은 바로 네년이었구나.
계모	뭣이라고? 여보게 사위 무슨 말인가?
넙동	(도끼들구) 저 귀뚜리는 바로 내가 죽였다. 네 샛서방하고 같이 가라 내가 같이 죽여줄게.
계모	뭐라고? 넙동이.
넙동	하나 죽이나, 둘 죽이나 죽이긴 일반이다. 콩쥐 죽일려구 했으니. 네년도 죽어야 해. (도끼 들고 따라가면 도망가며)
계모	사—사—사람 살려. 옥황상제 염라대왕 어이구 나 좀 살려줘요. 나아좀~ 나무아미타불
넙동	요년, 염라대왕 잘 불렀다 죽어라. (찍으려다 넘어진다) 어메 꼽추허리 부러지네——

제5막(옥 장면)

(콩쥐·콩쥐 부 옥사정)

콩쥐	
(창)	스스릉 소리 내며 우는 바람 무정한 찬바람아 불지마러다오. 병드신 우리 아버님 옥중에서 죽게 되네 햇님이여 비춰주오. 우리 아버님 이불 삼아 덮어주게 비춰주오. 아이고 아버님.
부	콩쥐야 애비를 용서해라. 나 때문에 꽃 같은 나이에 옥중에서 죽게 되다니. (기침 한다)
콩쥐	아버님 제 걱정마세요. 저는 아버지가 이 고생하시는 생각을 하면 (운다)
부	그 몹쓸 계모는 어찌하면 원수를 갚는담. 그의 제 몸에서 난 자식이 아니라 해서 그렇게까지 구박을 하드니, 이젠 팔자가 늘어지겠구나.
콩쥐	아버님 어머님 욕하지 마세요. 제가 고생하는 것도 모두가 제 팔자라 생각해요. 다만 어머니는 계모라고 하지만, 생 아자도 부모요. 양 아자두 부모인데 좋든 글든 저를 오늘날까지 길러 주신 어머니가 아녜요?
부	아이구 – 원, 이렇게 착한 너를 그렇게 구박을 하다니. 원.
콩쥐	아버지 돕기도 하구. 다리두 아프실 테니 다리도 주물러 드릴 테니 이리 누우세요.
부	오냐, 한잠 자야겠다. (눕는다, 다리 주무르면서)
팟쥐	(군졸 데리고 등장. 돈을 주며) 엣다. 알었지? 오늘 밤 안으로 해치워 버려
군졸	아이구 그렇지만 왕자님의 국문이 나리기 전엔 처형을 못 하기로 되어 있는데요?
팟쥐	아니 은자가 모자라서 그러는 거야. 은자는 왕자님 방에 얼마든지 있어. 또 내다 줄 테니 저녁만 왕자님 납시기 전에 죽여 없애 버리란 말이야. 알었지? (옥 앞에 가서) 흥 꼴이 아니군.
콩쥐	오 – 팟쥐야
팟쥐	팟쥐야가 뭐야?
콩쥐	그럼 팟쥐가 아니란 말이야? 내 동생 팟쥐야.
팟쥐	아니 그래도 이년이. 나는 장차 왕자비가 되실 왕자비 팟쥐마마야 알았어? 너 같은 년의 동생이라니.
콩쥐	팟쥐 마마?

팟쥐	핫, 그래 뭐야?
콩쥐	나는 죽어도 좋으니 아버지를 좀 살려줘. 응?
팟쥐	뭐야? 이 늙은이가 너의 아버지지 우리 아버지는 내가 살려주게
콩쥐	오늘날까지 너를 길러 주신 아버진데 그 무슨 말이야?
팟쥐	닥쳐 이년아. 저런 늙은이가 우리 아버지야 더럽다. (침 뱉는다) 너희들이 죽든 살든 알 게 뭐야. (군졸에게 눈짓하며) 알았지? 가자
콩쥐	(옥창으로 손을 내며 팟쥐의 옷을 잡는다) 팟쥐 마마!
팟쥐	이것 놔, 더럽다. (손으로 '탁' 친다)
콩쥐	팟쥐야 (운다)
공주	옥중의 죄무도 저렇게 효성이 지극한데 저 팟쥐는 왜 저럴까 (옥으로 가서) 애야 너무 서러워 마라
콩쥐	아니 뉘시옵니까
공주	나는 이 나라의 공주이니라
콩쥐	공주마마 저의 아버님은 죄가 없사옵니다. 살려주옵소서. 제가 대신 주겠습니다.
공주	너의 효심은 지극하나 궁중의 법도는 그리는 아니 되느니라 그러하니 오라버님 왕자마마께서 환궁하실 때까지 기다려라.
콩쥐	왕자마마요?
공주	그래 왕자 오라버님께서는 도량도 넓으시고 불쌍한 백성들의 사정을 잘 헤아리시는 어진 신 분이란다.
콩쥐	왕자마마 ~
공주	그러니 오라버님이 환궁하실 때까지 몸조심 할 것이며, 너의 아버님의 병환은 좀 어떠하냐?
콩쥐	몇일을 넘기기 어렵겠사옵니다
공주	모든 것은 내 알아서 도와줄 테이니, 그리 알고 있거라. (하수 보고) 아니 저건 뭐지? (숨는다)
콩쥐	아버님 (쓰러져 운다) (팟쥐, 계모 나온다)
팟쥐	아니 엄마 여기가 어디라고 여기까지 왔우.

계모	아이고 하나밖에 없는 너를 보내놓고 마음을 놓고 살 수가 있어야지. 그래서 남의 눈을 피해서 왔지.
팟쥐	남의 눈에 들키면 큰일 나요. 어서 피해 나가요. 어서 집으로 돌아가요. 자 – 이 은자 가지고 어서 피해가요.
계모	아니, 이 주머니가 은자 보따리야? 아이구 이 많은 돈을 다 어디서 났니?
팟쥐	흥, 그것뿐인가 왕자마마 침전에 가면 얼마나 많다구.
계모	많어? 팔자 고쳤구나! 하… 아이구 애 부지런히 빼돌려라. 내 딸 덕분에 이 애미도 호강 좀 하자 히… 호…
팟쥐	쉬 떠들지 말아요. 공주가 알면 엄마는 옥중에 갇히게 돼. 나는 왕자비니까 괜찮지만, 어서 집어넣어요.
계모	알았다 그건 그렇구. 어쨌든 우리 일이 탄로 나기 전에 콩쥐란 년을 죽여 없애야 할 텐데 궁중 한구석에 옥에 갇혀 있다. 하니 여기 칼이 있고 그년의 헌 옷이 여기 있다. 그러니 옷을 갈아입히고, 그동안에 이 칼로 쥐도 새도 모르게 죽여 없애라.
팟쥐	죽이기도 힘드는데 어떻게 옷까지 갈아입혀요?
계모	모르는 소리 마라. 만신 할머니에게 물어보니까 죽은 사람이 산 사람의 옷을 입구 죽으면 귀신이 따른데요. 지금 그년이 입고 있는 옷이 팟쥐 네 옷이예요.
팟쥐	알았어요. 어서 이리 주고 빨리 빠져나가요. (보따리 받는다)
계모	오냐 간다. 그럼 잘해라 응. (퇴장)
팟쥐	아이 옷을 어떻게 갈아입히지. 가만있자, 옷부터 갈아입히고 봐야지. (옥에 간다) 콩쥐야 ~
콩쥐	오 ~ 팟쥐
팟쥐	아까는 내가 너무 심했다. 가만히 생각해보니 아버님이 불쌍해서.
콩쥐	팟쥐야 고맙다
팟쥐	그래서 이 옷을 가지구 왔어. 이 옷은 콩쥐, 네 옷이니, 이 떨어진 옷을 네가 입구. 지금 네가 입고 있는 옷을 벗어 아버지 덮어 드려. 응?
콩쥐	팟쥐야, 정말 고맙다.

팟쥐	그러니 손을 이리 내밀어 옷을 줄게. (손 내민다. 빨리 손을 잡고 칼을 들어 죽이려 한다) 에잇 죽어라.
공주	(나와서) 팟쥐 (칼 든 손을 잡는다. 뺏는다) 이게 무슨 짓이지. 왕자 오라버니도 안 계시는데 죄수에게 손을 매다니, 어서 물러가지 못해.
팟쥐	흥 챗 (들어간다)
공주	아니 저럴 수가 있을까. 애야 너는 몸을 조심하라고, 내가 이르지 안 했더냐? 조심해야지.
콩쥐	고맙습니다. 공주님. (운다)
공주	한심한지고. 저래서 어찌, 왕자비 재목이 된다 하겠는고.
견우	(나오며) 공주 ~ 공주께서 옥중까지 웬일이시오?
공주	예 – 저 옥방에 갇혀 있는 부녀로 해서
견우	아니 무슨 일이 생겼습니까?
공주	아비된 죄수가 병이 들어 몇 일을 넘길 수 없다 하여, 딸이 저렇게 울고 있으니. 죽기 전에 약이라도 좀.
견우	예 그렇게 하시지. 아무리 살인 죄수라 할지라도 왕자님께서 국문한 다음이 아니면 처형을 못 하기로 되어 있으므로 죽기 전에 약이라도 몇 첩 먹여보는 것도 좋은 일이지요
공주	그럼 죄수에게 먹일 약은 제가 마련하겠습니다. 저 ~ 그럼.
견우	네 그럼 나가시죠. 왕자님의 행군이 도착할 것입니다. (퇴장)
콩쥐	왕자님 왕자님이 오신다면 아버지가 살 수 있을 꿈속에서 많이 그리든 왕자마마
(창)	꿈속에 뵙든 왕자. 거지 천민에게 원앙이라 부르시며 꿈속에서 손을 잡든 다정했든 그 손길이 아직까지 숨어드네! 왕자마마 꿈속마다 그립든 왕자마마. (쓰러진다) (효과 마그네슘)(선녀 2인 나와 춤춘다. 왕자 춤추며 등장)
왕자	
(창)	그리운 샛별아기 보고픈 꽃신아기 원앙새를 찾고 찾어 왕자나비 나 여기 왔네

팟쥐	앗 왕자님(선녀 퇴장) 왕자마마--
(창)	왕자마마- 그리웠어요
왕자	
(창)	나두- 네가 보고팠다 샛별아기
(합창)	우리들의 그 사랑은 잡힐 듯이~ 안 잡히는 얄궂은 사랑 심술의 마신이 열
	린 듯이 먼 곳에 있는 사랑 애달프고 서글픈 사랑
콩쥐	
(창)	꿈속에서 보았어요. 아-----왕자님의 그 모습.
왕자	
(창)	생시에는 못 보는가. 샛별의 꽃신아기.
	얼마만큼 먼-곳에. 하늘 끝에 계시나요?
콩쥐	
(창)	아니에요~ 왕자님 가까이 나 여기 있소.
왕자	
(창)	여봐라~ 들어봐라. 샛별아기 왕자비니 왕자비로 갖추어라.
	(관과 옷을 가지고 나와 입히고 춤춘다. 선녀들 물러가면 왕자와 춤 계속
	흥겹다. 종소리 E)
	뎅~ 뎅~(선녀들 왕자 데리고 퇴장)
콩쥐	(쓰러지며)(창)가지 마오~ 꽃신 두고 어디 가요 종소리가 원수로다.
	무정한 저 종소리 왕자님을 뺏어가네! 아주 멀리 뺏어가네! 왕자마마.

제6막 (궁중 막)

(춤)	
(합창)	어화지화 찬미하세 왕자마마 승전하셔 경사로세 ~
	승전고를 울리면서 백마에 오르셨네 만세 ~ 승전일세
공주	
(창)	오랍 마마 그 용맹이 우리나라 건지셨고
	왕자마마 정의의 힘이 우리나라 승전했네

일동	
(창)	만세 ~ 왕자마마 만세로세
공주	
(창)	전승의 축하연을 오랍마마께 올립니다. 정성으로 올리오니 받으소서 ~
왕자	다들 물러들가라 (시녀들 퇴장)
아란불	왕자마마 이제 승전도 하였아옵구 만백성들 왕자님의 성수만세를 바옵는 마음 환성고를 울리고 있아온즉, 어찌하여 용안을 어지럽히시옵니까?
왕자	다들 들으시오. 이번에 이 왕자가 승전을 하고 돌아옴도 왕자의 힘이 아니였오. 오로지 꽃신의 힘이었오.
아란불	꽃신의 힘이라니요? 마마.
왕자	대감은 내 말을 잘못 알아듣는 모양이요. 견우장군, 그래 꽃신의 임자는 찾았오?
견우	네. 방방곡곡 다 뒤지고 뒤져서 꽃신을 신켜 보았으나 꼭 맞는 치수가 좀처럼 없아옵니다.
왕자	그럼, 못 찾았단 말이요?
아란불	어느 백성의 딸에게 신켜보니 발에 맞어, 억지로 들어가긴 하오나, 나머지 지한 짝을 갖고 있질 않아 옵니다.
왕자	그래, 꽃신은 발에 맞었다 그 말이오?
아란불	네
왕자	그 신발이 맞었으면, 한 짝이 있을 것이 아니오?
견우	왕자마마 한 짝이 있긴 했아오나, 잡으러 다닌다는 소문을 듣고 쫓겨 다니느라고 한 짝을 잃어버렸다 하나이다.
왕자	뭣이 한 짝을 잃어버렸다구? 어디 그렇다면 그 꽃신의 임자를 데리고 나오도록 하오.
공주	오라버님 그 꽃신애기는, 제가 데리고 오겠으니, 자세히 보옵소서.
왕자	그래 공주야. 다리고 오너라.
공주	네 (퇴장)
아란불	그리고 또 한가지 소식은, 견우 장군이 살인 죄수 부녀를 잡아다 가두었나

이다.

왕자 　 아니 살인 죄수라 하면, 처형을 해버리지 않고 여지껏 그대로 두었단 말이요?

견우 　 아무리 살인 죄수라 하나 이나라의 법이 왕자마마께서 큰히 국문한 다음이 아니면, 처형을 못하기로 되었으므로 그대로 두었나이다.

왕자 　 그렇다면 끌어내 보구려

견우 　 네 - 퇴장 (공주 팟쥐데리고 등장)

공주 　 오라버님 데리고 나왔으니, 자세히 살피시옵소서.

팟쥐 　 왕자님 (옷 머리 만지고) 왕자마마, 얼마나 얼마만큼이나 보고 팟던지 내 눈앞이 진물렀고 어서 바삐 안아주오. 팟쥐 이, 몸맵시를 보옵소서. (춤을 춘다)

왕자 　 가만있거라. 춤보다 얼굴이 보고 싶구나. 어서 얼굴 좀 들어봐라.

팟쥐 　 내 얼굴이요? 얼굴이야 말할 나이 없이 일색이나, 마음 또한 일색이옵지요. 왕자마마. (고개 든다)

왕자 　 아니 저 얼굴이 아니로다 ~

팟쥐 　 내 얼굴요. 네 왕자마마 염려 마세요. 분에수 안해서 그리 보이겠죠! 분수 하올갑쇼?

왕자 　 치워라. 내가 말한 얼굴은 분에수가 아니라 심덕과 미덕이 가득찬 얼굴이였는데. 얼굴이 변했다면은 마음도 변했으리라. 공주야 어서 물러 버려라.

공주 　 예, 오랍마마 - 저 팟쥐 어서가지?

　 (팟쥐 입을 삐죽이며 실룩거리며 나간다)

아란불 　 왕자마마 제발 성심을 어지럽히지 마옵소서

왕자 　 다들 물러가오. 귀찮오. 나 혼자 있게 해주오.

아란불 　 네. 분부 받들어 모시오리다. 하오나, 마마. 그 꽃신애기는 방방곡곡 방을 붙혀 서라도 다시 찾아 보오리다.

왕자 　 듣기 싫오. 오늘날까지 못찾은 꽃신아기를 어찌 찾는단 말이오.? 어서 물러가오.

아란불 　 네 - (물러 간다)

왕자	꽃신아기, 그대는 분명 진세 인간이 아니구. (신 꺼낸다) 하늘의 선녀였는가? 내 마음을 설레여 놓고 간 곳이 없으니.
(창)	꽃신애기 어디있오 왕자지체 그위라서 부러울게 없건만은 저 하늘의 별이라도 열 수 있는 왕자몸이 어찌하여 그리운님 못 만나고 이내 마음 설레여 놓고 간 곳이 없드란 말이오 (신한 짝 던지며) 이 꽃신의 얼굴이 그렇다면 더러운 꽃신이다 썻어 빠진 꽃신 한짝 아— 꽃신 (동산에 주저앉는다)
견우	(콩쥐부녀 끌고 등장) 왕자마마 살인죄수, 대령하였나이다.
왕자	장군 모든 것이 귀찮오. 사령대로 끌고 가도록 남을 죽였으니 자기도 죽어야 하는 법. 어서 죽엄을 나리시오.
콩쥐	왕자마마 꿈속같이 그립든 왕자마마. 이 몸은 죽이시드래도 아버님 만은 살려 주옵소서. 아버님에게 죄가 있다면 이몸이 대신 죽겠사옵니다.
왕자	뭣이? 누가 나를 꿈속같이 그렸드란 말이냐? 그리고 아비대신 죽여달라고.
콩쥐	그러하옵니다
왕자	아버지가 살인을 했는데, 너의 아비를 용서해달라 그 말이냐?
콩쥐부	왕자마마, 실은 이 늙은것이 살인한 것이 아니옵고, 억울한 누명에 걸렸아오니 통촉 하시옵소서.
콩쥐	왕자님, 어지신 왕자님께서 환궁하시면 꼭 살 수 있을 거라고 공주님께서 말씀하셨습니다. 아무리 천민의 목숨이오나 죄를 밝힌 다음에 목을 처, 주시옵소서. 아비에게 죄가 있다면 죄를 물고 죽어드리오이다.
왕자	음 – 그 말을 듣고 보니, 보기 드문 효녀로다. 그래 네가 나를 꿈속 같이 그렸다고? 그렇게 마음 착한 처녀라면 어디 얼굴이라두 좀 보라.
견우	옥중에서도 어찌나 효성이 지극한지 공주님께서 손수 약까지 먹인바 있었습니다. 어서 얼굴을 들어봐라.
콩쥐	황공하옵니다. 누추한 천한 백성이로다 왕자님을 우러러 뵙게 되오니 황공무시로소이다. (얼굴 든다)
왕자	아니? 가만있자 어여서 많이 본 얼굴이다. 가만있거라. 너 혹시, 왕자비 간

택에 꽃신 신구 나왔든 규수가 아니냐? 아니 그렇지만 저런 죄수가 될리 없지.

견우　　왕자마마, 이 꽃신을 신켜 보시옵소서.

왕자　　음 – 과연 그렇군. (신을 들고) 자 - 이 신을 애 앞에서 신어봐라. 그러면 남은 한 짝이 있을께 아니냐?

콩쥐　　(품에서 한 짝 내 놓며) 이 신은 제신입니다. 그 신의 짝이 여기 있습니다.

왕자　　아니 이게 웬일이지 어디 한번 신어봐라. (콩쥐 신었다) 자– 이쪽으로 걸어봐라 (걷는다) 옳지, 저쪽으로 다시 한 번. 맞았다. 과연 꽃신아기로다. 꽃신아기.

콩쥐　　왕자마마 (포옹)

왕자　　음 그리고 보니 왕자비 간택에도 협잡이 있었구나. 그래 저 어른이 너의 아버지냐.

콩쥐　　그러 하옵니다

왕자　　견우장군, 저 어른을 약당으로 모시구려.

견우　　네 – 어서 드시지요

부　　　너헌 – 길비켜라. 물러서라 왕자님 장의 어른 행차시다 – (二人 퇴장)

왕자　　여봐라 공주야

공주　　네, 오랍마마.

왕자　　어서, 너는 이 꽃아기를 내 당으로 모셔라.

공주　　네 – (2인 퇴장)

왕자　　오 – 찾았구나 – 꽃신아기를 찾았구나!

아란불　(나오며) 왕자마마, 꽃신아기를 찾으셨다구요?

왕자　　그렇오이다

아란불　아니 그럼. 아까 그 팥쥐는 어찌 됩니까?

왕자　　그것은 가짜였오. 왕자비 간택에도 협락이 있었오.

아란불　예? 협잡이라니요?

왕자　　그래두 내 말을 못알아 듣겠오? 대감은 어서 가짜를 잡아 대령 시키시오. 감히 왕자나리, 눈을 속일려고 엄감 생심이지.

아란불	네 본부 받드오리다
군졸	(등장) 아뢰오. 가짜들이 도망치기에 잡어 대령이오.
	(팟쥐, 계모 잡혀 등장)
왕자	음, 괫씸한 것. 그런데 저 늙은 것은 뭐냐?
아란불	아뢰여라. 왕자마마 앞이시다.
팟쥐	저, 저의 엄마예요.
왕자	그래 그럼. 딸이 부동이 돼서 그런 엄청난 죄를지였는고?
계모	아이구, 죽을 때라. 목숨만 살려 주십시오.
왕자	그래두 자기의 죄를 뉘우치지 못하고 살기를 바라다니 여봐라 하옥하라.
	가례식이 끝난 연후에 처형할 것이니.
아란불	왕자님의 가례식이 끝난 연후에 처형하랍시니 우선 하옥하여라
군졸	네 - 가자
계모	아이구, 내 팔자야.
팟쥐	엄마 때문에 나 죽네. 안 들어가는 신을 자꾸 ~ 밀어 넣더니 엄마가 나 죽
	이네.
군졸	가자 (2인 데리고 나간다)
왕자	여봐라 왕자비는 어찌 되었는고
	(시녀들 나오며 춤과 노래)
시녀들	
(창)	나옵시오- 왕자비마마 나옵시오
	원앙꽃을 입에다 물고 왕자님 앞에 나옵시오.
	(공주 콩쥐 손잡고 나온다)
공주	
(창)	받으소서- 왕자오라버니 받으소서
	사랑의 꽃신을 받으소서 사랑의 신부를 받으소서
왕자	
(창)	꽃신아기 어서오서 내품 안으로 어서오소
	사랑의 품으로 어서 안겨주오

공주

(창)　　　여봐라 시종군들

　　　　　왕자마마 꽃신애기

　　　　　가례식을 올리리라

시녀들

(창)　　　신랑신부 나오신다

　　　　　왕자마마 장가들며

　　　　　꽃신애기 시집가네(마주 본다)

공주

(창)　　　초래식을 하옵니다 신랑은 재배도(왕자 절한다)

　　　　　신랑은 매듭지고 신부는 사배오–

　　　　　사랑의 절반으오서 웃지말고 절합시오–

　　　　　웃으며는 첫딸 나고

　　　　　꽃신애기 왕자마마 원앙쌍 되시였네

　　　　　여보시오 시종군들 꽃수레를 태웁시다.

(합창)　　꽃수레 꽃수레를 타고서

　　　　　대궐집에 시집왔네

　　　　　방울은 짤랑 백합은 울긋불긋

　　　　　지상의 선녀님을 찾아가네

　　　　　님을 찾아가네 (반복)

서서히 막이 내린다

F O

78.7.12

홍은동에서

고대야화(古代野話)

검백과 단향공주

등장인물 : 왕(신라 어느 때 왕), 왕비(그 왕의 왕비), 단향공주(그 나라 왕의 딸), 왕
　　　　 자(왕의 아들), 일손 대감(간신), 월무(일손 대감의 아들), 삼월이(단향공
　　　　 주의 시녀), 파취공(백제 망명 검객), 옥사정(옥직이), 사부(검백 공자의 선
　　　　 생), 검백 공자(수양산에서 수련을 쌓는 검객), 동리 총각 (다수), 동리 처
　　　　 녀(다수), 여승(태백사 여승), 군졸 AB.

제 1막

무대　　　 수양산 깊은 산 속 멀리 넓은 산이 보이고 가까이 큰 바위 작은 바위 고목
　　　　 이 욱어지고 간~한 바람 소리 새 소리…
　　　　 (서곡과 아울러 막이 오르면 사부 큰 숫돌에 칼을 갈고 있다)-소간-
　　　　 (이때 검백이 등장하여 보고 살금~~ 칼을 빼 들고 칼을 갈고 있는 사부를
　　　　 내려친다.)

검백　　　 에잇!

사부　　　 흥! (칼을 막는다)

검백　　　 (무안한 듯 물러난다)

사부　　　 아직 수련이 부족하다!

검백　　　 사부님!

사부　　　 왜? 한 번 겨누어 보겠단 말이지?

검백　　　 (무언으로 칼을 바로 잡는다)

사부　　　 용감하게. 씩씩하게. 자- 오너라!

검백　　　 (선생을 노려본다)

사부　　　 왼쪽 팔에다 힘을 주고 눈을 똑바로 뜨고 상대방을 똑~히 바라보아라.
　　　　 (二인 칼싸움 三 血합후에 검백 칼을 떨어트리고 넘어진다)

사부　　　 이런 약한 검술을 가지고 백 년 숙적 백제를 어이 물리치고?

검백　　　 사부님 저는 오늘부터 검술 공부를 고만 두겠습니다.

사부	아니 검술 공부를 고만두다니?…
검백	벌써 십 년이로소이다. 십 년 동안 검술 공부를 하였으나 아직도 미숙하다 하오니 차라리 검술 공부를 고만두겠나이다.
사부	검백아! 어이 그리 약한 소리를 하느냐! 백년숙적 백제군에 너의 아버지는 돌아가셨다. 그 백제군은 아직도 호시탐탐 이 신라를 먹으랴 하니 너는 이것을 물리치고 아버지의 원수를 갚아 이 나라를 구할 맹장이거늘 어이 그리 약한 소리를 하는고?
검백	그렇지만 사부님!
사부	용기를 내어 일어서라. 어서!! 빨리!
검백	(일어 선다)
사부	눈을 똑바로 뜨고 내 얼굴을 봐라!
검백	(쳐다본다)
사부	일. 나는 신라의 맹장이다!
검백	(말이 없다)
사부	검백아!
검백	일, 나는 신라의 맹장이다.
사부	사부의 엄명을 절대복종하고 백제를 물리치겠다.
검백	사부의 엄명을 절대복종하고 백제를 물리치겠다.
사부	일, 나는 신라의 검객이다.
검백	일, 나는 신라의 검객이다.
사부	부녀를 가까이 하지 말고 검술에 이름을 바치겠다.
검백	부녀를 가까이 하지 말고 검술에 이름을 바치겠다.
사부	일, 나는 신라의 백성이다.
검백	일, 나는 신라의 백성이다.
사부	임전불퇴 신라를 지키겠다.
검백	임전불퇴 신라를 지키겠다.
사부	검백아, 너는 이 세 가지 교훈이 거리속에서*****절대로 안 된다.
검백	네! 명심불망하겠나이다.

(이때 여승 합장하고 등장)

여승 사부님, 아침 진지 시각이오이다.

사부 오— 스님 수고하요. 참 저 스님 기도를 올리시어 **사에 행차하신 사실이요?

여승 예. 만백성의 태평을 축원하시고저 제신들과 더불어 몸소 행차하신다고 하옵니다.

사부 잘 알겠오! 오늘은 스님께서 수고가 많겠오!

여승 나무아미타불 관세음보살(상수로 퇴장)

사부 애, 검백아! 오늘 상감마마께서 행차하신다 하니, 어서 아침을 먹고 이 자리를 깨끗이 치우도록 하자.

검백 예!

사부 검백아! 네 검술이 보통 검객보다 훨씬 뛰어나는 점이 많다! 그러나! 내자기대한테까지는 아직 도달치 못했으니, 앞으로 더 한층, 열심히 하도록 하여라!

검백 네! 명심하겠아옵니다. 사부님 좀 더 훌륭한 검술을 가르쳐 주십시요!

사부 오냐! 염려 마라!

검백 그래서 하루빨리 백년숙적 백제군을 내 손으로 물리칠 그것이 아니겠어요?

사부 옳지 그런 용기를 가져야지! 그리고 너의 아버지께서는 너보다 훌륭한 검객이였다. 그런 훌륭한 검술을 가지고도 결국 백제군에 쓰러지고 말았으니 아버지의 원수를 갚고 이 나라를 구할 맹장이라는 것을 잊어서는 안 된다.

검백 네! 깊이 명심하겠나이다.

사부 그리고 너의 아버지께서는 상감마마께옵서 지극히 사랑하시던 신하였단다. 그러니 너도 너의 아버지와 같이 장차 상감마마의 한 팔이 될 몸이라는 것을 잊어서는 안 된다.

검백 네!

사부 자— 어서 밥을 먹도록 하자!
(이때 멀리 처녀, 총각들의 노래)

사부	얘 검백아! 나물 캐러 온 처녀들이 또 몰려오고 있고나! 저 조용한 곳으로 가자!
처녀들	
(창)	이산 가세 자산 가세 도라지 캐러 어서 가세
처녀1	수양산골 이골저골 더듬어서 도라지 캐자 향기 좋은 꽃냄새야 빵끗 웃는 도라지꽃
합창	이산 가세 자산 가세 도라지 캐러 어서 가세
처녀2	
(창)	너훌~~ 춤춘 나비 노랑나비 흰나비야
	이리 갈까 저리 갈까 너 가는 곳 나도 가세
합창	이산 가세 자산 가세 도라지 캐러 어서 가세
총각	
(창)	얼시구 좋다 절시구 좋다 나무하는 이내 총각
	아가씨들 춤을 추고 노래하며 봄맞이가
	세 분홍치마 다홍저고리 이내 총각이 녹아나네
총각	얘 너희 나물 캐러 왔니?
처녀들	그래! 너희 나무하러 왔니?
총각1	그래! 나무도 하고 또 너희 만나러 왔다
처녀1	총각 녀석들이 처녀들 만나서 뭘하게?
총각2	얘 너희 너무 그러지 말어. 이 총각에 하소연을 들어봐! 먼 산에 아지랑이는 아물 아물
총각1	아물 아물
총각2	춘풍중천 들에는 종달새가 조잘조잘
총각1	조잘조잘
총각2	이 구십팔 처녀 냄새가 이 늙은 총각 가슴에 스며드니 어찌 마음이 싱숭생숭 안 할쏘냐!
처녀들	호~~~~
	(이때 사부 등장)

사부	어흠!
일동	아이구, 아저씨 안녕하셨어요!
사부	오냐, 너희 왔느냐? 해마다 봄이 오면 이산으로 나물 캐러 오는 처녀들!
처녀들	처녀들!
사부	또한 총각들!
총각들	총각들!
사부	너희 이금잔듸 우거진 풀밭 우에서 춤과 노래를 부르며 한바탕 뛰며 노라들 보아라! 하~~
총각들	야! 신난다!
처녀1	애들아! 우리 봄맞이 노래나 부르며 놀아볼까?
처녀들	그래~~!
(창)	봄이 왔네! 봄이 왔네! 이산 저산 봄이 왔네! 생긋생긋 웃는 처녀
총각들	벙글벙글 웁는 총각 꽃도 피고 새도 울어. 이 봄을 맞이하니 즐거울사 이 봄날을 얼씨구나 절씨구나 지화자 좋네! 즐거울 수 이 봄날을
	(이때 "*" 상감마마 행차 시요. 쉿)
사부	애 애들아, 상감마마께서 행차하신다. 어서 전부 읍하도록 하여라.
	(왕, 왕비, 왕자, 공주, 일손, 월무 군졸 등장)
왕	사부!
사부	예-!
왕	산간에서 고생이 지극하지?
사부	황송하여이다!
왕	과연, 들든 바와 같이, 경개절상 함이 선경인듯 하구나. 하~~~
사부	어서 법당에 드시옵소서!
	(일동 상수로 퇴장하고 처녀, 총각들 하수로 퇴장)
	(사부와 검백만 남는다)
사부	애 검백아! 상감마마께서는 항상 저렇게 옥체만강하시구나! 하~~
검백	사부님 상감마마 기도 올리시는데 구경이나 하러 갈가요?
사부	어허! 그게 무슨 소리냐?

	우리도 여기서 기도를 올려야지!
검백	우리가 무엇 때문에 기도를 올려요?
사부	우리도 이 나라 백성으로서 이 나라 태평성대를 위하여서는 성의껏 기도를 올려야 하느니라!
	(이때 법당에서 불경소리)
사부	애 검백아! 상감마마께서 벌써 기도를 올리시는 모양이다. 어서 기도를 올리도록 하자 (합장 기도한다)
검백	(기도하는 체하다가 살금~~ 밖으로 나간다.)
사부	애 검백아! (없는 것을 보고) 아니 이놈이 기도를 올리다 말고 어듸를 갔을까?
	(밖에서 기합 소리) "얏 얏 야"
사부	(바라보다가) 하~~~ 저놈은 검술 외에는 아무것도 안 보이는 모양이로구나! 암. 그래야지. 열심히 해야지 하~~~
	(이때 왕 등장)
왕	사부!
사부	상감마마!
왕	사부! 산간에서 고생이 지극하지?
사부	고생은 무삼고생이 되오리까 도리어 상감마마 옥체 만강하심에 소신 한없이 기쁘오이다.
왕	고마운 말이로다. 하~! 그래 검백이는 어데를 갔는가?
사부	네! 저– 편에서 검술 공부를 하고 있아옵니다,
왕	어듸…(바라본다)
왕	하~~ 과연 열심히로구나. 그래 검백이 검술 공부는 어느 정도나 되는고?
사부	황송하오나 머지않어 전부 능통할 것 같아옵니다!
왕	그래? 하~~ 고마운 말이로다. 그런데 사부!
사부	예!
왕	검백이를 이 산간에 보내여 사부에게 검술을 가르치게 하는 짐에 뜻을 알겠는가?

사부	예! 잘 알겠아옵니다.
왕	검백이 애비도 그랬지만, 검백이는 제 아비 이상 훌륭한 맹장을 만들어 장차 짐의 한 팔이 되게 하겠노라!
사부	황송하옵니다
왕	그런데 저 사부! 검백이는 아직 제 혈육이 하나 남아 있다는 것을 모르고 있지?
사부	예! 아직 모르고 있아옵니다.
왕	만일 검백이가 이 세상에 제 혈육이 하나 남아 있다는 것을 모르고 있지?
사부	예— 아직 모르고 있아옵니다.
왕	알게 되면 검술 공부 도중에 지장이 있을 것이니 그가 맹장으로 소리를 치고 백제를 물리칠 때까지는 절대 비밀히 해달라!
사부	삼감마마의 고귀하신 말씀 받드러, 신 명심불망 하겠나이다
왕	하~~~ 고마운 말. 그런데 사부!
사부	예! 고어가 깨져 왔습니다. 맞는지 확인해 주세요.
왕	과인이 새삼스러운 말 같지만 내 아들 왕자와 또한 과인의 양 딸 단향공주와 혼인을 시킬 뜻이 과인에 마음에 있는데, 사부에 뜻은 어떻고?
사부	상감마마 아뢰옵기 황송하오나 신 역시 그렇게 되옵기를 주야 기대하고 있었아옵니다.
왕	하~~~ 사부의 뜻도 그러했든가?
사부	예— 그러하옵니다.
왕	하~~ 저— 사부
사부	예!
왕	법당에 들어가, 짐과 같이 이 나라 정사나 이야기하도록 하지!
사부	황송하옵니다 (이인 상수로 퇴장) (검백 하수에서 등장하여 사방을 보고 앉어 칼을 간다) (공주 왕자 삼월 등장)
공주 (창)	봄이로다~~~ 즐거울사 봄이로다

	초록은 갱생하고 만물이 싹을 트니 즐거울사 봄이로다
왕자	
(창)	만화방창 우거진 봄 승치강산 찾아도
	님 화려한 이 강산에 태평 건곤 만에
	유전 무궁무궁 하사이다
공주	
(창)	외로울사 이 내 몸은 이 봄을 맞이하야
	승지망산 내사 싫고 만화방창 내사 싫고
	외로울사 이내 몸은 부모형제 왜 없는가?
삼월	
(창)	산천경개 찾아오신 두 분 모습 아름다워
	달님 같이 별님 같이 봄바람에 나부끼니
	두 분 모습 아름답소
왕자	하~~ 삼월이도 말솜씨가 퍽 늘었구나. 단향공주, 이 절을 둘러싼 경치를 마음껏 구경하사이다. 자– 우리 경치구경이나 하러 갈까요?
공주	왕자마마 먼저 드사이다. 소녀 곧 뒷따라 가겠나이다.
왕자	그럼, 나 먼저. (하수 퇴장)
삼월	네
공주	우리도 저쪽으로 가볼까?
검백	네?
공주	공자는 어이하여 이 산간에서 칼만 갈고 계시오이까?
검백	백년숙적 백제를 물리치려고요!
공주	물리쳐야지요! 내 원수 놈에 백제를!
검백	아니 원수라니요?
공주	초면에 실례 막대하오니, 백제를 물리 치고저, 산간에서 칼을 갈고 계시니, 엿줍겠나이다.
검백	피차 초면. 실례는 매일 반이오니, 서슴지 말고 말씀 하사이다.
공주	저의 아버지께서는 이 나라 충신으로 백제군과 싸우시다 억울해 돌아가셨

나이다. 그러니 어찌 백제가 저의 원수가 아니 되오리까?

검백 어쩌면 저와 똑같은 운명도 있을까요?

공주 아니? 똑같은 운명이라니요?

검백 네 저의 아버님께서도 백제군 놈들과 싸우시다 억울히 돌아가셨나이다. 그래서 아버님의 원수이며, 따라서 이 나라의 원수인 백제를 내 손으로 물리치고저 십 년 동안 이 산중에서 칼을 갈고 있나이다.

공주 공자! 공자와 저는 똑같은 운명에 처한 사람들이오니 공자의 성함이나 일러줌이 어떠하오

검백 (칼을 주며)자– 그럼 이 칼로, 제 이름을 푸러보사이다.

공주 칼날이 백설같으니 칼 검자, 눈 설자, 검설이가 아니시온지–

검백 우 자는 마졌아오나, 밑에 눈 설자가 틀렸나이다

공주 그러면 흰 백자 검백이시오이까?

검백 붉은 꽃에 향기가 높았으니 붉을 홍 자 향기 향자, 홍향이신가요?

공주 밑에 자는 맞었아오나, 우에 붉을 홍자가 틀렸나이다.

검백 아차차 그러면 붉은 단자, 단향이시오이까?

공주 맞었오이다. 단향이로소이다.

검백 단향? 단향? 아니 그러면 이 나라 공주마마 아니시오이까?

공주 그렇소이다. 그런데 제 이름을 어찌 아시나이까요?

검백 일찍이 이 나라, 단향공주가 계시다는 말씀을 사부님께옵서 들은바 있아옵니다. 공주마마 황공하옵니다. 공주마마를 몰라뵈옵고 희롱한 죄 죽어맞당할가 하옵니다. 어서 이 꽃을 받어 주사이다.

공주 아니오이다. 그 꽃은 이 나라 공주가 공자에게 드리는 겄이 아니오라 이몸 안향이가 공자에게 드리는 것이니 받아 두세요.

검맥 아니로소이다. 어서 받어 주사이다.

(이때 조금 전 월무 등장)

월무 아니 공주마마!

공주 월무 공자는 무삼일로 내 뒤를 쪼차다니시오?

월무 아니 공주마마 뒤를 쫓아다니요. 그리고 공주마마 이게 무슨 망통이시까?

공주	아니? 망동이라니?
월무	일국의 공주마마께옵서 저렇게 보기에도 흉한 산돼지 같은 놈과 꽃을 주고 받고 희롱을 하시다니요?
공주	월무공자는 참견할 바 아니오니, 그만 물러가시오!!
월무	그렇지만 보기에도 흉한 저런 산돼지 같은 놈과…
검백	여보시오. 말씀을 삼가시오. 당신 눈에는 내가 산돼지로밖에는 보이지 않소!?
월무	네 이놈! 늬가 산돼지 행세에서 나은 것이 뭐냐?
검백	거, 양반. 눈에 거미줄을 쳤나? 사람을 돼지다?
월무	네 이놈! 감히 뉘 앞에 말버릇이냐, 이놈!
검백	내가 산돼지면 당신은 분명 집 돼질테죠! 엥 실가 집돼지에게 말하는 게 잘못이요?
월무	뭣이, 이놈!
검백	당신이 칼을 빼면 어떻게 하겠오?
월무	당자 네 놈에 목을 베겠다!
검백	당신이 내 목을 비여?
월무	그래 이놈!
검백	그러나 집돼지는 산돼지보다 힘이 좀 들어.
월무	뭣이 이놈! (칼로 진다)
검백	하~~ 집돼지 산돼지에게 함부로 대드는 것을 보니, 죽고 뱃대기에 기름 근이나 찬 모양이로다.
월무	닥쳐라, 이놈.
검백	허허 다치시려구─
공주	월무공자 아마도 월무공자의 검술로서 할 것 같사오니 단념하시고 물러감이 좋을 (*공책 찢어짐)
월무	않이로소이다. 내 저놈을 단칼에 빌테니, 공주마마는 구경이나 하시이다.
검백	하~~ 자─ 그러면 심심 산중에서 초근 못 먹고 자라난 이 산돼지. 십 년 동안간 굶주리고 했으니, 심심파적으로 한 번 겨누세 자─ 오너라!

(양인 어울려 이·삼합 후, 월무 칼을 떨어뜨린다)

검백 자— 용기가 있으면, 그 칼을 다시 들고 오너라!

월무 응— 좋다! 내가 이번엔 실수를 했다만은, 네 놈에 목을 당장에 짜르리라!

검백 자— 오너라!

(양인 삼·사합 후, 검백 월무를 찌르랴 할 때)

(사부 등장)

사부 검백아!(엄한 소리)

검백 사부님!

사부 내 말없이는 발검망동하지 말라 했거늘, 이 어이 된 일인고?

검백 사부님! 저자가 소자를 너무나 능멸하옵기에, 사부님의 엄명을 거역하였나이다.

사부 보아한즉 오늘 기도에 행차하옵신 분 갔아온데, 저 애가 무슨 잘못이 있드라도 용서하시기 바라옵니다.

월무 안되오! 저런 놈은 당장에 목을 베야 하오?

사부 아니, 목을 베다니요?

공주 월무공자! 저이에 목을 벨 아—무 연유도 없어 오니, 어서 이 자리를 물러가시오!

사부 공주마마! 상감마마께옵서 불러 게시옵니다.

공주 나를?

사부 네! 어서 법당으로 드사이다.

공주 (상수 퇴장)

사부 공! 공도 어서 그 칼을 거두시요!

월무 못 참겠오! 저리 비키시오. 공주마마와 꽃을 주고받고 희롱한 저 놈을 당장 목을 벼야 되겠오!

사부 공주마마와 꽃을 주고받고 희롱을 해요?

월무 그렇소. 내가 참아야 함도, 그 까닭이요!

사부 허— 세상사 허무한 일도 많도다. 네 이놈, 검백아! 너는 어찌하여 이런 불상사를 저질렀단 말이냐! 부녀를 가까이하지 말라는 이 사부의 엄명을 벌써 잊었느냐?

검백 사부님! 그런 것이 아니오라 소자 이곳에서 칼을 갈고 있었아온데, 공주마 마께서 이곳에 행차하시여 소자의 이름을 묻사옵기에, 이름을 가르쳐 준 것 밖에는 없아옵니다.

사부 그것이 사실인고?

검백 사부님께 어이 거짓이 있아오리까. 사실이로소이다.

사부 그러나 검백아, 내 항상 훈육하기를 부녀를 가까이 말라 했거늘. 더욱이 공주마마와 꽃을 주고 받았다니, 이도 역시 훈육에 이탈함이라. 앞으로는 절 대로 이런 일이 없도록 해라.

검백 예, 명심하겠아옵니다!

사부 저 공! 저 애의 허물을 용서하시고 어서 법당으로 드사이다.

월무 안 되오. 저런 놈은 당장 목을 베야하오!

사부 이 늙은 몸을 보아서 좀 참으시오

월무 안되오. 물러가오. 어서 비키시오.

사부 좀 참으시오!

왕자 웬일들이요? 아니 월무! 월무는 무삼일로 노지에 칼을 겨누고 있는고?

월무 네! 저 보기에도 흉한 산돼지 같은 놈이 공주마마에게 희롱을 하기에 단칼 에 목을 벨랴고 합니다.

왕자 공주에게 희롱을 하나니?

사부 왕자마마! 신의 가르침이 부족하와 공주마마와 몇 마듸 담화를 한 모양이 오니 널리 용서하시미 바라옵니다.

왕자 오 그렇오. 저- 월무! 월무는 어서 법당으로 들도록 하여라.

월무 그렇지만 저놈을…

왕자 허허 내가 알아서 처리할 것이니 어서 물러가라!

월무 예!

사부 왕자마마! 황공하옵니다.

왕자 저 사부! 저이가 바로 부왕마마께옵서 말씀하시든 장차 이 나라 맹장이 되 실분인가요?

사부	예, 미숙하오나 그러하옵니다.
왕자	내 일찍이, 아는바 없으나 피차 인사나 나누겠노라.
사부	황공하옵니다. 검백아! 이 나라 왕자마마이시다 어서 인사를 드려라!
검백	검백이로소이다
왕자	검백이? 그 이름도 용맹하도다. 십 년동안 산간에서 초식연경하여가며 검술 공부 성상하기에 그 얼마나 고생이 되는고?
검백	고생은 무슨 고생이 되오리까? 도리어 사부님께옵서 노령하심도 불구하고 불철주야 가르쳐주심에 소자 한없이 기쁠 뿐이로소이다
왕자	고마운 말이로다. 사부님! 나도 관을 벗고 검술을 배우겠어요. 어 나에게도 검술을 가르쳐 주시오.
사부	아니 왕자마마께옵서 검술을 배우시다니요?
왕자	아니요. 부왕마마께옵서도 그렇게 하시지만 나의 뜻도 그러하오.
사부	그렇지만….
왕자	아니요! 사태는 황급해가는 이때 왕자라고 가만히 궁중에서 책만 읽고 싶지 않오 앞으로 난이 일어나면 나도 솔선 칼을 들고 전지로 나가 싸우겠오.
사부	고마우신 말씀이오나 신이, 어찌 왕자마마를 가르칠 수 있겠아옵니까?
왕자	아니요
(창)	나라가 있어야 왕이 있고 왕이 있어야 백성이 있소 이 나라가 백제 손에 들어가면 왕자가 무슨 소용이 있소 나는 싸우겠오 나는 싸우겠오 나는 싸워서 기어코 내 손으로 백제를 물리치고야 말겠오
사부	왕자마마께서 정히나 그러신다면 신 힘껏 가르쳐 모시겠나이다.
왕자	자― 검백이. 앞으로는 태자와 신하라는 위치를 떠나서 백년숙적 백제를 무지르기 위한 맹장이 될 것을 맹세합시다
검백	맹세합시다! 하~~(삼인 웃으며)

제2막 (궁전 막)

무대	(화려한 궁전 중앙에 용상이 있고 상하부로 통하는 큰 문이 있고 중앙 뒤로 통하는 문이 보인다)
왕	하~~ 오늘 공주 생일잔치에 이 가치 재미있게 놀아주니 짐의 마음 즐겁기 그지없도다
왕비	마마 밤도 깊었사오니, 이만 파하심이 어떻하오이까?
삼월	네!
왕	과인이 오늘 사부에게 기히 할 말이 있으니, 별당에 가서 사부...
일손	그렇지만 국법이−
왕	아니 왜 국법을 어겼단 말인가?
일손	아− 아니옵니다. 장차 위반이될까 염려가 되어서 아뢴 말씀이오이다.
왕	아무 염려마오
사부	상감마마, 불러게시옵니까?
왕	사부 오늘 궁중에서 주연을 베풀었으나, 국법상 사부를 이 자리에 등데케 못했음을 과히 섭히 생각진 말라.
사부	황송하옵니다
왕	과인이 사부를 부름은 다름이 아니라 지금 백제에 눈초리는 점점 이 신라에 기울어져 가고 있는 이때에 검백이, 월무 그리고 왕자 이 세 젊은이에게 검술 무술 전법 전술을 가르쳐 각각 직책에 마땅한 인물을 만들어주게.
사부	삼감마마, 신 황송하오나 신이 감히 어찌, 왕자마마를 가르칠 수 있겠아오이까?
왕	상관 없오. 과인의 뜻도 그러하고 왕자 자신도 그러하니 서슴치 말고 명대로 시행해달라!
사부	상감마마의 고귀하신 뜻을 받들어, 신 힘껏 가르치겠나이다.
왕	고마운 말이로다. 그러면 오늘 공주 생일 연은 이것을 파하기로 하고 일손과 사부 과인이 할 말이 있으니 짐의 처소로 들라! (상퇴)
일동	황공하옵니다

　　　　　　(일동 퇴장하고 공주만 남는다)

공주　　　(하염없이 생각에 잠겨 노래를 부른다)

(창)　　　마령성 넘어들어　견우성 지나가니

　　　　　직녀성 가는 곳에　마음의 꽃송이

　　　　　거침없이 지나간다

　　　　　"검백공자!"

　　　　　(이때 왕비 등장)

왕비　　　애 공주야!

공주　　　어마마마. 주무시지 않고 어이 행차 하셨아옵니까?

왕비　　　애 공주야 내 너에게 조용히 할 말이 있노라!

공주　　　어마마마 무슨 말씀이옵니까?

왕비　　　내 너를 금지옥엽 친딸 같이 길러옴은, 내 너를 왕자비로 맞이할 뜻이 있음
　　　　　이다. 그리고 왕자는 내일이면 출전할 몸이고, 또 아바마마께서 옵서도, 벌
　　　　　써 윤허 하시었다. 그러니 공주. 네 뜻은 엇더하냐?

공주　　　어마마마! 소녀 어마마마의 말씀 받들지 못 하와 불효막심하오나 소녀 왕
　　　　　자마마를 친. 오라버니로 생각하옵니다

왕비　　　친 오라비로 생각다가 혼사를 하게 되면 그 아니 좋겠느냐?

공주　　　어마마마, 그러하오면 소녀 오늘 하루만 생각해보겠나이다.

왕비　　　그럼 오늘 밤만 생각하여 밝은 날 좋은 대답이길 바란다.

공주　　　어마마마, 안녕히 주무시옵소서.

삼월　　　공주마마!

공주　　　아이 깜짝이야!

삼월　　　아이 공주마마, 우리 공주마마 수양산에 계신 검백공자에게 홀딱 반하셨나
　　　　　봐요!

공주　　　애 삼월 너는 이 공주의 심정을 잘 알겠지―

삼월　　　그러군요 나도 이·팔 소녀 내 가슴에도 사랑이 스며드니 어찌 공주마마의
　　　　　그 애타는 심정을 이 삼월이가 모를 리 있아오리까!

공주　　　애 삼월아! 너는 어떠한 남자를 사모해 본 일이 있느냐?

삼월	아이 공주마마도 쇤네는 모르와요! (부끄러워한다)
공주	아니 애 삼월아! 저 피리 소리! 저 피리 소리는 검백공자가 불고 계시는가 보지?
삼월	예, 아마 후원에서 불고 계시나봐요!
공주	애 삼월아! 너 지금 그곳 가서 검백공자를 이리로 모시고 올 수 있겠느냐?
삼월	아이 공주마마도 만일 그러다가 남의 눈에 띄는 날에는 쇤네의 모가지는 뎅겅이라구요?
공주	누가 이리로 들어올 리도 없고. 만일 들어오드라도 그 뒷책임은 내가 질테니 아무 염려 말고 좀 모시고 오너라!
삼월	공주마마! 그럼 쇤네가 곳 모시고 오겠나이다. 아이 우리 공주마마. 사랑병이 나서 큰이나셨네!
(창)	장자방에 옥저소리 팔천 제자를 흩으렀나 검백공자 피리소리 우리 공주 가슴 설레이네 춘풍 속에 빵끗하니 우리 공주 가슴도 사랑빵끗 이내 가슴도 사랑에 공주마마 빵끗
공주	검백공자를 만나면 무슨 말부터 할까. 아니 만일 그러다가 남의 눈에라도 띄게 되면 이 일을 어떻게. 하.
삼월	저- 이리로 들어 오시와요
검백	공주마마, 수양산 속에서 초근목피를 먹고 자라난 이 몸, 공주마마의 부름을 받고 이렇게 공주전에 들어온 무례를 용서하옵소서.
공주	공자! 공자는 어이하여 이 같은 밤에 주무시지도 않고 피리만 불고 계시나이까?
삼월	거기에는 연유가 있나이다. (삼월, 살금~~ 퇴장)
공주	그 연유를 알고 싶오이다
검백	연유를 물으시면 무엇이라 말씀드릴 수 없나이다.
공주	어서 서슴치 마시옵고 말씀하사이다
검백	그러니까 작년 이야기로소이다. 공주마마께옵서 수양산에 오셔서 저에게 주신 꽃 한 송이를 가슴속에 깊이 간직하고 있소이다 공주마마. 이 검백이

공주마마께 마음에 죄를 짓고 있나이다.

공주   아니, 마음에 죄라니요?

검백   공주마마께서 주신 꽃송이를 마음에 간직하고 있이오니 어이 마음에 죄가 안되오리까?

공주   아니 그러면 공자께서도 저를…!

검백   일국의 공주마마를 몰라뵈옵고 사모한 죄어서 죽여주옵소서 (그 자리에 읍한다)

공주   공자, 어서 일어 나사이다. 공자께서 마음에 죄라 할진대 이 공주도 그와 똑같은 죄를 지었나이다.

검백   아니, 공주마마께 옵서도요?

공주   네. 그날 수양산에서 공자를 한 번 뵈온 후로는 지금 이 시각까지도 공자의 모습을 잠시도 잊은 날이 없었나이다. 그러니 그것이 엊찌 마음의 죄가 아니옵니까. 그리고 오늘도 공자를 부름은 그러한 연유였나이다.

검백   그렇지만 공주마마. 사부님께서는 부녀를 가까이하지 말라는 엄명이 게시옵고 공주마마는 이 궁중을 벗어날 수 없는 몸, 우리의 사랑은 도저히 맺어질 수 없나이다.

공주   아니오니다. 공자께서 군게 결심만 하신다면 우리의 사랑은 맺어질 수 있나이다. 그리고 이 몸은 공주라 할지라도 온 세상에 의지할 곳 없는 외로운 단향이로소이다.

검백   아니 어떻게 하면 맺어질 수 있나요?

공주   공자도 외로운 몸이 단향이도 외로운 몸 우리 둘이 군게 결심만 한다면 안 될 일이 무엇이 있으리까?

검백   아니, 어떻게요?

공주   공자! 저와 같이 궁중을 벗어나서 농촌으로 가사이다.

검백   농촌엘 가서요?

공주   초가삼간을 아담하게 지어놓고-

검백   밭을 갈아 씨앗을 뿌리고-

공주   닭도 치고 양도 기르고-

검백	가을이 오면 울타리에 주렁주렁 달린 대추를 따서 송편을 빚어 추석을 쇠고-
공주	밭을 갈다가 흙 묻은 손으로 귀여운 어린 아기에게 젖을 물리고요! 공자 이렇게 아름다운 농촌으로 가사이다.
검백	네! 가겠나이다 공주께서 원하시는 길이라면 어데든지 가겠나이다.
공주	그러면 그 결심을 무엇으로 맹세하겠나이까?
검백	저- 유정한 달님에게 맹세하겠나이다.
공주	아니오이다 달은 초승이 되면 뜨고 그믐이면 사라지는 달. 우리에 사랑에 궂은 비가 내릴까 염려가 되오이다.
검백	공주마마! 그러면 아무도 보지 못하는 이 가슴속에 맹세하겠나이다.
공주	공자!
검백	공주!
(창)	끝없는 수평선에 우리 사랑 익어가네-
공주	만경창파 거센 파도 헐타 않고 넘어가네
검백	물결우에 갈매기는 우리 사랑을 축복하고
공주	파도 우에 흰돛대는 우리 사랑을 찬양하네
(합창)	봄이 오면 꽃이 피고
	여름이 오면 녹음방초
	가을이면 잎이 지고
	겨울이면 백설이라
공주	열아홉 살 고은 순정, 공자님께 바치리다.
(합창)	달아~~ 밝은 달아 네 아무리 빛내여도
	우리 사랑을 당할소야
	공주- 공자- (포옹)
	(이때 삼월이 뛰어 급히 등장)
삼월	아이, 공주마마! 큰일 났어요!!
공주	아니, 왜 이리 소란을 떠느냐?
삼월	저- 공주마마! 월무공자가 이리로 오고 있나이다.

공주	뭣이, 월무공자가? (당황한다)
삼월	예 어이하면 좋사오니까?
검백	공주마마!
공주	자 어서 제 침소로… 삼월아. 너도 어서.
검백	(침소로 퇴장)
삼월	(상수로 퇴장)
	(월무 등장)
월무	공주마마!
공주	무엇이오?
월무	(서서히) 오늘 밤 달이 하도 밝아, 잠이 오지 않기에, 공주마마와 이야기나 할까하고 이렇게 찾아 왔나이다.
공주	밤도 깊고 할 말도 없으니, 그만 물러가사이다.
월무	공주마마! 오늘은 공주마마의 쾌한 승낙을 듣지 않고는 물러갈 수 없나이다
공주	야밤중 공주전에 침입하여 희롱함은 실례가 아닐까요?
월무	물론 실례인 줄은 잘 압니다만은. 그러나 공주마마! 공주마마는 어이하여 이 월무의 불타는 심정을 몰라주시옵니까? 공주를 사모하여 밤이면 밤 꿈이면 꿈. 한 시각도 잊어버릴 수가 없나이다. 공주마마 이 월무의 심정을 알어 주시옵소서. 공주마마.
공주	월무공자, 공자께서 이 몸을 사랑한다는 것은 감사하오나, 이 몸 그 뜻을 받어 드릴 수 없어 오니, 어서 물러 가시요!
월무	공주마마
공주	(뿌리치며) 아니, 여기가 어디라고, 흙발로 오는 게요!
월무	공주마마 하~~~
공주	아니, 이게 무슨 망동이요!
월무	망동? 하~~ 공주! 공주는 이 나라 공주가 아니라는 것을 잘 알겠지! 공주! 공주는 내 마음대로 할 수 있단 말이요 자─ 어서
공주	야비해요! 비겁해요!

월무	하~~ 공주마마의 그 보드라운 손으로 뺨을 맞으니 한결 기분이 좋소이다. 하~~ 자– 공주 (다시 꿇어앉으련다)
공주	아니! 이러면 소리를 칠 테요!
월무	아무리 소리를 쳐도 이 공주전에 들어올 사람은 아무도 없오이다. 공주마마! 어서 이 월무에 품에 안겨 주사이다. 자–
검백	아니, 웬 놈이냐?
월무	아니, 네놈이야말로 웬 놈이냐?
검백	왜 알고 싶으냐? 수양산에서 초근목피를 먹고 사는 산돼지다!
월무	음! 네 놈이 여기가 어디라고 들어왔느냐?
검백	산돼지와 집돼지, 작년 싸움 계속해볼까?
월무	이놈, 당장에 죽여버리겠다. (칼을 뺀다)
검백	늬가 칼을 빼면, 어떻게 할테냐?
월무	뭣이라고? 이놈, 어듸 두고 봐라. 도적이야! 도적이야!
공주	아니 뭣이라구!
	(이때 상하수에서 왕, 왕비, 왕자, 사부, 일손, 삼월 등장)
왕	아니 도적이라니?
월무	예– 상감마마 소신이 후원에서 달구경을 하고 있었사온데. 난데없이 공주전에서 비명소리가 나기에 달려와서 본 즉, 저 보기에도 흉한 산돼지 같은 놈이 공주마마에게 야수와 같은 행동을 하기에, 소리를 질러 도둑이야! 소리를 질렀나이다
공주	아바마마! 저자의 말은 모두가 거짓이로소이다. 널리 통촉하옵소서.
왕	아– 세상사 허무한 일도 많도다!
사부	검백아! 네 이놈! 여기는 무엇 하러 들어왔느냐?
검백	사부님!!
일손	상감마마! 저런 놈은 당장에 참하옵소서 상감마마!!
왕	조용들 하라! 이 사실은, 내가 다시, 사실 할 때까지 경들은 아무 말 하지 말라. 그리고 월무야, 검백이를 하옥하라!
사부	상감마마! 신의 죄 죽어 마땅하옵니다.

왕	그리고 이 진상을 밝힐 때까지는 경들은 발설치 말아라!
일손	애, 월무야! 저놈은 단단히 문초하도록 해라
왕	에이 꼴보기 싫다. 어서 물러들 가라. (퇴장)
월무	자— 가자!
왕자	잠깐만. 검백이 그대에게 내가 한 가지 묻노니… 이 공주전에는 어떻게 해서 들어왔는지 그것만 대답해 보라!
검백	왕자마마. 더 묻지, 마시옵소서. 그 말씀을 무르시면 소인한 없이 안타깝사옵니다.
왕자	알겠도다. 검백이. 부왕마마의 명이라 나로서 검백이를 구하지 못함을 용서하라! 월무공!
월무	예.
왕자	어서 검백이를 하옥하라!
월무	자— 가자!
검백	공주마마!
공주	검백공자!
월무	어서 가자, 어서 걸어.
공주	검백공자! 어이할고 어이할고. 이 내 심사를 어이할고— 이리 갈까 저리갈까 목이 메, 우는 단향. 검백공자를 따르자니 국법지상 용서 않고 한이로다. 한이로다. 왕자마마 용서하오.
왕자	사랑이란 것은 인력으로는 막을 수가 없는 것인가 보오. 단향공주가 그토록 검백이를 사랑했다면 왜 진작 나에게 말을 못했오.
공주	왕자마마 용서하옵소서. 수양산에서 검백공자를 한 번 본 후로는 이상하게도 내 마음이 끌려 왕자마마의 청혼에 응하지 못하였음을 마음껏 꾸짖어 주사이다.
왕자	단향공주 염려마오. 내 어떠한 일이 있드라도 검백이를 구하여 단향공주의 소원을 풀어주리다.
공주	왕자마마, 감사 감사하옵니다. 왕자마마!

(하막)

제3막 (감옥)

무대	상수편에 옥창살이 보이고 그 안에 검백 갇혀 있다 (하수로는 대궐로 통하는 문) (음악과 아울러 막이 오르면 옥사정 창살 앞에 앉아 졸고 있다) −소간−삼월 (이윽고 삼월이 등장)
옥사정	아이 깜짝이야 누구야!
삼월	나야 나! 아니 대낮에 졸고 있으면 어떻게 해!
옥사정	응!? 삼월이로구나. 나는 누구라구. 이 창으루, 푹 쑤셔 죽일랴구했다.
삼월	어머나 무서워… 그 창으로 찌르면 죽게?
옥사정	그럼 죽지! 그런데 너 삼월이 여기까지 웬일이냐?
삼월	나도 이·팔 소녀. 내 가슴에도 사랑이 스며드니. 님 찾아 한 걸음 두 걸음 걸어온 것이 여기까지 왔지 뭐!?
옥사정	뭐? 님 찾아 한 걸음 두 걸음 온 것이 여기까지 왔어?
삼월	그럼!
옥사정	흐~~~ 애 삼월아!
삼월	응!
옥사정	너, 청실홍실 아냐? 우리 청실홍실 맺어 가지고, 너하고 나하고, 아들딸 낳고 알콩달콩 살어보자−
삼월	뭐? 너하고 살어? 아−니 너 같은 병신을 누가 사랑한대.
옥사정	뭐 어쩌?
삼월	생각을 해봐! 코는 삐뚜러지고 입은 쭉 찢어지고 다리는 절름발이 아이구 게다가 꼽추 그런 병신을 누가 사랑한대?
옥사정	애 삼월아 내가 몸은 이렇게 병신이지만 마음만은…
삼월	마음 많은 어때?
옥사정	마음 낳은 밤하늘에 은하수 같고, 반달 같고, 물찬 제비 같고, 오뉴월 장마통에 똥땡이 같고, 귀신 같고…

삼월	아이구, 그만!
옥사정	이런데도 늬가 내 마음을 몰라주냐? 삼월아!
삼월	모르기는 왜 몰라
옥사정	정말 알어? 테헤~~ 내가 너를 얼마나 좋아하는지 들어봐라!
(창)	잠을 자나 꿈을 꾸나 늬 생각이 간절하고
	옥을 지키고 있다가도 늬 생각이 간절하며
	늬 생각을 허다가 병이 났는데
	너는 내 마음을 어이 몰라주느냐?
삼월	
(창)	모르기는 왜 몰라
	옥사정의 고운 마음 내가 모를 리가 있소
	청실홍실 맺을 날만 손꼽아서 기다리네
	청실홍실 맺을 날을 어느 하시 되려는지
	손꼽아 기다리며 춤을 추며 놀아보세
옥사정	삼월이
삼월	아이 답~해 참 옥사정―
옥사정	응―
삼월	내가 옥사정 하고 같이 노는 바람에 깜박 잊었었네
옥사정	뭘 잊어버렸어?
삼월	옥사정, 뭘 찾어?
옥사정	뭘 잊어버렸다면서!
삼월	그게 아니고. 내가 옥사정에게 할 말이 있어!
옥사정	뭔데?
삼월	저― 옥사정
옥사정	응!
삼월	저 옥에 있는 검백공자를 어떻게 한대?
옥사정	음― 나두 잘은 모르지만, 저 월무 공자의 말은 아마 죽인다나 바!
삼월	뭐? 죽여? 아아, 어떻게 하나! 우리 공주마마 정말 정말 불쌍해서 죽겠어.

	저 검백 공자가 옥에 갇힌 후로는 진지두 안 잡수시구 밤에 주무시지두 않구, 매일 눈물로 세월을 보내고 계시니, 정말 가 옆에서 못 보겠어—
옥사정	정말 딱해서 못 보겠어
삼월	아이참, 이 정신 좀 봐, 옥사정!
옥사정	응?
삼월	저— (문서 끄내서) 이것 좀, 저 검백 공자에게 전해줘.
옥사정	이게 뭔데?
삼월	이거 공주마마의 편지야. 옥사정 좀 전해줘!
옥사정	뭐? 편지?
삼월	응!
옥사정	안돼!
삼월	왜, 안돼!?
옥사정	그러다가 들키면, 내 모가지는 뎅겅 허라고!
삼월	그러니까, 아무두 없을 때, 슬쩍 전해주면 되지 않아!
옥사정	안돼! 안돼!
삼월	아이 옥사정! 청실홍실 몰라!
옥사정	청실홍실?
삼월	그래! 청실홍실 알콩달콩!
옥사정	헤헤— 이거 야단났네. 사랑하는 삼월이 청인데 안 들어줄 수두 없구. 들을 수도 없구. 들어주다가 잘못하면 내 모가지는 뎅겅. 안 들어주면 청실홍실 알콩달콩 못하고! 야단났네!
삼월	아이 옥사정! 얼른 좀 전해줘서!
옥사정	어 이거 큰일 났네! 얘 삼월아 너 그럼 저쪽에 가서 망을 좀 보고 있어
삼월	그래!
옥사정	허 이거 어떻거나.! 할 수 없지. 나중에 모가지는 뎅겅해두, 청실홍실 알콩달콩 저— 공자! 공주마마께서 이 서신을…
삼월	옥사정. 옥사정. 큰일 났어. 월무공자가 이리 오고 있어.
옥사정	뭐? 월무공자?

삼월	어서 그걸 이리 줘!! (빼어 감춘다.)
옥사정	아이구, 이 계집애야. 그러기에 내가 뭐라구 그랬어?
삼월	쉬잇!
	(월무 공자 등장)
월무	얘 이놈아! 이 옥 근방에는 개미 새끼 한 마리 얼씬하지 못하게 허라구 했거늘, 뭣들이냐? (삼월에게) 너는 여기 뭣 하러 왔니? 너 공주에 무슨 연락을 가지고 왔지?
삼월	아니예요! 저— 저—
옥사정	저— 내가 보고 싶어서 왔대요!
월무	뭣이? 빨리들 물러가라
삼월	네. 네—(급퇴)
월무	너는 들어가 있다가 부르거든 나와라
옥사정	불나면 나와요?
월무	내가 부르거든 나와!
옥사정	불나면 나와요?
월무	그래!
옥사정	예— (상퇴)
월무	(사방을 살핀 후, 하수에 손짓한다)
	(파취공 등장)
파취	월무공!
월무	파취공! (턱으로 옥을 가리킨다)
파취	음—흐~~ 저놈이 바로 우리 백제와 싸와보겠다고 십 년 동안 산중에서 검술 공부를 했다지요?
월무	허~~ 어리석은 놈이지요. 제까짓 주제에 하~~~
파취	참, 월무공! 멀리 안에 우리 백제가 쳐들어오면, 신라는 멸망하고 월무공에게도 큰 벼슬을 할 것이오리다.
월무	아버님께 들어서 잘 압니다. 그런데 파취공 저놈을 내 손으로 처칠하게 되면 이 궁중에서 여론이 심할 것 같아서 공께 부탁하는 것이니, 당장에 처치

	하도록 하오.
파취	염려마시오. 이래 봬도 내가 백제에선 유명한 검객이였오. 저런 놈쯤이야 문제 있어 오니까? 염려 마십쇼 헤~~~
월무	자- 그럼 실수 없이 부탁하오. 그럼 잠시 나가 기다리시요!
파취	알겠오. 그럼- (하수 퇴장)
월무	옥사정! 옥사정!
옥사정	예!(등장) 불러 게시옵니까?
월무	그래 불렀다. 옥에 갇힌 저놈을 이리 끌어내라 어서!
옥사정	저놈을 이리 끌어내요?
월무	그래!
옥사정	에잉 또 때릴려구요!
월무	잔소리 말고 끌어내!
옥사정	예!
월무	흔들어 깨워 끌어내!
옥사정	예.(옥에 가서) 공자 공자- 아마 죽었나 봐요!
월무	뭣이? 야 이놈아, 빨리 끌어내 이놈아! (때린다)
옥사정	또 때린다!
월무	잔소리 말고, 끌어내 이놈아!
옥사정	예! 저- 공자
검백	(정신을 차려 움직인다)
옥사정	살아서 움직여요!
월무	끌어내!
옥사정	예! 공자 나가요. (부축하여 드러낸다)
월무	야, 이놈 정신차려라. (발로 찬다) 옥사정!
옥사정	예.
월무	너는 안에 들어가서 몽둥이 하나 내오너라
옥사정	목탁을 가져와요!
월무	몽둥이를 가져와!

옥사정	에이, 또 때릴려구!
월무	잔소리 말고 가져와, 이놈아!
옥사정	예 예 (내퇴)
월무	병신 같은 놈의 자식!
옥사정	(등장) 가져 왔어요 (준다)
월무	야 이놈아, 이게 몽둥이냐?
옥사정	그걸루 때려두 아퍼유.
월무	병신같은 놈. 좀 더 큰 놈을 가져와.
옥사정	큰 놈으로?
월무	그래 이놈아!
옥사정	예– 큰 놈으로(내 퇴) (큰 장 때 들고 등장) 가져왔어요!
월무	야 이놈아, 이게 몽둥이냐?
옥사정	큰 놈으로 가져왔는데 괜히 야단이셔?
월무	야 이놈아. 매칠 것이니까. 적당한 놈을 가져와야지.
옥사정	적당한 놈이요?
월무	그래 이놈아!
옥사정	예– 적당한 놈(내퇴 했다가 몽둥이 ** 등장) 가져왔어요.
월무	됐다. 너는 안에 가 있다가, 내가 부르거든 나오너라!
옥사정	불나면 나와요?
월무	부르거든 나와! 이놈아!
옥사정	네– 부르거든 나와요. 예! 때리지 말아요. 아퍼요!
월무	잔소리 말고 들어가!(때린다)
옥사정	아이구 예– 예–(내퇴)
월무	야, 검백아 오늘은 내가 묻는 말에 바른대로 대답해라. 너는 공주와 무슨 내통이 있지?
검백	없다
월무	뭣이? 없어? 에잇(때린다) 네놈은 내가 수양산에 갔을 때 공주가 네놈에 말을 두둔해서 말하는 것이 분명 너와 무슨 내통이 있는 것이 틀림이 없어.

	바른대로 대라. 바른대로 대?-(때린다) 나는 모른다구? 에잇, 이래두?(때리며) 대라, 대?-
검백	없다. 모른다. 아- 목이 탄다. 물, 물 나 물 좀 다우 물.
월무	오냐! 목도 탈 것이다. 내 물을 줄 테니 바른대로 대라 여봐라! 옥사정! 옥사정!
옥사정	네! (등장)
월무	너 나가서 물 좀 떠가지고 오너라.
옥사정	불 가지고 와요?
월무	물을 떠 와 이놈아!
옥사정	네- 물이요. 냉수를 떠 올까요? 숭늉을 떠 올까요?
월무	아-무거나 가져와. 이놈아.
옥사정	예-예 저- 물보다 술이 더 나을 텐데...
월무	잔소리 말고. 물 떠와야 이놈아-(때린다)
옥사정	아이구. 예-예 저- 많이 떠올까요? 조끔 떠올까요?
월무	그래, 많이 떠오너라.
옥사정	많이요? 예- 많이!
월무	공자! 물 많이요!
월무	거기다 놓고. 너는 안에 가 있다 부르면 나와!
옥사정	(들어가며) 이젠, 고만 불러요.-(퇴장)
월무	야! 검백아! 물 여기 있다. 내 물을 줄 테니 어서 숨김없이 말하여라!
검백	물, 물을 다오.
월무	그래 물을 줄 테니 어서 말하여라 자- 물 물 물~~ 네 놈이 말을 안 하는데 내가 네놈에게 물을 줄상 싶으냐-
검백	아- 물 물-
월무	그래 물을 줄 테니 말을 해라. 공주와 무슨 내통이 있지? 있지?
검백	나는 모른다. 어서 물 좀 다우. 물.
월무	무었이라구? 에잇. (몽둥이로 때린다)
검백	으악! (쓰러져 기절한다)

월무	에잇, 지독한 놈이로구나. 어디 두고 보자! (하수에 손짓한다)
파취	(등장)
월무	(파취 귀에 대고 무엇이라 속삭인다)
파취	(빙그레 웃으며 퇴장)
파취	(칼을 빼 들고 검백을 치려한다)
검백	(정신을 차려 파취와 결투)
	(검백 다시 기진맥진 쓰러진다)
	(월무 등장)
월무	예잇, 병신 같은 놈! 검술이 비범하다기에 부탁을 했더니, 도리어 이놈에게 칼을 맞고 도망을 쳐! 에 있는, 병신 같은 놈! 오냐− 할 수 없다. 내 손으로 죽여주마! 검백이는, 이 월무의 칼을 받아라! 에잇.
	(이때 사부 등장)
사부	월무공!
월무	뭣이요?
사부	아무리 검백이가 불칙한 행동을 했다기로소니 그렇게까지는 할 것이 없지 않오!?
월무	사부는 참견할 바 아니니, 썩 물러가시요!
사부	나는 왕명을 받고 왔오!
월무	뭣이? 왕명?
사부	그렇오! 여봐라, 옥사정, 게 있느냐?
옥사정	예!(등장) 아이구 사부님, 행차시오이까?
사부	검백이를 옥에다 넣고 그 열쇠를 이리 가져 오너라!
월무	않이 사부! 열쇠는 왜 달라는 거요?
사부	날 더러 보관하라는 왕명이요!
옥사정	왕명! 왕명!
사부	검백아, 너를 옥 속에 넣고 가는 이 늙은 몸 한없이 가슴이 아프구나!
검백	사부님! 이 몸은 어찌하면 좋사오리까?
사부	오냐!! 천붕우출이라 하였으니 얼마나 동안만 고생을 하여라

월무	에잇, 듣기들 싫오! 어서 물러 가시요!
사부	월무공! 이 열쇠는 잠시 내가 보관하겠오! (퇴장)
월무	에잇, 저놈에 늙은이의 수염에다 불이나 확 질러버릴 것을. 어디 두고 보자. 검백아! 아까는 내가 너무 때려서 미안하다. 내가 물을 줄 테니 이 창살로 손을 내밀어라.
검백	고맙다. 물 물─(손을 내민다)
월무	자─ 물 (하며 손을 창살에 묶는다) 하~ 천 번 만 번 찢어 죽여도 내 분이 안 풀리겠다. 하여튼 공주 년이 더러운 년이야! 나 같은 사람을 놔두고 저런 산돼지 같은 놈을 사랑하여 가진 음탕한 짓을 해. 어듸 두고 보자! (월무, 분에 못이기며 하퇴) (잠시 후 공주 복면을 하고 살금살금 등장)
공주	(옥 앞에 와서) 공자! 검백공자! 아니, 세상에 못된 놈들 사람의 손을 이렇게 묶어놓다니.
검백	아─ 물─ 물─
공주	물이요. 공자 물 여기 있어요!
검백	오!(마신다) 아─ 공주마마! 이곳까지 어이 행차 하셨나이까?
공주	사람에 눈을 피하여 공자를 보러 왔나이다
검백	공주마마! 이 몸은 이왕에 죽을 몸이오니 공주마마는 어서 돌아가시옵소서!
공주	아니오이다! 님이 없는 세상에, 이 몸 혼자 살아 무었하리까!
검백	그러나 지금 월무는 시시각각으로 이 목숨을 노리고 있나이다. 그러니 옥에 갖인 몸으로 어찌 살기를 바라릿까?
공주	공자!
검백	이 창살! 이 창살을 부시고 나갈 수는 없을까?
공주	
(창)	검백공자 없는 세상 살 수 없는 이 내 몸을 하늘 높이 뜬 구름아 우리 둘을 실어 가소서 가자하니 가시덤불 죽자하니 애석하오─

신이시여! 아련한 우리 둘 청춘남녀를 위하여 갱생에 열쇠를 주옵소서—

(이때 왕자나 왕, 보고 있다가)

왕자　그 갱생에 열쇠는 내가 가이고 있소! 어서 이 열쇠로 검백이를 구하여 산간 깊이 피신하여 부디 행복하게 사시오. (준다)

공주　아— 구원의 열쇠— 왕자마마! 감사 하여이다! (검백을 구해 끌고 나온다)

왕자　그리고 검백이— 이 칼을 받으라! 이 칼을 가이고 산간 깊이 피신하였다가 만일 국란이 일어나면 솔선 칼을 빼들고 전지에 나가 적을 무찌르기 바라오!

검백　왕자마마! 왕자마마의 태산 같은 은총을 받들어 멀리 피신 하였다가 국란이 일어나면, 즉시 전지에 나가, 원수들을 무찌를 것을 맹세하겠아 옵니다.

왕자　고맙소! 자 어서들 떠나오!

공주　왕자마마, 내내 만수무강하옵소서

검백　자—어서 갑시다 (나가려할 때)

(사부 조금 전에 나와 보고 있다)

사부　검백아!

이인　(놀래 멈춰 선다)

사부　왕자마마! 검백이는 먼 곳으로 못 가는 몸이 오니.

왕자　사부! 애끓는 젊은이들의 정경을 보살펴 멀리 보내주도록 합시다!

사부　왕자마마! 저 두 사이는 맺을 수 없는 크나큰 연유가 있나이다

왕자　아니, 연유라니요!

사부　아뢰옵겠나이다. 검백이와 단향공주는 친혈육 남매지간 이옵니다.

일동　뭣이라구?

사부　검백이 애비는 이 나라 충신 장군으로서 백제군과 싸우다가 그만 전사하고 말았나이다. 그때, 상감마마께서는 두 남매를 불쌍히 여기사. 단향을 양딸로 삼으시고, 검백이는 이 늙은 놈에게 맡겨 깊은 산중 태백사에 드러가 백제군에 쓰러진 아버님에 원수를 갚기 위해 십 년 동안 검술 공부를 성상 하였든것이옵니다!

왕자　그랬든가요?　나는 그런 줄도 모르고 두 사이에 행복을 은근히 빌고 있었

오.

검백   사부님, 그러시면 왜 그렇다고 진작 말씀을 못하셨나이까?

왕자   너의 검술 도중 지장이 생길까 염려됨이요. 상감마마의 명이 있었단다. 그것이 원인으로 오늘날 이런 불상사가 생기고야 말았구나!

검백   사부님! 누이동생을 모르고 사모했든. 이놈, 살아서 무었하오리까? 어서 이 칼로 제 목을 잘라주십시오.

사부   아니로다. 그 죄는 마땅히 나에게 있노라! 어서 일어나서 여태까지 흐리뭉덩 했든 마음을 깨끗이 씻어버리고, 피차 혈육지간이면서, 그동안 고독했든 회포나 풀어 보도록 하여라!

왕자   검백이! 어서 일어나오!

사부   자— 어서—

검백   (눈물을 머금고) 단향아!

공주   오라버니! (가슴에 안긴다)

왕자   하~~ 과연 꿈 아닌 꿈이로다! 이런 줄도 모르고, 두 사이에 결합을 마음속에 빌고 있었지 하~~

        (이때 일손과 월무 이야기하며 등장)

일손   그러니까 월무야, 그걸 이렇게 허란말이다. (보고) 아—니, 저놈을 누가 내왔오?

왕자   내가 내왔오!

일손   아니 왕자마마, 저놈은 일국에 공주마마를 희롱한 죄인인데 어찌하여 내놓았오?

왕자   그 책임은, 내가 지겠오!

일손   듣기 싫오! 왕자는 국법을 어길 셈이요?

사부   일손대감. 왕자마마께서 책임을 지신다 하니, 널리 이해함이 오를까 하오

일손   닥치시오! 애, 월무야! 저놈을 단칼에 베도록 하여라!

월무   염려마사이다. 이놈 검백아! 내 네놈에 목을 단칼에 베리로다.

검백   사부님! 어찌하오리까? 젊은 용기에 더 참을 수 없나이다

사부   오냐! 네 뜻대로 해 보아라.

(검, 월무. 어울려 칼싸움. 이윽고 월무를 칠라 한다)

사부　　검백아! 하~~ 과연 애비를 닮아서 검술에 비범하도다. 죽이지는 말고, 그대로 내버려 두어라! 하~~

일손　　예있, 병신 같은 놈 죽어라 죽어!

(이때 상감마마 행차시오- 쉬-)

(일동 읍한다)

왕　　(등장) 왜 이리 옥 근방이 소란스러운고?

일손　　상감마마! 저 왕자와 사부가 결탁하여 저 죄인 검백이를 국법을 위반하고 살리랴 하나이다.

왕　　국법이고 뭣이고 모두가 짐의 의중에 있나니라. 지금 국사가 다난하고 백제는 오늘 내일, 쳐들어 오려고, 엿보고 있는 이때에, 이런 사소한 일을 가지고 요란케 하는 것은 당치 않은 일이로다.

일동　　황공하옵니다

왕　　좌우는 들거라! 짐은 이 자리에서 명하노니 저 사부는 이 나라 수시중으로 봉하여 국사를 맺게 하고, 검백이는 이 나라 군사를 총지휘하는 총장으로 명하노라!

사부　　상감마마!

왕　　그리고. 내 양딸 단향이와 왕자의 성혼식을 내일 거행할 것이니, 제신들은 모두 그리 알고 참여토록 하라!

일동　　경축 경축하옵니다.

검백　　단향아! 어서 왕자마마 품에 안기도록 해라

공주마마 왕자마마! (왕자 품에 않긴다)

왕자　　오- 공주 하하~~

(이때 뭘리서 큰 북소리 둥~ 들린다)

왕자　　오- 진격에 북소리는 들려온다. 검백이! 우리는 모-든 힘을 모아 삼국을 통일하여 완전국가를 건설합시다!

일동　　검설합시다!

(창)　　들려온다 들려온다

증소리 북소리 들려온다
동래로는 왜적들치고
서북으로 오랑캐를 물리치세
검백 장칼을 들고 무찌르니
왕자마마 단향공주
아름다운 원앙새 한 쌍 기리기리
기리기리 빛내소서 빛네소서

(하 막)
제1편 끝

두견각

등장인물 : 도령 이국현, 장미, 해나무댁, 이판서, 깡쇠, 전주사, 칠보, 강화도사, 정용,
　　　　　정심, 장사꾼 1-3, 처녀들 1-4, 어린애 2살 출연, 이방, 사또, 이조판서,
　　　　　장미, 병조판서.

제1막

무대면　　하수 그날 주막집
개막-　　처녀들 바구니 들고 노래 부른다

국현·장미 (2인서서, 사랑가로 놀다 바닷가로 퇴장)
처녀들
(창)　　　간다 나는 간다
　　　　　푸른 바다 백사장에 등장 돌고
　　　　　나는 푸른 물에 조개잡이 나는 간다
처녀1　　총각 낭군, 진짓상에 우울하게 차려 놓구. 화촉 동방 불 켜놓고 백년가약
　　　　　맺어보리.
합창　　　간다 나는 간다 푸른바다 백사장에 들고
　　　　　나는 진주물에 조개잡이 나는 간다

깡쇠
(창)　　　등장 낫구나 바람이 낫구나
　　　　　바닷가 저 처녀들 봄바람 바람이 나서
　　　　　춤을 추며 조개잡이 핑계 대고
　　　　　총각낭군 만나고저 연지 곤지 곱게찍고
　　　　　바닷가로 가는구나

처녀1	저런, 오라질 자식 있나. 말을 하면, 다한 줄 알고, 뭐가 어쩌긴 어째?
깡쇠	요것 봐라. 조그만 계집이, 대장부 사내를 보고 닷자 곳자 욕을 해?
처녀2	흥, 봐하니 네가 서울 양반댁 곤장 맛만 알지 바닷가 처녀들 주먹맛을 몰랐구나?
깡쇠	아하. 내가 간밤에 못 먹을 것을 먹고, 처녀 저승엘 들어왔나! 도대체 요것들을.
처녀3	뭐가 어쩌구 어째? 이 자식이 말이면은 다하는 줄 알고. 처녀 저승엘 들어왔어? 그러면 우리가 귀신이란 말이냐?
깡쇠	허허...오늘 깡쇠 신세. 말이 아니구나.
처녀1	이 자식아, 허구 많은 이름을 두고, 하필이면 무슨 놈의 이름이 깡쇠가 뭐냐? 깡쇠가 이름한 번, 지져분 하다.
처녀들	글쎄 말야. 호호호—
깡쇠	자, 요것들을 다 어떻게 하지. 서울만 같으면 모두 붙들어다가 모두 모아 줄로 꽁꽁 묶어 놨고, 곤장을 쳐주겠다만은.
처녀1	큰소리는 호호호⋯. 그런데 대관절, 너희댁 도련님은 뉘댁 도련님이냐?
깡쇠	너희들 두고 기절마라. 우리 도련님이 뉘시냐 하면, 삼정승 육판서 중에 제일 천세를 가지고 계시는, 병조판서 이판서대감의 자제님이신데, 과거 공부하러 여기 오신 것이다. 어떻냐 깜짝놀랬지?
처녀2	뭐? 과거공부?
깡쇠	그 어른이 장원급제하시면 장차는 정승이 되시거나 판서가 되시거나 삼각 산 더 이보다 더 큰 벼슬을 하실 분이냐
처녀3	야야. 그런 도련님이 하라는 과거 공부는 안 하고 주막쟁이 딸을 데리고 희롱하시니 그것도 양반의 짓이냐 말이다.
깡쇠	야야, 그것은 너희들 모르는 소리다. 들어볼래?
(창)	명사십리 피어나도 호박꽃은 호박꽃이요
	개천가에 피어나도 장미화는 장미 화라
	도련님 춘추 십칠 세라 솔솔부는 봄바람에
	신바람이 절로 나서 장미화를 덥석 안고 호접몽을 꾸실세라

　　　　　　호박꽃들아 너희들도 봄바람이 신이 나면 아무도 몰래 살짝꿍

　　　　　　깡쇠도련님을 찾어 오너라

처녀1　야, 이놈아. 너 내 말 좀 들어봐라.

(창)　양반 도령을 좋아라고 겁이 없이 다니다가

　　　　요모조모 정바람에 오장육보 쏟아 놓고

　　　　당나귀의 뒷발치에 사정없이 채여 놓으면

　　　　이고 대고 복통할 일

(대사)　어느, 실없는 년이 헌단 말이냐?

깡쇠　흥, 요것들이. 서해바다 생선맛만 봤지. 그 달고 쓰던, 그 아깃자깃한 사랑이란 것을 모르는 모양이구나.

처녀3　미친 녀석. 아직 장가도 못 간 녀석이, 사랑 사랑.

깡쇠　너희들 사랑이란 것, 맛만 봐라. 두 눈이 확 돌아가고 가슴은 두 방맹이질을 해서, 두근두근.

일동　듣기 싫어. 이 자식아. (덤빈다)

깡쇠　아이구 (이리저리 쫓겨 다닌다)

해나무　(안에서) 아니 뭐가 밖에서 시끌덤벙 하느냐?

처녀2　이 애들아. 호랑이 마님 나온다 가자. (처녀들 나간다)

깡쇠　좋다. 둥일이로구나 허ㅡ참

해나무　(나오며) 아니, 어느 년들이 여기서 뜨들었어?

깡쇠　저ㅡ 방죽길로 달음질쳐 가는 것 좀 보쇼. 저것들이 이 동래 쳐녀들이요?

해나무　저런, 오라질 년들 같으니라구. 저 모양에 나이는 십 칠 세 됐다구, 봄바람은 살살 불어나니까 엉덩이 바람이 나서.

깡쇠　저것들 모두 내게 주면 다섯째 여섯째 일곱째 첩을 삼으련만

해나무　예라, 이 도덕 놈 같으니라구 온. 한참 잠이 스르르들었는데, 떠드는 바람에 그만, 깜짝 놀래 깻네 그려.

깡쇠　저렇게 흔한 계집들을 두구. 삼십이 넘도록 장가맛도 못 보고 나니. 이런 놈의 팔짜가 어디 있담.

해나무　설마하니 총각으로 늙어 죽겠냐. 아니 그런데 우리 장미 어디 갔기에 코끝

	도 안 보이나?
깡쇠	말씀 마소. 우리 도련님을 모시고 지금 원앙의 한 쌍되여 바닷가 모래사장을 씨암닭 걸음으로 아장 걸어다니고 있을꺼요.
해나무	아이구, 뻔뻔스러운. 나는 그래도, 지금까지 없는 어린애로만 봤드니. 이제 보니 그리됐나.
깡쇠	말씀 캅쇼. 계집애들은, 삼오는 십오 열다섯 되면, 가슴속에 시랑인가, 건넛 방인가에 어쩔 줄 모르면서도, 시치미를 딱 되고 있잖아요.
해나무	그러고 이 도련님인가? 이 양반은 강화에 과거 공부하러 왔다구 하면서, 공연한 계집 바람만 맞춰. 주물을 대로 주물러 놓고 어떻게 할 작정이야!
깡쇠	글쎄, 그 어른은 장안에 으뜸가는 양반 자제님인데, 설마 떨어진 짚신짝 버리듯 버릴리가 있습니까.
해나무	아— 나도 이팔청춘 소녀 시절에는 한발 가웃 검문 머리를 동백기름 발러 곱게 빗고 열두 폭 홍갑사 치마에 꽃신을 신고 삼사월 봄바람에 꽃을 찾아 다닐 때도 있었는데. 어느덧 구정 세월 화살 같이 지나가서 백수는 펄펄 주름살은 오락가락.
깡쇠	아— 칠성판 냄새가 구수 하구나
해나무	예라, 이 망할 자식 같으니라구.
깡쇠	아— 그러지 않습니까?
해나무	아~
(창)	원통하고 원통해라. 이내 신세 원통해라. 연지 찍고 곤지 찍고 창포 꺾어 머리 빗는 오월이라 단오날에 양수량에 그네 메인 봄바람에 오락가락 흥겨워 놀았건만 이네 청춘 어디가 고 백수 펄펄 웬일이냐
깡 쇠	아니 할머니 같은 분도 연지 찍고 곤지 찍고 홍갑사 치마에 우쭐대며 다니던 때도 있었오?
해나무	암. 나라고 청춘 시절이 없었겠니?
깡쇠	나는 또. 세 살 때부터 이렇게 늙은 줄 알아.
해나무	예라, 의미로 먹을 놈 같으니라구.
깡 쇠	술이나 한잔 먹읍시다 (퇴장)

해나무	뭐? 안 돼. 이놈아 돈 내놔 돈. (퇴장)
	(장미 국현 등장)
국현 (창)	창파 만 리 바다 위에 백수는 펄펄 원왕새는 우는구나
장미 (창)	수양버들 가지 우에 벗을 불러 슬피 우는 꾀꼬리야 울지마라
합창	창공 우에 떠다니는 한 뭉치의 흰 구름도 모진 바람 소낙비에 이별할 리 오리로다
국현	이, 애 깡쇠야.
깡쇠	(나오며) 네
국현	나귀 안장 쥐여 놨느냐? (해나무 댁 나온다)
깡쇠	네. 벌써 끝내놓고 도련님 오라시기만 기다리고 있습니다.
국현	그럼, 즉시 떠나기로 하자.
해나무	아니, 떠나시는 건 좋이만, 우리 장미년은 어떻게 하시려오?
국현	글쎄 당장 이 자리에서 어떻게 할 수 있나? 내가 과거 급제를 하고 불효 말 같지만, 엄친께서 작고를 하신 다음에야 내가 다려가든지 할 것이니, 그리 알게나.
깡쇠	그럼은요. 대감마님께 이 사실을 아신다면 큰일 납니다. 대감마님께서 돌아가신 후에야 우리 도련님께서 활개를 치시고 대궐 같은 집도, 도련님 것이요. 수박두락 전답도 또 부엌의 가마솥도, 살강우의 숟가락 몽댕이도, 장독 안에 된장 간장 그릇까지도 몽땅 차지하시는 날. 에야 불러가시든지, 살든지, 하시겠지요.
국현	날 믿어 주오. 내 양반의 자식인데, 일구이면 할 리 있겠는가. 내 염려는 말고, 장미를 좋은 인연 있다고 시집이나 보내지 말게.
해나무	별말씀이쇼. 양반이 어디 따로 있는 줄 아시요. 지금은 내가 비록 나루터 주막쟁이 노릇을 하지만 나도 뼈가 있는 집 자손이요. 깨고 보면 나도 당신들 못지않은 집 자손이야.
국현	내가 올라가는 즉시로 서신을 보낼 것이요. 적어도 한 달에 한 번씩은 서신

	을 보낼 것이니, 염려 말게.
해나무	가서 소식 없는 것도, 시러배 아들놈이지.
장 미	어머니!
해나무	왜 내가 시러배 자신이라구 했다구 설마하니 장모 불기 때리겠니.
국현	그게 무슨 말인가? 보내는 장미의 마음 쓰리고 아프겠지만 내 사람을 떨쳐 버리고 떠나가는 내 마음도 칼로 에어내는 듯이 쓰리고 아프네. 장미야 방으로 들어가자. 긴히 할 말이 있다. 그리고 깡쇠야, 어서 준비를 해 놓아라.
	(장미, 국현 퇴장)
깡쇠	도련님, 소인은 나귀 있는데 가 있을테니, 곧 나오세요.
해나무	아니 저-저- (깡쇠 퇴장)
	(장사군 1, 2 등장)
장 사1	아주머니, 안녕하쇼?
해나무	장돌뱅이 들어오는군. 그래, 재미를 봤어?
장 사2	암. 봤지요. 술 주시오.
해나무	암. 마셔야지!
장사2	한 잔씩 주쇼.
해나무	그래~ 자, 이리 좀 앉게나. (갖다 준다)
장사1	그런데 아주머니 방금 댁 따님하고 방으로 들어가신 도령은 누구요?
해나무	그런 건, 자네들이 알아 뭣하려나. 술 먹었으면 돈이나 내고 어서 건너가지 않고.
장사2	아, 처음 보는 사람이니까 묻는 게 아니오?
해나무	그런 건 알게 없어. 어서 술값이나 내고 마지막 배떠나기 전에 건너가란 말이야.
장사1	아따, 술값 떼먹고 도망칠까 그러오? 자- 돈 받소.
해나무	(돈 받고) 그럼, 다음날 또 만나세. (퇴장)
장사2	야 지금, 그 도령 누군 것 같으냐?
장사1	아 장미 손목을 잡고 들어가는 것을 보면 짐작 가지 않아?
장사2	흥, 이런 오라질 것. 돈 백량이나 모으면 장미에게 장가나 들까 했더니 놓

첬구나.!

장사1	시세가 있어야지. 그런데 칠보야 이 집에 거, 웬 도령이냐?
칠보	말아라. 이 사람들아. 그 사람이 바로 서울 이 판서 대감의 자제라네.
장사2	오라. 그 사람이 바로 과거 공부하러 왔다는 그 사람이로구나.
장사1	그런데 어떻게 돼서 장미 손목을 잡고 방으로 들어가?
장사2	아니 그럼, 그 사람과 벌써 그렇게 됐나?
칠보	이 사람들아 말 도마라. 벌써, 서로 눈이 맞힌 그것은, 십 여의기 전이고, 한방에서 궁근지는 닷새가 넘었단 말야.
장사1	저런 오-라질
칠보	그놈의 계집애가 보름 전만 해도 칠보 하면서 나를 좋아했는데, 그만 그놈의 솔개미가 덜컥 물어가 버리니, 양반만 살 놈 세상이지. 우리 같은 상놈들이 어찌 살겠나?
장사2	흥, 저런 콧잔등을 분지러 놀.
장사1	야, 우리 강화도사에게 일러 버릴까?
장사2	그래 아마, 당장 쫓아올 걸.
칠보	강화도사쯤 쫓아 오면 무슨 소용 있나. 여기는 병조판서 집인데.
장사1	그 사람은 떠나버리면 그만이나 에잇 오-라 - 질년. 일러 버려야지. 자-가세.
칠보	생각하면 바닷물 속에라도 풍덩 빠져 죽고 싶단 말야.
장사1	이 사람, 너무 그러지 말게. 그러다가 장미가 상사병이라도 걸려.
(창)	무정하고 야속한 것아 아침저녁 상사봉에 간장 녹은 나를 두고 네 그럴 줄 나 몰랐다 내 가슴에 불을 붓고 돌아서는 계집년아 청천벽력 산벼락에 우뚝 서서 죽을 아.
장사1	가세 에이 (장사꾼 칠보 퇴장), 끝
해나무	(등장) 아니 저것들이 누굴보고 욕을 하지. 흥! 어림 반푼어치 없지. 우리 어찌해볼까 하다가, 꽃불이 맴돌아졌다 그 말이지- (퇴장) (국현 장미 나온다)

국현
(창)   촉국 한을 못이기면 피를 내여 슬피우는 두견새
       임을 두고 가는 이몸, 구곡 간장바다 천갈래로 찢어진다.
       장미야 우지마라.

장미
(창)   님 가시는 눈물길에 우름만이 복받이요.
       인제가면 언제와요 오실 기약 없는 님.
       목을 안고 통곡해도 할 일 없이 님은 가네.
       서리 맞은 장미화는 피기 전에 시들었네.

국현
(창)   장미야 우지마라. 웃으면서 보내줘도 떠나가는 이내 마음 마디 마디 눈물인
       데 네가 울고 내가 울고 두견새고 슬피우니 장부간장 다 녹는다.

해나무   (등장) 아이구, 이별도 지루해라. 나는 도련님이 나귀들에 올라 앉으셨다
        구. 이년아 도련님이 죽으러 가는 사람 아니고 청춘이 만 리 같은 사람인데
        잘 가시오. 틈틈이 잊지 마시고 쌀 석 섬씩, 돈백 냥이나 보내주십쇼. 이런
        말을 하지 않고 울고 짜고 속알머리 없는 것아.

국현   그만두소. 잘 알아 들었으니— 내, 형편 닷는 대로 돌봐줌세.

해나무   아니오. 그렇다고 내가 무슨 쌀석 섬씩이나 돈백 냥이 욕심나서 그러는게
        아니라. 말을 하자면. 그렇다 그말입니다.

국현   (은장도 내주며) 장미야 이 은장도는 항상 내몸과 마음을 지켜주던 칼이다.
        깊이 간직해 두고 날본 듯이 보아다오.

깡쇠   (등장) 아니 도련님 아주 주막집 귀신이 되시렵니까. 무슨 이별이 그렇게
        갑니까. 잘가시오 잘있오 하면, 그만 아닙니까.

국현   나 그럼, 장미야, 잘있거라. 해나무댁도 잘있오. 내, 자네말 잊지 않고, 돌봐
        줄 날이 있을 걸세.

해나무   네. 어서 장원급제 하셔서, 이 고을 어사또로 도일을 하시면 논섬 직이나
        뚝 띠여 주십소.

국현   염려 말게. 그럼. (깡쇠와 퇴장)

장미	도련님
해나무	울기는 왜 우나? 실속은 하나로 차리지 않고. 있는 정, 없는 정, 푹 쏟아 놓고 아이고 대고 우느냐 이것아. 이젠 종종 쌀 석 섬씩이나, 돈백 냥씩이나 보내 달라고 편지할 작정이나 해. 그래야 나도, 늙은 년이 막걸리 장사를 면하지. 아이구, 속알머리 없는 것아. 아이구. (퇴장)
장미	도련님−
창작사−	f(막)

제1막 2장

무대	같은 곳
개막	(도사 이방 등장)

도사	할망구를 불러라?
이방	네. 여보게, 해나무댁 있나?
해나무	(등장)아이구, 도사님, 나오십니까. 이번 나룻배에 오셨군요. 어서 들어 가십시다.
도사	양반 사위를 얻었다더니, 양볼다구니에 살이 쪄서 덜렁 하는군 그래.
해나무	발 없는 말이 천리를 간다더니 어디서 그런 말을 들었습니까? 양반 사위 얻은 것이 아니라. 오다가다 다 그렇치요. 호호− 자 들어가십시다.
도사	양반사위를 얻었으니, 나 같은 강화 도사쯤 눈에 거들떠 뵈지도 않을 텐데.
해나무	원, 별말씀을 다 하십니다. 자, 방은 누추하지만, 어서, 들어 가십시다.
도사	그럼 들어 가볼까 들어가기 전에 이야기지만 내가 여기까지 온 뜻을 알겠?
해나무	아이구. 알구 말구요. 장미때문이지 뭡니까. 그렇지 않습니까? 도사님 호호...
도사	알아주니 고맙군. 전날까지는 숫처녀니 뭐니 내말을 거절했지만, 듣자 하니 서울 이판서 자제가 과거 공부하고 가는 길에, 5−6일간 장미와 동침을 했다지

해나무	아이구, 그건 천생연분이라 하는 수 없군요. 그래서 저리된 모양입니다.
도사	그럼, 판서 자제가 지나간 자리, 내라구 못 지내갈 일이 있다...
해나무	암, 그렇구말구요.
도사	그 대신, 답례는 두둑히 내지.
해나무	아이구, 답례구 뭐구. 어서, 들어갑시다.
도사	애 이방. 홍정이 되는 것 같으니. 너는 성안에, 최참봉 집에 가서, 일전에 마련해 노라던, 돈 300냥 찾어서 갖다주어라,
이 방	네 (퇴장)
해나무	아이구 도사님도. 벌써, 무슨 돈을 주시려구 그러십니까.
도 사	속담에 오는 정이 있으면 가는 정이 있다구. 그만한 답례는 있어야지.
해나무	아이구 고마워서. 자 어서 들어갑시다. 아가 장미야, 도사님 오셨다. 도사님이 너를 보러 오셨어. 어서 나와봐라. (도사 들어가고 장미 나온다) 자 어서 들어가 잘모셔라. (퇴장)
도 사	오- 장미야 (억지로 끌고 들어간다)
칠보	(나온다) 아니 저 할망구가 딸하나를 여기저기 팔아먹을 작정인가?
(창)	장차 장미 너도 불쌍하게 됐구나
장미	(뛰어나오며) 칠보야, 나는 어떠허면 좋아. 송충이보다 더 징그러운 강화도사가 또 왔구나.
칠보	글쎄, 그걸 내가 아니?
장미	우리 어머니도 미쳤지. 이제는 나를 이리저리 팔아 먹을려고 하는구나.
칠보	너희 어머니 하라는 대로 이리저리 팔려 다니면 될게 아냐?
장미	칠보야, 너 마져.
칠보	서울판서 자제에게 팔렸든 몸. 시세가 좋아, 강화도사에게도 돈 백 냥은 못 받겠느냐?
장미	뭐라구?
칠보	나루터 주막집 소문난 예쁜 계집애. 이 사람, 저 사람, 욕심낸 사람도 많았지. 그 가운데에는 속알머리 없는, 이 칠보 놈도 있었으니.
장미	칠보야 그만둬. 네 마음을 내가 모르는게 아냐? 그러나 어머니 말을 거역

	못해서 한 일 아니냐?
칠보	그만둬. 나루터 뱃사공의 여편네 되느니, 판서댁 도련님이 셋째 첩, 넷째 첩이되. 강화도사의 열다섯째 첩이 되는이. 낫지 뭐야.
장미	칠보야 미안해. 이도 또한, 내 팔짜니. 네 마음의 은공을 달리 갚은 날이 있을 거야.
칠보	은공을 갚아? 판서댁 도령이 내버리거나 강화도사가 차버리면, 그때 나와 살겠단 말이야?
장미	내 참아 그런 짓이야 하겠니. 그러니 칠보야 지금 이 길로 서울로 도망갈테냐? 그래서 허다못해 남의 집, 주모살이를 하면서래도 마음을 굳게 먹고 살며 도련님이 부르신 날을 기다릴 테야.
칠보	장미야 고맙다. 네 마음이 그렇게 송죽 같을 진데, 나도 네 마음을 깨끗이 단념 하고 네 뒤를 받들어 주마.
장미	칠보 고마워. 그런 우리어머니가 묻드래도 모른다고 해. 나는 우선, 시구문 밖에 김첨지 집을 찾어 갈테야.
도사	장미야, 안 들어오느냐?
장미	그럼. 잘 있어. (급히 퇴장)
해나무	(나오며) 아니, 어디를 갔기에 도사께서 저리 부르고 야단이야. 칠보야 우리 장미 못봤냐?
칠보	장미요? 아마 죽었을 거여요.
해나무	뭐 죽다니?
칠보	방금 장미가 하는 말이, 우리 어머니는 딸 하나를 이리저리 팔어먹는 잡년이라구. 욕을 하드니 바닷물에 빠져 죽는다구, 저 방죽길로 다름질쳐 갔으니, 벌써 죽었을 거에요.
해나무	뭐?죽다니 아이고 (통곡)
도사	(나오며) 아니 장미는 어데 가고, 통곡을 하고 있어?
해나무	우리장미가 바닷물에 빠져 죽었대요. 아이고.
도사	뭐라고? 이놈 사공놈아. 어서 배를 떼여 구하지 못하고 뭘 하는냐?
칠보	건지면 뭣해요. 벌써 고기 밥이 됐을걸요.

도사	아이구 고기 밥이 되다니. 아이구 아까운 것.
칠보	(쓸쓸히 먼곳을 바라본다) (두션새 우는소리)
	새야 우지마라 두견새야 우지마라
	두견새 네가 울면 장부 간장 다 녹는다 우지마라
	두견새야 이를 장차 어이 할고 두견새야

제2막

무대면	고대식 기와집
개 막	(국현 대청에 누어 꿈을 꾸고 있다. 대낮)
장미	(들어와 국현을 깬다)
국현	오— 장미야
장미	도련님 (포옹) 도련님 그리웠어요
국현	장미야 미안하다. 지엄하신 부모님 시하가 돼서, 내 마음 내 뜻대로 하지를 못하는구나. 용서해라.
장미	용서라니? 그게 무슨 말이 와요? 이제부터는 이별 없이 살아 보렵니다.
국현	상전이 벽해가 되고 벽해가 상전이 된다 해도 내 마음이 변할 리가 있겠느냐?
장미	도련님
국현	장미야
(창)	사랑 내 사랑아. 어하둥둥 내 사랑아
	솔솔남풍 사푼타고 달나라를 찾아가서
	계수나무 찍어다가 입수 삼남상낭 집을 짓고
	청기와 황급벽에 은마루 깔아놓고
	억십만 년 살아 볼까 이별 없이 살아보세
	사랑이야 어하둥둥 내 사랑이야
장미	도련님 (포옹)
	(닭우는 소리— 장미운다)

국현	장미야, 너 왜 우느냐?
장미	무정한 사나이 야속한 사나이 양반의 자식은 모두 다 그러신가요? 권세 많은 사람은 다 그다지도 냉정합니까? 도련님.
구현	미안하다 용서해라
장미	용서라고요? 도련님은 도적이야. 내 청춘을 도적질해가고, 도적이야. 도련님.
국현	그게 무슨 소리냐? 아버님의 명을 거역하지 못해서 지금까지 너를 돌보지 못했던 것이다. 오늘부터는 아니 이제부터는 아버지도 권세도 양반도 다 떨쳐버리고, 장미 너만을 위해 살고 너만을 위해 죽으마.
장미	쓸데없는 소리 하지도 마세요. 천지를 분간 못하는 나루터장미는 아닙니다. 도련님의 그 권세, 그 돈은 하늘의 구름을 타고 끝없는 허공을 달리고 있어요. 별나라를 지나고 은하수를 건너서 달나라까지 춤을 추면서 나르고 있어요. 이 어리석은 도련님아.
국현	장미야 너 미쳤느냐? 이국현의 얼굴을 똑똑히 봐라.
장미	호호. 얼굴을 봐서 뭣한단 말이요? 아니 또다시 짓밟히란 말인가요?
국현	너머 그러지 말고, 옛날과 같이 따뜻하고 다정한 내품에 안겨다오.
장미	뭣이라고요 호호. 잘 계세요. 권세와 돈 속에서 부디 잘사세요.
(창)	나는가요. 돈과 권세 많은 님들 훨훨 버리고 나는가요. 뜬구름과 같은 신세 내 갈 곳이 어데 메고. 차라리 내가 죽어서 이런 한을 잊고지고 ~~ 도련님 (사라진다)
국현	장미야 (누어서 신음한다)
깡쇠	(나온다) 아니 이 양반이, 장미에게 미쳐버렸군. 도련님.
국현	장미야- 응 (잠을 깬다)
깡쇠	아 낮잠을 주무시면서 웬 헛소리를 그렇게 하세요
국현	아~ 이이 한 꿈이구나
깡쇠	아, 오매불망도 분수가 있지. 낮잠을 주무시면서까지 장미를 부르시나. 이 참 큰일 났습니다.
국현	에이, 듣기 싫으니 물러가거라.

깡쇠	네– (퇴장)
국현	장미야
(창)	지척이 천리라더니 강화도가 이곳에서 백리 길도 못되건만. 엄친시하 몸이 되어서 내 맘대로 갈 수 없네. 두견새가 슬피 울고 백구 펄펄 춤추는 곳. 내사랑 장미 홀로 나를 그려 울고 있나. 양반자제 안은다고 나를 원망하는구나. 장미야 강화도에 너를 두고 온 지, 벌써 일 년이 지냈으니. 물론 나를 야속하다 할 것이다만. 내 마음은 그것이 아니다. 기다려다오. 때가 오면– 아무도 없느냐?
깡쇠	(등장) 도련님 부르셨습니까?
국현	오냐, 술 한 잔 내오너라.
깡쇠	약주를요? 네. (퇴장)
국현	어지러운 마음 술이나 마셔 씻어볼까. 아– 언제나 내 마음 내 뜻대로 훨훨 날아서, 장미를 만나러 갈 날이, 있을는지.
깡쇠	(상 들고 나와) 도련님, 아무렇게나 갖고 왔습니다.
국현	한 잔, 따라라.
깡쇠	네 (따른다)
국현	(마시고) 깡쇠야. 우리가 강화도를 다녀온 지가 벌써 일 년이지?
깡쇠	아이고 도련님. 또 그 처녀 생각이 십니까? 이제는 잊어버리세요. 오다가다 한걸 가지고, 일 년이 지난 오늘까지 뭘 그리, 생각하세요?
국현	이놈! 장가는 못들 망정 한평생, 내 몸에서 버리지 않을 것이요. 또한 내 마음에서 버리지 않을 것이다.
깡쇠	헤헤~ 도련님도 별말씀을 다 하십니다. 그까짓거. 아~ 오유월 삼복에 소낙비처럼 쏟아지는 귀중 처녀들의 혼담을 두고서 뭘 그러십니까?
국현	나는 죄인이야. 장미에게 크나큰 죄인이야. 나룻터 바닷가에 달빛을 바라고 슬피우는 두견새 소리를 들으면서 사랑을 주고받든, 그 장미가 그립구나.
깡쇠	허– 허 큰일 났군!
국현	장미는 나를 끝없이 원망하고 있을 게다. 나는 죄인이야 나는 죄인이란 말이

다.

깡쇠	글쎄, 그만두세요. 이제는 좋은 곳으로 장가드시면, 다 잊어버려진답니다요.
국현	어서, 상이나 치워라,
깡쇠	네 (들어갔다 나와) 도련님 마님이 안으로 드시랍니다
국현	어머님은, 왜? 또 부르실까. (퇴장)
판 서	(편지 들고 등장) 고연놈 같으니라구. 어데 두고 보자. 네 이놈 깡쇠야?
깡쇠	(등장) 네.
판 서	시구문 밖에서, 이 편지를 가지고 온 할멈을 근방에 얼신도 못하게 하고, 국현이는 글 방안으로 쫓았으니, 그 할멈과 대면을 못하게 하고, 내가 묻는 말에 거짓 없이 아뢰어라.
깡쇠	네
판 서	너 장미라는 계집을 아느냐?
깡쇠	네?
판 서	알고 묻는 말에 눌래기는, 이놈.
깡쇠	네, 아옵니다.
판 서	그 계집이 무슨 계집이냐?
깡쇠	나룻터 주막쟁이 딸이옵니다
판서	그럼, 우리 국현이와 어떠한 관계이냐?
깡쇠	네, 그것은 저~
판서	네놈이, 모른단 말이냐? 곤장을 맞어야 바른말을 아뢰겠느냐?
깡쇠	네 아뢰옵기 황송하오나. 도련님이 과거 공부를 하러 강화도에 가서 우연히 주막집 딸과 알게 되어서.
판서	알게 되어서, 어찌 됐단 말이냐?
깡쇠	네
판서	이놈, 바른대로 아뢰지 못할까.
깡쇠	네, 그것은 더구나 몰으옵니다?
판서	그러면 국현이가 그 후, 한 번도 상면한 일이 없단 말이지?
깡쇠	네 그러하옵니다

판서	이놈, 만일 조금이라도 거짓을 아뢰였다가는 죽고 남지 못하리라.
깡쇠	거짓을 아뢸리가 있습니까?
판서	조용한 강화도에 과거공부 하라고 보냈드니. 하라는 공부는 않고 어디서 천한 주막집 계집애를 봐서 자식을 낳다니. 성미 대로하면 이놈을 단칼에 목을 베어 죽이고 싶으나 한번 저지른 일이라 떠들면, 나의 수치를 면치 못할 것이라 참느니라. 이놈, 이 편지와 돈 쉰 냥을 지금 밖 사랑에 와 있는 할망구에게 갖다주며, 그 계집애에게 전하라고 전하여라.
깡쇠	네
판서	그리고 국현에게는 절대로 이런 말을 하지 말고. 혹시, 그 계집을 묻거든 죽었다고 하여라 알겠느냐?
깡쇠	네
판서	옛 다. 이 편지는 내가 쓴 것이 아니고, 국현이가 쓴 것으로 답서를 썼으니 사랑에 가서 그 할멈에게 주며, 국현도련님은 몸이 아파서 한 걸음도 걷지를 못하니, 그리 알고, 가라고 일러.
깡쇠	네- (나간다)
판서	고이한것들 같으니라구. 주막쟁이 천한 계집들이 철없는 국현이를 농락하고 사욕을 채려 들다니. 예잇- 국현아, 국현아.
국현	네 (등장)
판서	네 이놈, 내가 묻는 말에, 조금도 거짓 없이 묻는 말에 대답해라.
국현	무슨 말씀인지 모르오나, 거짓을 사오리가 있겠습니까.
판서	네 이놈, 강화도 나루터 계집을 아느냐?
국현	네 -
판서	아느냐? 모르느냐?
국현	네, 아옵니다.
판서	하라는 공부는 하지 않고 천한 계집이나 보러 다니는 것이 옳은 일이냐?
국현	네. 백 번 잘못됐습니다.
판서	사실은, 내가 어찌 알았느냐 하면, 그 계집이 죽었다는 소식이 왔기에, 알고 하는 말이니, 너도 그리알고 조금이라도 마음이 흔들리지 않게 하렸다.

국현	네
판서	당장, 처참을 하려다가, 마침 그 계집이 죽어 장사까지 지냈다기에 그대로 용서하는 것이니 십분 조심 하렸다. (퇴)
국현	장미 장미가 죽다니. 내가 사랑하고 그리워 했든 장미가 죽다니 장미야.
(창)	죽단 말이 웬말이냐. 사창에 달 빛이고 두견새 울던 밤에, 우리 둘이 얼싸안고 날이 새고 달이지도록 사랑노래 부르면서 맹세하든 우리정을 어쩌자고 죽었느냐. 장미야 이 몸을 원망타가 만일 원귀가 되었다면 나도 같이 죽어 주마. 장미야. 꽝.
	(밖에서 해나무댁 떠드는 소리 깡쇠와 등장) (판서 등장)
해나무	이놈 비키지 못해. 뭐 아파서 못나와? 그래, 두 다리가 뎅겅부러졌다더냐? 저리비켜라 이놈아. 오 저기 섯구면 그래. 여보쇼 도련님, 나루터 주막쟁이 해나무댁이요. 장미애미를 잊지 않았겠지요? 나하고 말 좀 합시다.
판서	국현아, 안으로 썩 들어가지 못할까. (국현 퇴장)
해나무	아니, 가기는 어디로 가는 거요?
깡쇠	아니, 이거 놓지 못해. (뿌리치니 넘어진다)
해나무	아이구 허리야. 아이구 엉덩이야. 이놈이 사람 치네.
깡쇠	아니 치기는 누가 쳤다구 그래요? 어서 일어나요.
해나무	이놈의 자식아. 개새끼도 남의 은공은 아는 법이다. 이놈의 자식아. 나룻터에 오락가락할 때는, 밥 먹여 술 먹이고 하니까. 이제와서 네가 나를 처? 이놈아.
깡쇠	아니 치기는 누가 쳤다구 그래요? 뿌리친 것이 그렇게 됐지요.
해나무	아이구, 허리야 아이구 엉덩이야. 어는 방이 뜨뜻하냐 두둑하게 요 깔어. 일 년이고 이 년이고 좀 누어야겠다.
판서	여보게 해나무댁이라고 그랬지? 미안 하이. 모르고 그런 것 같은데 많이 다치지나 않았나?
해나무	많이 다치지 않았냐구요? 아이구 허리야, 아이구 엉덩이야, 아이구 팔짜야.
판서	허허... 대단한 모양이구면
해나무	아이구, 쩔쩔 끓는 방이 어디냐 두둑하게 요깔아라, 아이고 허리엉덩이야,

판서	여보게 해나무댁, 우선, 이리 좀 걸터 앉게.
해나무	아이구 허리야
판서	깡쇠야, 들어가서 따땃한 물에 삼가루 한 숟갈 타고, 청을 진하게 타오너라.
깡쇠	네 (퇴장)
판서	미안하이. 모든 것이 내 자식의 잘못을 누구 원망하겠나. 실은 내 자식놈의 장래를 위해서라도 이것을 극히 비밀리 할려구. 국현이의 답서처럼 내가 거짓 편지를 쓰는 것인데, 생각해보니 내 큰 잘못일세.
해나무	글쎄, 판서대감. 양반만 살고 있는 세상이지. 쌍것은 죽으란 말이요? 우리도 중년엔 증조부 잘못으로 가사를 탕진하고 일가친척이 동서 사방으로 갈리는 바람에 굴루고 구른 것이, 강화도 나루터까지 굴러서 주막쟁이 노릇을 해먹었읍니다만 우리 오대조 할아버지도 정승판서를 지냈읍니다. 세상에 따지고 보면, 양반아닌 사람이 어디 있단 말이요?
판서	그러니까, 자네에게 미안타고 하지 않았는가.
해나무	그건 그러라 치고 내 딸 장미는 어떻게 할 작정이며 그 몸에서 태어난 옥동자는 어떻게 할 작정입니까?
판서	글쎄, 아까까지는 내가, 편지 한 장으로 거절을 해버릴려고 했으나, 자네 말을 듣고 보니 내가 잘못이네그려.
해나무	잘못이고 말고요. 천만번 잘못이죠. 판서대감이 자식 귀히 여기기나 주막쟁이 상년이 자식 귀히 여기 기나 마찬가집니다.
판서	암. 그렇고 말고, 옳은 말일세.
해나무	도련님은 그야말로 울타리에 핀 호박꽃을 꺾어 버리듯 내 딸자식을 딱 꺾어 버리고. 달이 가고 해가 되어도 편지는커녕, 안부 한마듸 없으나, 그래도 마음 약한 것이 계집이라 무정박정 인정사정없는 도련님은 잊지 못해 도련님이 서울로 올라가신 보름 만에 에미에겐 말 한마디 없이 도망을 쳐서, 그전에 안면 있는 시구 문밖 나무장사 집에 방을 얻어 가지고, 젊은 년이 굶으나 먹으나 남의 집 빨래 바느질 품을 팔아가면서 지내는데. 뜻밖에 원수 놈의 자식은 턱 생겨서, 배는 한 달 두 달 불러서, 열 달 만에 구슬 같은 옥동자를 턱 낳았는데. 애비가 없는 자식이라, 지금까지 그놈의 자식 이름

	도 짓지 못하고. 아이고.
판서	허허, 이러지 말고 진정하게나.
해나무	나도, 그년의 행방을 몰라서 점을 친다, 문복을 한다 해서, 이삼일 전에야 겨우 그년 있는 곳을 찾어 가보니, 자식은 잘 낳지만 산모년은 먹지를 못해 며칠씩이나 굶었는지 얼굴과 손에 솜방맹이처럼 퉁퉁부어서 아이고—
판서	허허, 그러지 말고, 진정하라니까 그래.
해나무	아이구, 불쌍해서. 무남독녀의 딸로, 남의 사내부럽지 않게, 불면날까 쥐면 커질까 금옥같이 길렀드니. 제팔짜가 기박하야 연분이 원수런가 도련님을 이별하고 구곡간장마디 눈물로 지내더니, 임 찾어 한양으로 올라와 아무리 통곡해도 지적이 천리런가. 인정이 무심턴가. 이날 이때, 지나도록 애간장만 태웠답니다 아이구—
판서	듣고 보니 가엽기 한이 없네. 그러나 자네도 아는 바와 같이 어떻게 성례를 하고 내 집에 데려올 수가 있나?
해나무	암, 그렇구말구요. 욕심이 불앙당이지 대감님의 며느리로 삼어 달라는 말은 아닙니다. 그러나 어린 자식 다리고 지낼 년을 생각해서도 편지한 장으로, 코를 착씻어 버리지는 못할 것입니다.
판서	말을 듣고 보니 자네 말이 옳으이. 그 어린것의 양육비를 위해서 쌀 설은 섬 하고 돈 삼백 냥을 실려 보낼 테니, 우리 국현이의 장래를 위해서 그것으로 내 집안과 인연을 끊어주게.
해나무	쌀 설은 섬과 돈 삼백 냥요? 아이구 그렇게 하십쇼. 그까짓 놈의 것, 무슨 흥정이라고 애누라가 있습니까. 그렇게 하십쇼. 내가 그놈 먹고, 또다시 이댁 대문에 발을 들여 놓고 손을 벌리면 쇠딸년입니다.
판서	아까 그 편지를 전해주어서, 영영 내 자식을 잊어버리고, 재가를 할 마음으로 먹도록 하잔말야.
해나무	그럼, 이 편지는 무어라고 썼습니까?
판서	나를 잊고, 다른 데로 시집을 가라고 거절편지이니. 그리 알고 이 내용은 자네와 나와 두 사람만이 알자는 말야.
해나무	네. 그렇게 하십쇼. 돈 삼백 냥과 쌀 설은 섬 가졌으면, 수리 고향에 가서

	배를 두드리면서 살겠습니다. 호호.
깡쇠	(꿀물 내다 준다)
해나무	(받아마시고) 아이고 쓰고 달고 좋기도 하여 그만 오장육보가 쑥풀리면서 팔다리가 노근해지면서 몸이 거든하니. 훨훨 날아갈 것 같다. 그거참, 한 그릇 더 먹었으면 좋겠다. 호~
판서	한 그릇, 더 갔다가 주어라.
해나무	아닙니다. 농담입니다.
판서	깡쇠야 안 사랑에 가서 이첨지 더러 광문 열고, 쌀 설은 섬 꺼내고 안에 들어가 온 삼백 냥 주라고 해서, 이 마님 따라 전하고 오너라.
깡쇠	네(퇴장)
해나무	대감마님, 이 은혜는 백골난망입니다
판서	천만에 부족하겠지만 그것으로 참아 주게.
해나무	부족하다니요. 너무 과분합니다. 공연히 와서 이렇게 떠들어 죄송합니다.
판서	뭐 괜찮네
해나무	이제 이놈 먹고, 다시오면 개 딸년입니다.
판서	어쨌든. 돌아가서 자네 딸을 달래서 하루속히 좋은 인연 만나 개가하도록 하게.
해나무	네! 네! 그러지 않아도 지금 마땅한 데가 있으면 그리해 줄랴고 합니다.
판서	응 잘하는 일이다
해나무	짚신도 제날이 맞는다면 우리 딸은 대감마님 댁 도련님과는 하늘과 땅 사이지. 호호…. 그럼 안녕히 계십시오.
판서	그럼 어서, 짐 뒤를 따라가게
해나무	네 (퇴장)
판서	에이 도무지 (퇴장)
국현	(등장) 장미야 네가 죽다니
(창)	울지마라 두견새야
	촉구 한을 못 이기어
	피를 내어 우는소리

불여귀가 불명만 황천가신

우리님도 다시 오리 못하리

날 생각하고 어이 우는소리

귀곡성이라 할 것이다

우지마라 네 울음 한마디에

일천간장 찢어진다

꽝 막 F~O

제4막

무대면   기와집 장미의 셋집 전주사 집이다

개막   (장미 아기를 안고 있다)

장미

(창)   아가 울지 말고 잠자거라 너도 어이

아버지가 보고 싶어 우느냐 배가고파 우느냐

배고파도 일 없고 목말라도 할 수 없다

강목수 생이라 마른 나무에 물이 몰으겠느냐.

울지마라 불참한 자식아 울지마라.

해져 달이 뜨면 너희 아버지가 맘과 쌀을 저시고 너를 보러 오신단다.

아가 우지마라. 아버지도 무정하지 아버지금 야속하지.

지척에 아버지를 두고 만나 보지를 못하고 사는 신세.

아! 천한 목숨 한 칼에 넝컹 끊어 버릴까. 아가야 우지마라.

전주사   (등장) 애기 어머니, 왜 또 우시오?

장미   아니에요. 울지 않아요.

전주사   무슨 소용 있소. 또 누가 그 속을 알아 줍다니까.

장미   네. 울지 않습니다. 아기가 울어서 그래요.

전주사   아기엄마가 이틀 사흘씩 방에 불도 못 때서, 그런 고생이 또 어디 있으며,

	한 집에 사는 나도 보기가 딱하단 말씀야.
장미	미안합니다
전주사	천만에 우리끼리 있으니 말이지 정승이니 판서니 하는 자들 모두 양반 입하고 도적들이란 말야. 아기엄마도 말을 들으니 성례도 하기 전에 판서댁도 도련님과 눈이 맞아 이 같은 팔자를 망치고 이런 고생 올시라. 될 말입니까? 나 같으면 판서 대각이 아니라 상감이래도 쫓아 가서.
장미	모든 것이 내가 잘못이지. 그 어른을 나무랠일 있습니까. 모두 생각하면. (손짓하며)
전주사	저, 애기 어머니?
장미	네?
전주사	이렇게 말하면 나이살이나 먹은 나를, 어떻게 생각 할런지 모르지만. 나도 50에 상처하고 아들놈 하나 없이 딸자식만 삼 형제를 거느라고 지내되 그것들마저, 보내 내리고 나니 아무리 늙은 몸이라 해도 쓸쓸이고 적적하기 짝이 없단 말이야. 그래서 행여나 말년에 아들자식이 낭하나 주술까 하고 여편네를 하나 구하고 있는데, 전답 다 있고 돈푼이 나 있으니 내 말만 떨어지면 완만한 과부는 맨발로 달려들어 오겠지만. 어디 열 길 물속은 알아도 한 길사람 외속을 알 수가 있습니까.
장미	그래요. 사람의 마음이란 정말 알기 어려운 것이예요.
전주사	암, 그렇고말고. 그래서 실은 은근히 사랑하니 고르는 중인데, 저 애기어머니?
장미	네
전주사	사람이란 제가 살아갈 길을 두고도 고생을 하고 사는 것은 제일 어리석은 것입니다. 도덕이고 윤리고 수절이고 다소용 없는 말이오. 그저 제몸편한 대로 살아가는 것이 제일 영리한 사람입니다.
장미	네. 그래요.
전주사	그러니, 애기엄마도 꽃 같은 청춘을 허송할 것이 아니란 말씀입니다
장미	글쎄요
전주사	그러니, 나이살이 먹은 놈이 말하기는 거북하나. 거, 나하고 살아 보는게

어떻소?

장미 　네? 아저씨, 그게 무슨 말씀이세요?

전주사 　왜? 못마땅하소?

장미 　아저씨는 공연한 농담도 잘하시네요.

전주사 　농담이라도 사실은, 석 달 넉 달 궁리 끝에 이 말을 끄집어낸 것인데. 그렇게 만 되면 어머니를 지금 애기엄마가 살고 있는 건넛방을 드리고. 그리고 또 찰보란가 그 사람을 공연히 굶주리며 동네 사람들 신세만 진 게 아니라, 돈냥이나 주어서 제 갈대로 보내버리고. 아— 이렇게 한번 살아 보는 게 어떻소?

장미 　말씀만은 감사하오나, 농담이라도 그런 농담은 말아 주세요.

전주사 　농담 이라니? 내가 이래 봬도 시골에 가면 논이 팔십 두락이 있고. 또 종로 서구문 통으로 나무 장거리로 내 집이 삽 십여 채가 있고. 또 그것뿐인가 남대문 통으로 서대문 안마포 강변까지 내 돈 안 쓰는 놈이 없다오. 이래서 만사가 꺼리낌 없이 살고 있지만 쓸쓸하기 짝이 없고. 또 신로 심불로라고 몸은 비록 늙었을망정 마음 갖음이야 늙었을 리가 있나. 그래서 마땅한 여자를 만나 하나 골으는 중인데, 애기마를 일 년 동안 가만히 겪어보니, 마음이 비단 같고 행동이 양반이란 말씀야. 그래서 설은 진주발을 끄집어 낼 야 했든 것인데.

장미 　아저씨는 농담도 잘하시네요

전주사 　농담이라니? 진담이라니까. 그래서 애기엄마가 내 말만 고분 들어주면, 밥이 그립겠소? 옷이 그립겠소? 금이 옥식에 침오 주모를 거느리고, 금녀 금가락지 화류장농에 무엇이 그립겠오? 그러니 속으로 늙었으니 생각말고, 내 말이 옳거니 생각하고 내 말만 들으면, 당장 애기어머니 모녀의 신세를 쭉 늘어지고 말 것이오.

장미 　오늘날이 꽤 맑지요

전주사 　날이 맑다니? 남 속타는 줄도 모르고 무슨 딴소리야. 어떻소? 내 말을 듣겠오?

장미 　아저씨, 애기가 자니 방에 눕히겠어요.

전주사	그렇게 하슈. 그러니 판서 자식이니 도련님이니 생각 말고 마음을 나한테도 슬쩍 돌리란 말이오. (장미 들어간다) 저, 애기 어머니?
장미	네?
전주사	내 말, 들어십니까?
장미	아니요
전주사	아니 오라니? 그렇게 늙은 놈 마음을 몰라 준단 말을. 애기어머니?
장미	네
전주사	애기, 잡니까?
장미	네
전주사	애기가 잔다. 저, 애기 어머니? (생각 다가 들어간다)
장미	아니, 이게 무슨 짓이에요?
전주사	가만있어. 아까, 내 말 못 알아들었소?
장미	음, 싫어요. 어서 나가요. (나온다)
전주사	(나그며) 뭐? 나가라구?
장미	아주머니 아무도 없오?
	(칠보 들어오다가 전주사를 잡아챈다)
전주사	(떨어지면서) 아이구, 꽁무니야.
칠보	아니 전주사. 당신 미쳤오? 환장을 했오? 남의 부인에게 이게 무슨 짓이오?
전주사	아이고, 젊은 놈이, 늙은 사람 치네. 아이고 꽁무니야.
칠보	영감님은 미른것은 미안합니다.
전주사	무엇이 어째? 이놈아. 던졌지 밀었냐? 이놈아. 아이고 꽁무니야.
칠보	미안합니다
전주사	그래, 네 할아비 같은 내가 조금 실수가 있다 할지라도 귀때기 새파란 것이 있어. 나가, 당장. 살림 거둬 가지고 나가란 말야. 벌써 방세가 아홉달치가 밀렸다. 방세 대신 더러우나 마, 이불하고, 함박만 한 솥과 숟가락 몽뎅이 하고는 내가 빼앗을 테니. 나가 나가.
칠 보	미안합니다. 참아 주세요.
전주사	뭐 참아? 이 자식아. 늙은 놈 엉덩이 배를 분질러놓구 미안해? 아 이 자식아

	미안은 두고 쓰는 거냐 이 자식아.
장 미	아저씨 모든 것은 제 잘못입니다. 용서하세요.
전주사	용서하라니? 그럼 내 말을 듣겠단 말이지?
장 미	아니요
전주사	'아니오' 라니? 나가 나가, 당장. 내가 요것들아 괭이로 구들장을 찍어 놀테니 나가.
해나무	(등장) 아니 영감, 뭘 나가라고 야단이오?
전주사	살림 거둬서. 나가란 말야.
해나무	왜 갑자기 살림을 거둬서 나가란 말야?
전주사	내 말을 안 들으니까 그렇지?
해나무	아니, 무슨 말인데. 장미야 네가 뭐라고 했니? 칠보 자네가 무어라 했나?
칠보	장미가 소리치는 바람에 왜 그러나 했더니, 이 영감님이 장미의 팔과 목을 끌어안고 야단치기에 급해서 영감님을 뜰 앞으로 밀었더니.
전주사	밀었나? 이 자식이 던졌지.
해나무	뭐가 어쩌구 어째? 너 이놈의 영감쟁이야. 네가 우리를 뭘로 알고 그러는 거야? 이놈아 내가 누군 줄 알아? 이래 봬도 강화도 나루터 해나무댁이라면 오대산 호랑이가 앞발을 두고 하품을 하는대다, 이놈이.
전주사	뭐 어째? 저런 고이한.
해나무	고약한 년이라고? 네 이놈, 천하에 목을 별놈 같으니라고.
전주사	저런 죽일 년이 있나. 당장 나가. 일 년 가까이 밀린 방세 다 내놓고 나간란 말야.
해나무	뭐가 어쩌고 어째? 이놈아 도대체 방세가 얼마냐?
전주사	처보렴? 이구십팔 삼육십팔 열열 냥이지 얼마냐?
해나무	열여덟 냥. 열여덟 냥 아니라, 스무 냥이라도 좋다. 염려 말아 이놈아 내가 누군줄 아느냐? 이놈아 안국동 병조판서가 내 사돈이오. 그 자제가 내 사위요. 여기 이는 내 딸의 애기가 그 댁의 손자다.
장 미	어머니 참으세요. 어떻게 하시려고 이러세요.
해나무	염려 말아. 병조판서 우리 사둔 영감이 반가워하며 주면서, 사둔 오셨느냐

하시면서 며느리가 손자고생 시키지 말라고 하시면서 돈 삼백 냥과 쌀 설은 섬을 주시더라

장미　어머니, 정말이세요?

해나무　정말이지 그럼. 어느 죄 딸년이 자식을 데리구 거짓말을 하겠느냐. 그래서 쌀 서른 셈과 돈 삼백 냥을 싣고 오는 길에 마침 강화도에서 이방 노릇을 하던 사람을 만나 종로 종각 뒤에 사칸 네 줄, 백이 좋은 기와집에 세 칸 사랑과 곡간이 있는 집을 스물석 냥에 사놓고 너를 데리러 오는 길이다. 봐라, 이것이 그 곡간 열쇠다.

장미　아이 좋아라. 어머니.

해나무　이놈 전가야. 방세는 이 자리에서 줄 테니 안주동 판서 대감 댁으로 가자. 이놈 그래서 판서 대감께 소인이 백주에 대감의 며느리를 겁탈하려고 하였오. 고하자. 그런다면 잘했다고 칭찬을 하시면서 석가래 같은 곤장을 맞이고 네 놈의 볼기짝이 부서지도록 내려칠 것이다. 가자, 어서. 안구동으로 가자. 이놈.

전주사　아주머니, 용서 하십쇼. 늙은 놈이 죽으려고 환장을 했습니다. 용서 하십쇼.

해나무　용서라니? 아서 안구동으로 가자. 이놈.

전주사　아주머니 살려 주십쇼. 방세도 한 푼 달란 말 않겠습니다. 그저 용서만 해 주십쇼.

해나무　안된다, 이놈. 가자.

장미　어머니, 잘못됐다 하니 용서해주세요.

전주사　네, 이번 한 번만 용서 해주십쇼.

해나무　당장, 요절을 낼 것이온데, 특히 용서하는 것이니, 다시는 그따우 짓 하지 말아. 이놈.

전주사　네네. 아이구 목덜이야. (퇴장)

해나무　칠보 자네는, 종로인 경성 바로 뒤에 이-00통 호수를 찾아가서 이샛대로 광문 열고 돈을 꺼내여 도배지 장판지 좋은 것으로 골라 사고 이웃집에 무려봐서 도배 잘하는 사람 불러, 안방 건넛방 대청마루 사랑채까지 도배를 시작하소, 모래가 일진이 좋다니 그날 이사하도록 하세.

칠보네─ (퇴장)

장미 어머니, 그래 도련님을 만나 보셨오?

해나무 응 만나봤다

장미 뭐라고 합니까? 반가워하지요? 그리고 우리가 시구 문밖에 와서 있다니까
깜짝 놀라시죠?

해나무 응

장미 우리 애기를 낳았다니까 반가워하시죠?

해나무 응

장미 아니 어머니, 왜 응응하고 고대답만 하세요.

해나무 장미야 너 섭섭히 생각 말아. 도련님을 벌써 귀가에 입장하시며 그 몸에서
도 보태를 하시였고 너를 끔찍이 생각지 않드라.

장미 아니 그러면 쌀과 돈을 누가 주었단 말입니까?

해나무 대감마님이 주셨어. 도련님을 벌써 너를 잊어버리셨더라. 그래서 젊은 청춘
에 수절이란 할 말이야? 어서, 좋은 인연을 만나 시집가라고 하시면서 이
편지 한 장을 써 주시더라.

장미 네? 편지요? (편지 보고 통곡) (대독, 국현 씽)

해나무 이 속알머리 없는. 울기는 또, 왜 우느냐? 그러면 네까짓 년을 불러 드릴줄
알았드냐.

장미 아니요. 어머니. 일 년에 한 번, 이 년에 한 번이라도, 우리애기를 위해서
찾아주실까 했더니 이것은 절연장이라니.

해나무 절연장이라니?

장미 지금부터 너하고 나하고는 상관없으니 개가를 하든가 말든가 다시는 찾아
오지 말라는 절연장입니다

해나무 그렇다니까. 글쎄, 그런게 아니야. 대감마님께서는 이제야 겨우 아셨는지
과거 공부하라고 조용한 강화도에 보냈더니 천한 주막집 딸하구 눈이 맞아
자식을 낳았으니, 가문을 더럽힌 도령이라구 당장 능지처참을 하시겠다는
것을 내가 두 손이 발이 되게 빌었다.

장미 그래도 도련님만은 그런 줄 몰랐더니. 하늘같이 믿고 있는 년이 내가 미친

　　　　　　년이었지.

해나무　　으레히 그럴 줄 알아야지. 너 혼자 믿고 있으면 무슨 소용이 있어.

장미　　　그래도, 도련님만은 도련님만은. (통곡)

해나무　　이런 속알머리 없는. 돈 삼백 냥과 쌀 설은 섬을 주신 것도 감사히 생각을
　　　　　해야지. 거기 다가 또 서방 욕심까지 내느냐?

장미　　　아니예요. 도련님을 믿고 있는 내가 억울하고 분해서.

해나무　　아따. 분할 것도 많다. 오죽이나 계집년이 못났으면 큰방 늙은 영감탱이가
　　　　　목을 껴안고 달려들까. 다 쓸데없는 수작이다. 그러니, 에미 하라는 대로
　　　　　해라. 여러 말 할 것 없이, 모레 새집으로 이사를 하거든, 칠보하고 살아라.

장미　　　네? 칠보하고 살라구요?

해나무　　왜? 칠보가 어때서. 나루해 사공 노릇 했다구? 일짜 무식이라구? 이년아,
　　　　　그런 사람이라야 네에겐 마땅해.

장미　　　아네요 어머니. 그런 것이 아니라. 한 번 도련님께 바친 몸. 또 도련님의
　　　　　혈육이 뚜렷이 있는데. 죽어도 두 마음을 가질 수는 없어요.

해나무　　아따, 고거. 경치게도 종알거린다. 부모가 자기 죽을 곳으로 보낼까. 아무
　　　　　말 말고 '네, 네' 하는 것이 아니라, 말대답이 무슨 말대답이냐?

장미　　　어머니, 그런 것이 아니라.

해나무　　그럼 어찌겠다는 거냐? 끝내 주고 고집을 피우고 부모가 자식 죽을 곳으로
　　　　　보낼까. 아무 말 말고, 백 년이고 천 년이고 수절을 하겠단 말이냐?

장미　　　그러지만 어머니. 칠보랑은 남매의 의를 맺은 게 아닙니까? 그런데 어떻게.

해나무　　흥 그러니 싫단 말이냐, 그럼 정승 판서를 대주냐? 나라님을 대주냐? 어사
　　　　　원님을 대주냐?

장미　　　아무도 아무도….

해나무　　아무도 싫으면 쓸데없는 수절을 꼭 하겠단 말이냐? 차라리 죽어라 나가서
　　　　　물에라도 빠져 죽어.

장미　　　네? 죽으라고요?

해나무　　죽지. 네까짓년이 밥물을 받아서라도 길을 수 있으니 썩 나가서 죽어라.
　　　　　에이 패씸한 년. 분통 터져서 못 살겠다. 나가서 술이나 실컷 먹고 와야겠

다. (퇴장)

장미   (운다) 죽어야지. 내가 죽어야지. 세상천지 모진 양반 구름같이 변한 마음 얼음같이 식은 사람. 나 혼자 애태운 이년이 미친년이었어.

(창)   잘 사시오 무정할손 그 옛 임아 부귀영화 귀염 속에 절세가인 거느리고 부디 잘 사이요 (애기 안고) 아가 불쌍한 우리 아가 네가 무슨 죄가 있어 헌 누더기 몸에 감고 이 지경이 웬일이냐 갈대 같은 네 창자를 채워 주지 못해서 배가 고파 우는 것이 이어미의 죄로구나 아가야 이 어미를 용서해라 너를 위해서 이를 갈고 살아야겠다는 분하고 서럽고 외로워서 이 세상을 아무리 살려고 해도 살 수가 없구나! 이 어미가 죽을 후라도 할머니 품에서 고이 자라서 구천에 사무친 이 어미의 한을 풀어다오 (은장도 꺼내서) 도련님 이 은장도를 저에게 주실 때, 이 은장도 죽으라는 표시로 주시고 가셨습니까? 도련님, 부데 잘사시오. 도련님. 은장도야 어서 나를 죽여다오. (자결) 아가야.

해나무   (술 취해 등장) 아가 장미야. 애기가 저리 우는데 뭘해? 어서 젖 주어라. 아니, 아가 장미야. 이게 웬일이냐? 아가. 어머니, 이 은장도는 우리 애기 자라거든 죽어서 제 아버지를 찾아가라고 하세요. 어머니 이 자식을 용서. (절명) 장미야, 아이구 장미야.

(창)   허허 이게 웬일이냐
    청춘에 과부되여 사고 무친 이 내 몸이 너만 믿고 살았는데,
    늙은 에미는 어쩌라고 이 지경이 웬일이냐.
    이 무정한. 그래 모녀지간에 믿는 마음으로 무슨 말을 못 하겠느냐.
    아까도 나는 악에 받쳐 속 타는 네게다 썩 죽으라고 했드니,
    그 말이 약속하여 이 지경이 되었느냐.
    아이 무정한 애아. 너하고 나하고 같이 죽자.
    장미야 장미야 (끌어안고 자진한다)
    (막)

제5막

무대면   국현의 기와집 담 옆에 두견 각이 있다 그 속에는 장미의 위패가 모셔있다
         (15년 후)
개 막   (판서가된 국현 서 있다)

국현
(창)   서산 낙조 해가 저믄데
         슬퍼우는 두견새야
         너도 또한 한이 깊어
         불여키라 운다만은
         우리님 한 번가고
         다시오지 못하나니
         일구월심 이내 심사
         애썩고 남은 간장
         왜이리 살란케 우는냐
         장미야—
정심   (나온다) 아버지
국현   정심이냐? 너 어째서 이곳까지 나왔느냐?
정심   소녀, 방에서 글을 읽다가 석양 노을이 곱기에 한 걸음 두 걸음 뒤뜰까지
         나왔는데 아버님 음성이 들어옵기에 뵈옵고져 나왔나이다.
국현   어서 들어가거라
정심   네 그런데 아버님 아뢰옵기 황송하오나 이 두견각은 뭣 때문에 세워났으며,
         또한 이 두견각에 모셔놓은 아낙네와 신위는 어느 어른의 신위이옵니까?
국현   네가 그걸 알아서 뭣하겠느냐. 어서 일찍 들어가서 방문 단속 잘하고 자도
         록 해라.
정용   아버님께서는요?
국현   나는 어제, 밤에 왔드라는, 그 도적을 만나야겠다.

정심	금품을 그렇게 가져갔는데 또 올 리가 있겠나이까?
국현	오늘 밤에 꼭 만나자고 쪽지까지 써놓고 갔으니 반드시 올 것이 아니냐?
정심	그 쪽지는 바로 이것이 아니오니까. 혹시 아버님 신변에 무슨?
국현	국사에 반감을 가진 역적이라 하드래도 상감을 위시한 삼양육조가 뚜렷한데 병조판서인 나 하나만 죽이려고 할 리가 없을 것이며 내게 사감이 있어서 나를 살해코저 하는 놈이라 할지라도, 오늘 밤에 안 만난다고 그대로 있을 리가 있겠는가!
정심	그러하오면 의금부에나 포도청에 알리어서 호위병을 불러 두시고 만나 보심이
국현	아니다. 나를 살해코저 하는 놈이라면 만나자고 쪽지까지 써놓고 갈 리가 있겠는가? 호위병을 두는 것이 안되는 법이라.
정심	그러하오나.
국현	걱정 말고, 어서 들어가거라.
정심	아버님, 몸조심하옵소서.
국현	오냐, 어서 들어가거라.
정심	네 (퇴장)
국현	국사에 반역일까 사람일까? 머리를 풀고 상복을 입었다. 그렇다면 제 에미나 아비가 죽은 놈이 분명한데. 상복을 입구 도적질을 한다. 그렇다면 반드시, 금 보화를 더 강요할 놈이구나. 꼭 딱한 사정이라면 주어야지.
정용	(등장) 꼼짝 마라
국현	웬 놈이냐
정용	나는 어젯밤에 났타났든 도적이다
국현	뭣이? 에이 무도한 놈. 너는 무엇 때문에 이러한 금발을 써놓고 다니느냐 당장, 꿇어 앉지 못하겠느냐?
정용	꿇어 앉으라구? 하하. 나는 이십 년 전 병조판서의 아들인 지금은 병조판서 이국현이를 만나기 전에는 이 자리를 물러갈 수도 없고, 꾸러 않을 수도 없다.
국현	에이 무엄한 놈. 국현이를 만나자는 이유는 뭣이냐?

정용	만나서 할 이 얘기가 있다. 그러면 네가 이국현이냐?
국현	그렇다 내가 바로 국현이다. 할 말이란 무엇이냐?
정용	무엇이? 아― 15년 동안 계곡에서 간 칼이, 이제야 빛을 보게 되었구나. 이놈, 이국현. (치려 한다)
국현	오냐, 안다. 알다뿐이냐!
정용	(장도를 던지며) 너는 이것도 알겠느냐?
국현	아니, 이것이 어째서 네가?
정용	나루터 주막쟁이 딸 장미라는 여자는 이국현이라는 양반도령과 구천에 사모친 이별을 하고 기다리다 못해 임 찾아 성문 밖까지 와 있었으나 끝내 돌봐주지 않다가 쌀 설은 섬과 돈 300냥에 절면 장을 보내왔다. 이에 분한 장미라는 여자는 그때 젖먹이 어린 것을 남겨놓고 이국현이가 준 은장도로 자기 목숨을 끊고 마지막 우언이 이 칼로리 자기 원수를 갚어 달라고 하면서 피를 토하고 죽어갔다. 그래서 나는 그 여자에 원한을 풀어 줄려고 찾어 왔다.
국현	아니로다. 그 말은 거짓이로다.
정용	뭣이 거짓? (칼로 치려 한다)
국현	참아라. 나는 그때 엄친 슬하에 있든 몸이라. 편지를 보내 소식을 전하자니 엄격하신 부모 때문에 보내지도 못하고 사람을 시켜 알아봤으나 장미의 행방이 알 길이 없으며, 그때 엄친께서는 장미가 죽었다는 소식을 들었다고 하시기에 그런 줄만 알고 있었다.
정용	그 말이 틀림없느냐?
국현	그렇다. 내가 무슨 네 손에든 칼이 무서워서 그것 말을 하겠느냐. 장미는 육 개월 전에 죽었다고 하시였기에 나는 내 마음을 억제로 달래며 다른 가문으로 장가를 들었던 것이다.
정용	그것이 정말이냐?
국현	내가 무슨 거짓말을 하겠느냐. 보라, 나는 20년이 지나도록 오늘까지 강화도 나루터에서 장미와 애끓는 이별을 할 때 한없이 울어주던 두견새를 생각하며 이곳에 이 같은 두견각을 지어 놓고, 장미의 영혼을 모시며 제사를

지내주고 있다. 자, 보아라. (두견각 문을 연다)

정용　(엎드려 통곡) 어머니

국현　아니 어머니라니. 그러면 너는 장미 몸에서 태어난 자식이란 말이냐?

정용　우리 어머니는 그런 줄도 모르고, 절연장을 받은 그 날 은장도로 자결하여 돌아가시었소. 젖줄이 끊어진 나는 할머니 품에 안겨서 밥물로 자라나다가 내가 세 살대든 해에 할머니마저 돌아가시니 지척에 아버지가 있고 할아버지가 있건만 판서니 대감이니 하는 양반 권세 때문에 만나보지도 못하고, 이 천지에 의지 할 곳 없는 외롭고 불쌍한 천애 고아가 되고 말았오. 그때 이웃집에 칠보라는 아저씨에게 의탁 되었고 그때 아저씨가 하는 말이 이 은장도의 임자를 찾어 구천에 사무친 어머님의 원한을 갚어 달라고 마지막 말씀을 남기시고 세상을 떠나셨오. 그래서, 나는 피기도 전에 시들어간 가련한 여인 우리 어머니의 원한을 갚기 위해, 십여 년 동안 칼을 갈어 어젯밤 이곳을 뛰어들었든 것이요. 어머니. (운다)

국현　오 명철하신 하늘이여. 이 몸이 어찌하면 좋사오리까? 밝은 하교를 나리시여 죄 많은 이 몸을 어서 벌하여 주옵소서. 나는 그런 줄도 모르고 그런 줄도 모르고 장미야.

정용　그러나 막상 뛰어들어 대감의 말을 듣고 보니 십여 년 동안 싸였든 원한도 안개처럼 사라지는구려. (정심 등장)

국현　(꿇어 앉으며) 오냐 죽으마. 어서 나를 죽여서 불상이 돌아간 어미의 원한을 풀어드려라, 자.

정용　눈물로 맺은 인연 웃으면서 풀어올 일. 세상인심이란 이다지도 무정하고 야속한 것인가 보오이다. 마지막 떠나는 길에 어머님 영혼 앞에 잔이나 한 잔 올리고 15년 동안 있었던 상복이나 벗어 볼까 하옵니다.

국현　오냐 정심아. 안에 들어가서 술상을 갖어 오너라.

정심　네 (들어가 가져 나온다)

정용　(잔 따라 올리고 상복 벗고 절한다) 어머님 원수를 갚으려고 15년 동안 칼을 갈어 원수를 찾어 왔으나, 그 원수는 어머님의 영혼을 이렇게 모셔놓고 해 뜨는 아침 달뜨는 저녁마다 어머님을 잊지 못하여 두견새를 부르면

	서 울고 있소. 불초한 이 자식에 처음이며 마지막으로 올리는 술잔을 설다 마시고 웃으시면서 받으시옵소서. 어머니.
(창)	나는 가옵니다
	넓고 이천지에 의지할 곳 바이없는 불쌍하고 천한이 몸
	어머님의 영혼 앞에 마지막 술잔 따르고
	정처 없이 가오만은 어머님 세세연년 맺힌 서름
	저세상에 다시 만나 웃으면서 풀읍시다
국현	예야 가지 말고, 이 애비와 같이 살자.
정용	아니요. 이 천한 몸은 이 세상에서 아버지라고 부른 분이 없아오며, 또한 이곳 머무를 몸이 못되옵니다,
국현	그래가면 어데로 갈 작정이냐
정용	반겨줄 곳 없고, 정한 곳이 있아오리까. 발걸음 닫는 대로 아무데나 가다가, 해저 몸 저녁이면 송죽으로 울음 삼고, 두견이 벗으로 삼아, 그 한밤을 지내며, 호호 방문 문전결식 하다가 불교당을 찾아가서 삭발하고 중이 되어, 어머님의 영혼이나 좋은 곳으로 가시라고 염불과 더불어 조용한 한평생을 보낼까 합니다.
정심	오라버니라 하옵시면 어이 된 일이옵니까?
국현	그래 너는 모를 게다. 이 애비에게는 20년의 기나긴 세월 속에, 비밀이 있단다.
정심	네? 비밀이요
정용	아가씨, 이 몸은, 아가씨의 오라버니가 아니옵니다. 이 세상에 부모 없는 외로운 고아올시다.
정심	아니, 고아라니요? 아버님이 계시고 동생이 이렇게 있는데 고아라니요?
정용	아가씨
국현	그래 네 이름이 무엇이냐?
정용	어버이 없는 천한 몸. 그 뉘라서 이름인들 지어 주겠습니까?
국현	정용아?
정용	네

국현	이 애비를, 영영 아비라고 부르지 않으려느냐? 아버지라고 한 번만 불러 다오. 그것이 죄 많은 애비의 소원이구나. 무강 하옵소서 아버지. (나간다)
정심	오라버니
국현	정용아
정용	(멀리서) 아버지! 아버지!

끝 F~O

(강현복)1983. 11. 01.

피 묻은 칼

1막 1장

합창　　아름다운 오월 보름 즐거웁다. 노래소리 우거지는 녹음방초 고이고이 맞이
하세. 높은 하늘 종달새는 어여쁘게 노래하니 뒷동산에 꾀꼬리도 어화 좋
다 반겨주네. 언덕위에 총각들은 버들피리 꺾어불고 이웃집에 처녀들은 구
성지게 불러주네. 갑사치마 나부끼여 처녀 마음 놀아나네.

노인
(창)　　충신들은 역적으로 몰리어 쫓겨나고, 역적들이 충신인 체 이 나라를 장악하
니 불행하라 죽음이요 불쌍하라 백성이요. 산천초목은 아름답건만 이 나라
는 어두우니, 어찌하다 늙은 몸이 파직을 당하였나.

　　　　（대사) 아— 한심할 사이, 나라는 기울어져 가것만은, 멋모르는 백성들은
노래와 춤으로 봄을 맞이하는구나 최일몽 만고역적 최일몽은 이 나라 충신
들을 하루 아침이슬같이 쓰러트리고 권세를 장악하고도 무엇이 부족해, 한
분 밖에 안 계신 영의정 이판로 대감마저. 아— 한심할 손. 이 늙은 몸도
판서직을 그놈에게 쫓겨나 힘 일은 노물이 되었구나! 가자, 이 지팽이를
벗을 삼어 정처 없는 유랑의 길을 떠나자. (노인 퇴장)

유모　　（등장)
(창)　　자장자장 우리애기 잘도 자네 뒷동산에 뻐꾸기는 구슬프게 울 것만은 우리
애기 잘도 자네. 반달 같은 입을 담고 우리 애기 잘도 자네. 고이고이 잠든
얼굴 하룡같이 예쁘도다. 어서어서 장성해서 천하일색 미인 되오.

유모　　잠든 아가씨 얼굴 예쁘기도 하여라

　　　　（동명 등장)

동명　　유모, 이꽃. 참 예쁘지?

유모　　아이구 도련님, 이렇게 뛰어다니다가 넘어지면 어떻게 하시려구그러세요?

동명　　괜찮아요. 이제는 안 넘어져요.

유모　　도련님 어서 이리 내려오세요.

동명	(내려오며) 유모 나는 저 꽃을 볼 때마다 어머니 생각이 나
유모	어머님이에요
동명	그래. 어머니가 살아 계실 때는, 언제나 저 꽃을 따서 내 손에 쥐여 주시며 동명아, 예쁜 동명아 하시면서 불러 주셨어요. 유모 우리 어머니는 왜 벌써 돌아가셨어. 어린 아기도 남겨놓으시고 엄마는 어디 가셨어! 유모.
유모	도련님 진정하세요. (운다)
동명	
(창)	엄마엄마, 어데 갔오. 우리 엄마 어데 갔소. 가신 길을 안다면은 나도 따라 가련마는 황천길이 멀다더니 그리 쉽게 벌써 갔오. 보고 싶어 우리 엄마 광막한 넓은 천지 우리 남매 남겨놓고 무정하게 가시었오. 보고 싶어 우리 엄마 어머니.
유모	도련님, 울지 마세요. 어머님 대신 유모가 이렇게 사랑해드리지 않읍니까.
동명	그래도, 엄마가 보고 싶어.
유모	도련님
이판호	(이때 등장) 동명아—
동명	아버지 (품에 안긴다).
유모	대감 행차 시옵니까?
이판호	동명아, 엄마가 보고 싶으냐?
동명	네 아버지 엄마는 왜 벌써 돌아가셨습니까?
이판호	동명아, 울지 마라. 사네 대장부가 한 번 돌아가신 어머님을 생각해서 운다 는 것은 장차 큰일 못 할 약한 사람이야.
동명	그렇지만 아버지, 저 꽃을 볼 때마다 어머니 생각이 나는 걸 어찌합니까.
이판호	허어, 약하도다. 어서 눈물을 거두고, 내가 가르쳐준 글이나 읽어보도록 하 여라.
유모	도련님, 어서 읽어보세요?
이판호	자, 어서.
동명	
(창)	공자님 말씀의 가라사대 부자유친 부부상애하라 하고 남아장부 뜻을 세워

성취고자 하옵지돈 수신제가 몸을 닦고 집안일을 이루오니 치국평천하라 한 나라를 다스리고 천하태평하니 장부 한 번 뜻을 세워 이루기에 몸을 받 이리라.

이판호   옳도다- 그 뜻을 항상 명심하렸다

동명   네 명심하겠나이다

이판호   어서 들어가 글공부하도록 하여라

동명   네 (상수 퇴장)

판호   유모?

유모   네?

판호   애기는 잘 자나요?

유모   네. 잠든 아가씨 유난히도 예쁘오이라.

판호   어디 (애기를 본다) 음, 과연 예쁘군. 저, 유모. 그 애기가 낳은 지 한 달이 못 되어. 어미를 잃고 우는 것을 이렇게 유모가 받어 길러 주니 참으로 은 혜 백골남방이요.

유모   은혜라 하옵신 황송하옵신 말이외다. 유모의 책임이란 도련님과 아가씨를 기르는 것이 온대 무삼 그런 말씀을.

판호   고맙소. 더욱이 동명이는 내 하나밖에 없는 아들이요. 이후에 내가 죽드레 도 두 남매는 고이고이 길러 주기 바라오.

유모   대감 돌아가시다니 그런 불고한 말씀을

판호   아니요. 내 목숨은 언제 어느 때 떨어질는지 모르는 목숨이요. 이 나라 좌 의정 최일몽은 언제나 네 목숨을 노리고 있고 상감마마 역시 역신 놈의 말 만 신입하시옵고 나를 멀리하시니 이제 최일몽의 역모의 눈초리는 나에게 시각을 다투고 있소.

유모   이 나라 충신들을 그렇게 많이 죽였으면 그만이지 무엇이 부족해서 대감까 지 대감 원통하오이다. (운다)

판호   역신이 일어나니 이 나라는 기울어져 가고 민심은 소란해 가고 있으니 이 아니 한심한 일이 아니겠오.

유모   대감 진정하소서. 충신열사 헤아려서 하나님은 도우리다. 먼저 가신 충신

	열사 억울하여 땅을 치니 산천초목도 서러운 듯 몸을 떨며 통곡하오. 신명이 있압거든 대감 뜻을 모르리까. 송죽 같은 그 충성을 변함없이 이 나라를 구하소서.

판호   고맙소. 그러나 싸워도 싸워도 지사. 세의 힘은 최일몽에게로 기울여져 가고 있으니 약해지는 내 힘으로 어찌 국운을 막으리오. 유모는 내 말을 명심하여 어린 두 남매를 고이 길러주기 바라오. 이것들은 일찍 어미를 잃고 아비마저 잃지 않으면 안 될 불쌍한 운명을 타고난 자식들이요.

유모   대감 진정하시고 어서 댁으로 들어가시지요

판호   유모, 먼저 들어가시오. (최일몽 하수 등장) (유모 퇴장)

일몽   오, 대감. 여기 나와 계시는군요.

판호   최대감 나오시오?

일몽   녹음반초 우거져 오색화초들이 향기를 이 백일각서 신선한 공기를 마음껏 호흡하며 경치를 찬미하시는 대감의 위품은 과연 좋소이다— 하하하—

판호   대감, 그런 조로의 말씀을 삼가시오. 내가 대감에게 물어볼 말이 있는데요.

일몽   무슨 말씀이신지 서슴치 마시고 물어보시오?

판호   옥에 갇힌 정 판서 대감을 귀양을 보낸다니 그 말이 사실이요?

일몽   그걸 왜 나에게 물어보시오?

판호   그럼 최 대감에게 묻지 않고 누구에게 묻겠오?

일몽   나도 잘 모르겠오?

판호   모르시다니?

일몽   상감들이 하시는 일을 낸들 어찌 알겠오.

판호   그럼 대감께서는 정 판서 대감이 무슨 죄라도 지었다구 생각하시오?

일몽   그야 죄를 지었기에 귀양을 보내는 게 아니겠오

판호   죄라니 대감께서는 그걸 인정하시오?

일몽   상감께서 인정하시고 좌우 신하들이 인정하는데 왜 대감만 모르시오?

판호   알겠오. 죄 없는 정 판서 대감을 모함하여 없애려는 그 역모의 시커먼 뱃속을 알겠소.

일몽   무엇이 역모

판호	역모가 아니면 무엇이요?
일몽	그럼 죄 없는 정 판서 대감을 내가 죄를 만들어서 귀양을 보낸단 말이요?
판호	그것은 나에게 묻지 마시고 대감의 시커먼 뱃속에 물어보시오
일몽	하하하 내 시커먼 뱃속에 물어봐라. 나도 잘 알겠소. 내 시커먼 뱃속에 물어 보라하니, 대감의 시커문 뱃속에도 있을 것이 아니요?
판호	무엇이라고요?
일몽	죄인 정 판서 대감을 옥에서 구하여 이 나라를 집어먹으려는 그 시커먼 뱃속을 나도 잘 알겠오.
판호	무엇이 어쩌구 어째요?
일몽	왜 억울하오? 내가 못 할 말을 했오? 내 뱃속에 있다 하니, 대감의 뱃속에도 있을게 아니요?
판호	대감 말씀을 삼가시오. 상감을 속이고 이 나라 선정을 악정으로 베풀어 충신들의 목숨을 초개같이 쓰러트리고 자신의 권세만 눈이 시커메서 다니면 그만인 줄 아시오. 맑은 하늘에서 날벼락이 다닐 테니 조심하시오. 에잇. (퇴장)
일몽	하하하, 네가 충신이다. 뭣이? 맑은 하늘에 날벼락이 내린다구. 아니 하늘 뒤집혀봐라. 내가 할 일을 못 하나. 핫핫핫.
달초	(등장) 대감 혼자서 뭘 그리 웃고 계시나요?
일몽	오! 달초 나오는가. 내 하도 무서운 꼴을 봐서.
달초	아니 무서운 꼴이라니요?
일몽	내 여기서 이판호 영의정과 한참 말다툼을 하였는데, 그 날뛰는 꼴이 하도 우스워서.
달초	제아무리 날뛰면 뭘 합니까. 머지않아 대감의 밥이 될 텐데요.
일몽	쉿!
달초	네 그저, 요놈의 주둥이가 항상 방정이야.
일몽	내가 달초를 부른 것은 다름이 아니라. 오늘 중으로 거사를 해야겠오.
달초	오늘 중이요?
일몽	하루빨리 저놈을 죽여버리고, 내가 영의정 자리를 차지해야 내 뜻을 이룰게

아니오.

달초 　암, 그렇구 말구요. 헤헤헤. 대감, 그때는 소인도 큼직한 벼슬자리를 얻게 돼지요?

일몽 　열려마오. 내 큼직한 감투를 하나를 씌워 줄터니.

달초 　큼직한 감투요?

일몽 　내 시키는 일에 실수만 없다면 감투뿐이겠소? 달초 요구는 무엇이 든지 들어줄 텐데.

달초 　네, 안심하시고 시켜 주사이다. 그저 척척 하오리다. 감투만 주신다면 대감 그때는 소인도 대감과 같은 큼직한 감투를 쓰고 여덟팔자 걸음으로, 부하 놈들에게 너희들 이리 오너라! 저리 가거라 하겠군요.

일몽 　암. 여부 있는 말이겠소.

달초 　대감, 어서 분부만 하시오. 그저 무엇이던지요.

일몽 　달초는 지금 나가서 부하들을 데리고 와서 이판호 집안 식구를 하나도 남기지 말고, 모조리.

달초 　네. 염려마사이다. 그저 분부만 내리시기를 기대하고 있나이다.

일몽 　매사에 실수 없도록 부탁하오.

달초 　네. 안심 하사이다.

일몽 　그럼, 어서 부하를 데리고 나오시오.

달초 　네- 헤헤. 강투 감투는 감투. 금 감투 헤헤. (퇴장)

일몽 　주책없는 늙은이. 그저 감투라면 사죽을 못 쓰는군. 아- 오늘이야 내 뜻이 이루어지는구나. 청루강 나룻배에 사공이 없어 이리 갈까, 저리 갈가하드니, 노를 잡은 사공은 배를 찾아 가드라. 영의정 이판호만 없애버리면 이 나라는 내 마음대로 할 수 있다. 핫핫핫…-

달초 　(등장 군졸 등) 대감, 만반의 준비는 다 되었나이다.

일몽 　음, 수고했오. 그럼 빨리 데리고 가오 여봐라.

군졸 　네

일몽 　너희들은 오늘, 이 달초의 명에 복종하여 이판호 집을 때려 부수는 것이다.

군졸 　네

일몽	그럼, 자 어서. (일동 함성 지르며 퇴장) 오 저 함성 오랜동안 내 먹었든 뜻이 이루어지는 저 함선. 하하하. (중앙 퇴장)
	(이판호 피투성이로 칼 들고 등장. 유모, 동명같이)
동명	아버지
유모	대감
판호	유모, 어서 애기와 같이 데리고 이곳을 피하시오. 동명아, 어서 유모를 따라 피하여라. 어서.
동명	아버지, 안됩니다. 아버지의 비참한 모습을 뵈옵고 어찌 소자만이, 살길을 찾으리까? 아버지.
판호	아니로다. 너만은 살아야 한다. 어서어서. (함성 소리)
유모	시각이 급히 오니, 어서 피신 하옵소서요. 대감, 망극하오이다. 그럼 두 애기는 염려 마시옵고 다시 뵈옵기를.
판호	고맙소. 동명아 어서… 어서.
동명	아버지 불초 소자는 (달려들어 온다)
	(함성 나면 유모 동명 데리고 퇴장)
	(군졸, 달초, 일몽 등장)
일몽	꼼짝마라. 하─하─하 최후까지 발악하였구나. 여봐라. (눈짓)
판호	네, 이놈. 만고역적 최일몽아 내 칼을 받아라.
	(판호 치려할 때, 일몽 친다. 판호 죽는다.)
일몽	이제 모든 방해물은 쓰러졌다 하늘이 사람을 낼 때 영웅호걸을 내었으니 과연, 나를 두고 하는 말이구나. 하하하하
달초	해해해……
하막	

1막 2장 (같은 곳)

노인	세월이 여루하여 15년이 흘렀구나. 수년 동안 방랑 생활 고향 산천 찾아드니 산은 옛 산이로되 물은 옛 물이 아니로다. 주야로 흘러가니 옛 물이 있

을쏘냐. 인심 역시 변해가는 암흑 속에 백일각아 물어보자. 국운이여 갈 곳이 어데멘가 술 술이나 마시고 모든 것을 잊어버리자. 15년 전 이곳을 떠날 때는 이 지팽이 벗을 삼았드니 15년 후 이곳을 찾아올 때는, 벗으로 이 술병 하나가 더 늘었구나. (앉는다)

(창) 쓸쓸하다 옛 성터에 홀로 앉아 술 마시는 나그네의 늙은 마음
백일각아 물어보자 15년 전 5월 보름
이 터에다 피를 뿌려 애석하게 돌아가신 충신들의 맺힌 원한
대감 넋을 알았느냐 모르느냐 슬피 우는 나그네야
(동리 처녀 노래 부르며 등장)

처녀

(창) 풍년이 왔네. 풍년이 왔네. 풍년이 왔으니 노래 부르고 춤을 추세.
어야라 어영차 풍년이로구나. 젊어 청춘 놀아보세 마음대로 놀아보세.

노인 나만 남고 다 갔구나

(창) 가세 어서 가세 석양 따러 어서 가.세 오늘은 이 마을에 내일은 저 마을에 서글프다 유랑생활 흘러가는 나그네여. 오늘 해도 늦어지니 이 몸 둘 곳 어드멘고. (퇴장)
(서진, 추월 노래하며 등장)

합창 단오로다 단오로다. 즐거울 사 단오로다. 청계 대 맑은 물에 버선 벗고 발을 씻어 신선 선녀 하강하듯 머리 감고 살펴보니. 좌우에는 청산이오 상하로는 천지도다.

추월

(창) 달님 같은 아가씨여 석양 노을 몸에 받고 백일각에 올라스니
그 모습이 아름다워 님 그리워 애탄 모습 안타까워 그리건만
안 오시네 도련님은 무정하게 안 오시네

서진

(창) 피어나는 추월모습 봄바람에 나부끼여 삼단 같은 머리채에
네 모습도 아름답다 산들산들 춘풍 속에 섬섬옥수 스쳐 가니
꽃과 같은 그 몸에다 호랑나비 부루도다

합창	백일각에 석양 노을 고이고이 받으리라
추월	아가씨 오월 단오 백일각의 석양 노을이란 과연 아름답소이다
서진	그래, 해는 종일토록 지친 듯이 서산에서 너울너울 춤을 추고 내일의 천기를 약속하며 이 백일각에까지 아름다운 빛을 주고 있구나.
추월	그 빛을 온몸에다 받으시고서 백일각에 서 계시니, 아가씨의 모습 더욱 아름답소이다. 더욱이 혼인 날짜를 사흘 앞두고 계신 아가씨 아가씨의 머리부터 발끝까지 훤하오니라.
서진	앞으로 사흘이면 혼인을 한다고는 하나, 내 마음에 없는 혼인 그렇게 빛날 것도 없다.
추월	아유 아가씨, 마음에 없으시다니 그게 무슨 말씀이세요?
서진	부모님들끼리 정혼 한 것이라 우리나라 풍속으로 거역할 바도 못 되고, 어찌할 수 없는 혼인인가 보구나.
추월	아유, 아가씨. 그게 무슨 말씀이세요? 이 나라를 호령하는 부귀권세 이룩하여 열두대문 옥궐에는 남종여종 수십 명이요. 도련님은 인물 잘라 천하일색 호걸이고 글 잘하고 칼 잘 써서 이 나라에 명수인데 싫다 하면 어찌하오?
서진 (창)	부귀권세 나는 싫다 그 집안은 이 나라에 역적으로 얻은 세력 만고충신초개같이 그댁 손에 쓰러지니 그 집안은 나라에 역적으로 얻은 사무치는 원한들이 육천 마리 찌르더니 역적이라 그 댁으로 시집가는 이몸 역적이에요.
추월	아유 아가씨, 왜 아가씨가 역적이에요.
서진	물론 그 댁 도련님이 싫은 것은 아니야 도련님은 그 댁 대감과는 뜻이 달라서 나라에 충성을 다한다는 소문도 있어. 그러나 그 댁이 싫은 것을 어찌 마음에 있는 혼인이라 하겠느냐?
추월	그렇지만, 당자인 도련님만 마음에 들면 그만 아니에요?
서진	아무튼 부모님끼리 정혼하고 5월 초열흘 이내로 결정까지 되었으니, 어찌할 도리가 있겠니?
유모	(등장) 아가씨 여기 나와 계시는군요

서진	유모 나오세요.
추월	아가씨를 모시고 이 누각이 참 좋지요?
서진	예, 참 좋아요.
유모	마음에 드시나요?
서진	네 퍽 좋아요
유모	아, 15년 전, 오월 보름날 피 흘린 역사를 남겨놓고 대감께서는 이 자리에서 그만. (운다)
서진	아니 유모 별안간 그게 무슨 말씀이세요?
유모	아 아니올시다. 이 늙은 것이, 그만 공연히 쓸데없는 말을.
서진	아마도 무슨 곡절이 있는 듯한데 어서 말씀하세요?
유모	그저 옛날에 이 누각터에서 싫었든 옛일을 생각하구
서진	이 누각터에 무슨 깊은 역사라도 있었든가요?
유모	역사라니 이만저만한 역사이겠습니까.
서진	유모, 그 역사 이야기나 좀 해주세요?
유모	
(창)	15년 전 이 나라에 충신이든 이 대감은 어린 자식 두 남매와 이 나라를 선정타가 세월이란 야속하지. 서리 같은 역적 칼에 이 자리에 쓰러지니 산천초목도 울음을 울고 만백성도 울었다네. 어린 자식 두 남매는 피를 흘린 품에 안겨 아이구 아버지 아버지 하며 울든 그때를 생각하고 울었네다.
서진	그런 피에 맺힌 역사가 어찌하여 일어났든가요?
유모	네. 아가씨. 아버님 박진사가 살고 있는 댁이, 바로 그때 그 대감 댁이라나요?
서진	그 후, 두 남매는 어찌 되었나요?
유모	네. 그 두 남매요?
서진	네
유모	네. 저 그 두 남매는 아가씨와 같은 유모가 있었드랍니다. 그래서 그 유모는 두 남매를 용케 잘 구하였는데 도련님은 어데론가 떠나버리고 지금은 출가하여 행복하게 잘 산데요 (눈물 짓는다) 저 아가씨 날도 저물고 하니 어서

	댁으로 들어가시지요.
서진	네. 유모 먼저 들어가세요.
유모	그럼 먼저 들어가겠습니다. 애 추월아, 아가씨 모시고 곧 들어오너라.
추월	네 (유모 퇴장)
서진	백일각. 피어 역사 싫은 백일각이었구나!
추월	아가씨, 그만 들어가세요. (양인, 상수 퇴장)
	(일몽, 진사, 갑돌, 미리 등장)
일몽	갑돌아?
갑돌	네
이몽	도련님 모시고, 어서 들어가거라.
미리	아버님, 소자 먼저 들어가겠나이다. (양인 하 퇴장)
진사	대감, 도련님도 이젠 퍽 숙성했소이다.
일몽	네
진사	대감께서 무자손하여 불공을 드리든 일이 엊그제 같드니, 이제 저렇게 숙성했으니 세월이란 퍽 빠르오이다
일몽	지사, 내가 오늘 진사를 모신 것은 애기의 얼굴이 보고 싶어서.
진사	원 대감께서도, 내일모레면 댁에 두시고 보실 며느리가 아니오니까?
일몽	그야 그렇지만. 이젠 이렇게 나이를 먹고 늙어지니 어린아이와 같아서 더욱이 우리나라 풍속으로 출가 전 규수를 보자고 하는 것은 예의에 어긋났으나 늙은 마음 조급하여 그러하니 한 번 보여줌이 어떠하오?
진사	대감께서 정 그러시다면 뭐 그리 어려울 게 있겠습니까. 자, 어서 들어가시지요?
일몽	아니요. 또 댁에까지 가서 폐을 끼치느니보다, 진사께서 수고스럽지만 여기까지 데리고 나오심이 어떠 하올지?
진사	네. 그럼 잠깐만 기다려 주십시오. (상수 퇴장)
일몽	청산리 별해수야. 수이감을 자랑 마라. 일도창해하면 다시 오지 못하리라. 명월이 만공산하니 쉬어간들 어떠리. 시호시호 부자 내라 왕손도 귀불귀라 사람 한 번 늙어지면 다시 청춘 어두워라.

진사	(등장 유모. 서진 같이) 저 대감?
일몽	아이구, 이거 미안하오.
진사	원, 천만의 말씀을 저 아가 네 시부 되실 영의정 최대감이시다. 인사 올려라. (절한다)
일몽	오, 그래 모시고 잘 있었느냐?
서진	이렇게 뵈오니, 황송하오니다.
일몽	음, 그 얼굴도 예쁘지만, 그 목소리 더욱 청아 하구나. 진사, 내 자부로는 넘치는 규수요.
진사	황송하여이다. 저 그리고 이 사람은 애기를 어려서부터 성심 끝 길러 주신 유모외다. 저, 유모 인사드리시오.
일몽	(유모 절하면) 네. 그러신가요. 애기가 출가하면 애기와 함께 우리 집에 와 있도록 하시오. 자 그럼 어서들 들어가지 (양인 퇴장) 진사 내 마음이 흡족하오이다.
진사	별말씀일
일몽	오늘은 이만저만한 폐만을 끼쳐서 자 그럼 어서 들어가시오. 나도 돌아가겠오.
진사	네. 그럼 안녕히 행차하십시오. (퇴장)
일몽	네. 살펴 들어가시오. 네 여봐라?
갑돌	네?
일몽	청사초롱에 불 밝혀라?
	(갑돌 앞서고, 일몽 다음 군졸이 서고 나가려는데, 동명 등장)
	(군졸 친다. 일몽 달아난다)
일몽	도적이야
동명	원수를 갚으려고 15년 동안 간 칼이 피에 굶주리고 있다. 역적 최일몽아 나의 원수 갚을 날을 오월 보름날 그 날이니 그날 밤에 다시 만나보자. 하하.
노인	(등) 동명아?
동명	대감 (무릎 꿇는다)

노인	15년 동안 내가 가르쳐 준 검술이 과연 비범하도다
양인	우리의 원한 맺힌 오월 보름날. 핫핫.

하막

2막 3장

동명 (창)	오늘 밤 저기 저 달은 유난히도 밝았것 마는 외롭다. 이네 심정 슬피우는 벌레들아 처량하게 울지마라. 간장 쓰린 이 몸 더욱이 아프고나 광막한 넓은 천지 일가친척 없는 몸이 고향이라 찾아오니 반겨줄 리 아니 없네.
동명	아— 고향이란 이렇게 쓸쓸한 것이 내 고향이든가 광막한 천지에 외로이 남겨둔 내 하나밖에 없는 누이동생 서진이는 어데를 갔을까 죽었는지 살았는지 내 가슴에 파고드는 쓸쓸한 감정마저 더욱 울려주는구나. 한 분밖에 안 계신 충신이고 내 스승이신 김 대감마저 역적 손에 잡혔으니 어찌 생존하기를 바랄 수 있을까 대감 이 몸을 용서하옵소서. 이 몸 때문에 대감마저 역적 손에 이슬이 되는 구료. 그러나 안심하옵소서 내 어떠한 일이 있드래도 원수는 갚고야 말겠습니다. (이때 소리 동명 퇴장) (유모 진사 등)
진사	유모 애기는 출가 후 마음이나 좀 부치고 있는지요
유모	네. 애기는 그저 항상 얌전하셔서 그 속마음은 모르겠습니다. 그러나 추월이와 제가 여전히 시종하고 있으니, 아무 염려 마세요.
진사	나는 유모만 믿겠오. 내 자식 없는 몸이 복에 넘치기도 영의정 댁 따님을 양딸로 모셔 친딸같이 길러서 출가는 시켰으나, 한갓 유모에게나 애기에게 미안하게 생각하는 것은 애기의 원수 집으로 보내게 된 것이, 천 번, 만 번 불안한 일이요. 그러나 이 대감을 살해하고 자기가 영의정으로 권세를 독차지한 최일몽의 권세란 이 나라에서 막을 자 그 누가 있겠오. 애기 혼사만 하드래도 영의정이 강제로 정혼하여 어찌 거역할 수 있겠오?
유모	대감, 사실은 저도 잘 알고 있습니다. 한 가지 거적으로 죽었는지 살았는지 모르는 동명 도령께서 이후라도 오셔서 이 사실을 아신다면 무슨 면목으로

대하겠습니까?

진사   모든 것이 운명이고 팔자인가 보오. 참 유모 이런 말은 할 말은 아니지만, 요새 장안을 휩쓸고 돌아다니는 도적이 혹시 동명 도령이 아닌가 생각이 드는구료.

유모   원, 그럴리가 있겠습니까? 영의정이 대감의 피를 받으신 도련님께서 그런 험상한 도적의 소리를 듣고 다닐리가 있겠습니까?

진사   글쎄, 나도 그렇게는 생각 하오마는. 하고 다니는 말이, 하도 이상해서 돌아오는 오월 보름날을 기다리라고 하면서, 최대감과 공모한 사람을 하나씩 둘씩 죽이고 있으니, 이 대감이 돌아가신 것이 15년 전 오월 보름날이 아니었든가요?

유모   글쎄, 그 말씀을 들어보면 저 역시 의심은 나옵니다. 그렇지만 설마 도련님은 아니겠지요

진사   모를 일이요. 좌우간 판단이 나오겠지요.

유모   그래, 잡혀 온 그 노인은 무어라 하든가요?

진사   모진 문초를 해도 입을 봉하고 아무 말도 없으니 알 수가 있어야지 유모 대감께서 오월 보름날 와달라고 하니, 그날 오기로 하고 나는 이만 가보아야겠소

유모   네 조심하여 가십시오.

진사   애기의 신변을 부탁하오.

유모   네 염려 마십시오. (진사 하수 퇴장) 도련님 도련님께서는 어느 하늘 밑에 계신가요? 어데서 이 늙은 몸을 얼마나 원망하고 계신가요! (운다) 동명 도련님 어데 갔오? 긴긴 세월 15년간 늙은 유모를 버리시고, 어디 가서 계시나요? 해 뜨는 아침 달 뜨는 저녁 도련님을 기다려도 어데가고 안 오시오. 강남 같은 제비떼도 봄이 오면 오것만은 한 번 가신 도련님은 오실 줄을 모르시오? 도련님. (운다)

갑돌   (짝지 털보 하수 등장) 유모 여기서 뭘 하고 계시오?

유모   아이구, 또 순행들 도는구면.

털보   네. 그 도적놈 때문에 죄 없는 우리들까지 밤잠을 못 자는군요.

유모	그럼, 수고하오. (유모 상수 퇴장)
짝지	어 그 도적놈 때문에 사랑하는 추월이도 한 번 얼싸안고 놀아보지도 못하고, 사람 환장하겠어.
털보	아닌 게 아니라. 고 추월이 계집애, 예쁘기는 하드라.
갑돌	아… 요새 나만 보면 그 앵두 같은 입술로 방글방글 웃으면서 갑돌이 하는데, 사람 미치겠어.
짝지	애, 갑돌아. 추월이를 나에게 돌려보내라.
갑돌	아니, 무엇이 어째?
짝지	추월이를 나에게 돌려보내란 말이야.
갑돌	추월이를 너에게 보내?
짝지	보내면 어때.
갑돌	아니, 너 그게 말이라고 하고 있니?
짝지	어때? 내가 추월이와 약혼을 했어! 혼인을 했어? 아무라도 데리고 살면 장땡이지 뭐가 어때?
갑돌	무엇이 어쩌구 어째?
짝지	추월이는, 너만 좋아하는 게 아니야 나도 좋아해.
갑돌	아니 추월이가 너를 좋아해?
짝지	좋아해도 이만저만인 줄 아니.
갑돌	아니 이 자식아. 추월이 한테 물어보자. 정말 너를 좋아하는가. 추월이 한테 가자, 이 자식아.
짝지	이 자식아, 누구의 멱살을 함부로 잡어?
갑돌	어서 가
짝지	야, 이 자식아 이것 못 나?
털보	(큰 소리로) 도적이야, 도적이 나타났다.
갑돌	아이구, 한 번만 용서해주십시오.
짝지	아이구 아이구.
털보	너, 이놈아, 왜 함부로 까불고 있어.
갑돌	네. 다시는 안 하겠습니다.

털보	네, 이놈들아, 추월이를 나에게 보내주면 용서해주마.
야인	네. 그저 목숨만 살려주십시오.
털보	하하, 옛기 못생긴 몸들아.
갑돌	(보고) 아니 저 자식이
짝지	사람을 이렇게 놀라게 해
갑돌	휴, 진땀이 버쩍 나는 걸.
짝지	하마뜨면 바지에다 똥 쌀 뻔했다
털보	이 자식들아, 그렇게 약한 녀석들이 계집애를 놓고 옥신각신 싸워
갑돌	아닌 게 아니라, 그 도적놈이 무섭기는 무서운가 봐?
짝지	암, 무섭고말고. 어린아이들도 울음을 울 떼에 비호같이 도적이 나타났다 하면 울음을 뚝 그친다네.
갑돌	그지? 어떻게 잡을 수 없을까?
짝지	가만 있자⋯ 여보게들, 좋은 수가 있네.
털보	수라니 무슨 수야?
짝지	그 도적을 잡을 수가 있어
갑돌	뭐 자네가 그 도적을 잡어?
털보	꿈도 꾸지 말게
짝지	참, 그리고 그 도적을 잡는 자에겐 천금상을 준다구 방을 부쳤다지?
갑돌	그래 잡기만 하면 우리 대감이 천금상을 준데
짝지	여보게들, 이 수를 써서 잡으면 천금상은 똑같이 나누어 먹세.
털보	어 잡기도 전에, 천금상 나물 이야긴가?
갑돌	그게 팔십 살 먹은 할머니가 어린애를 날려구, 포대기 장만하는 격이야.
짝지	아니야. 어째든, 잡기만 하면 될 게 아니야?
갑돌	그래서 어떻게 잡는다는 거지?
짝지	어떻게 잡는 고 하면. 이 서울 장안 사람이 모두 들어갈 수 있는 큰 괴짝을 하나 짜거든.
털보	그래서?
짝지	그리고, 큰 황소 한 마리를 잡거든.

갑돌	황소를 잡어?
짝지	그래서, 쾌짝 안에다 화로에 불을 피우고 소고기를 지글지글 굽는단 말이야.
갑돌	야, 먹고 싶다.
짝지	됐어. 그러니 사람들이 고기를 먹으려고 괴짝 속으로 들어가거든. 그때 그 괴짝 문을 꼭 닫고 하나씩 하나씩 꺼내 보면, 그 도적도 나올게 아니야! 그 때 도적이야~
갑돌	아이, 깜짝이야~
털보	내 참, 기가 막혀서
짝지	그래서 잡아내거든
갑돌	아이구, 천하 맹꽁아. 야 이 천하 미친놈아. 야 천하 밥버러 비호같은 도적놈이 소고기에 탐을 내어 괴짝속으로 들 줄 아나. 그런 수작 고만두고, 우리들의 직책이니 지키기나 잘 지켜라, 야, 이 맹공아.
짝지	허 참, 말하고 본전도 못 찾았네.
갑돌	뭐? 소고기먹으러 도적놈이 괴짝 속으로 들어가?
짝지	그럼 어떻게 해 천금상은 욕심나고 궁리는 그것뿐인데 어뚷 게 해
털보	서울장안 뿐만 아니라, 궐내에 수 많은 장사들도 못 잡는데, 그런 궁리로 잡어 고만둬.
짝지	미안하네
유모	(등) 여보게들 수고하네
갑돌	유모 주무시지 않고 왠일이세요?
유모	자네들이 수고한다고 내정 마님께서 술 한 잔씩 주라고 해서 저 앞 마루에 차려놓았으니, 어서 들어가 한 잔씩들 하고 나오게.
삼인	내정 마님이요?
유모	그래
털보	내정마님은, 우리들의 마음을 척척 알어 준다 말이야.
유모	여보게들, 셋이 똑같이 들어가 마시고 오게.
짝지	그렇지만 여기는 누가 지키구요?

유모	그새 무슨 일이 있겠나. 내가 있을 테니 어서 들어가게나.
짝지	그럼, 우리 다 같이 들어가세.
삼인	유모 미안합니다. (퇴장)
유모	(달을 보다가) 오늘 밤 저 달은 왜 나에게 쓸쓸함을 더 한 층 줄까?
(창)	오늘 밤 저기 저 달은 왠일인지 처량한가. 오동나무 의지하여 울고 있는 늙은 이몸, 한평생 자식 하나 없는 몸이 갈 곳 없어. 두 남매를 맡았건만 어데 갔오? 동명도령. 이 늙은 몸을 안 잊으셨거든 소식이나 전해주오. 도련님 어데 계시면서 이 늙은 몸을 이다지도 울려 주나요. 도련님!
	(이때 동명 칼 들고 등장)
유모	누구야?
동명	떠들지 마라. 떠들면 죽인다. 나는 이 집에 최일몽이 잡으려 하기에 몸을 피해 다니는 도적이다.
유모	뭣이
동명	만일 떠들었다가는 죄가 있든 없든 간에, 이 칼로 죽인다.
유모	아니 당신은?
동명	아니 당신은, 어데서가 많이 본 기억이.
유모	혹시, 동명도령?
동명	아니, 그러면 당신은 유모?
유모	나는, 동명 공자를 그리워하고 있는 유모외다.
동명	예, 유모요?
유모	도련님?
동명	유모 (양인 포옹) 도대체 어떻게 된 일이요?
유모	도련님 꿈인가요? 생시인가요?
동명	유모, 그간 안녕하셨습니다.
유모	네. 늙은 유모는 아무 일이 없사오나 도련님의 남루한 모습이 어찌 된 일입니까?
동명	아버지의 원수를 갚겠다는 일념에, 15년 동안 심심산골에서, 최근 모피를 먹어가며 전 병조판서 김 감의 검술 공부를 배워가지고, 서리찬 칼을 들고

	원수의 목을 노리고 찾아왔습니다.
유모	갚어야지요. 뼈에 사무친 원수를 갚어야지요.
동명	오월 보름은 내 원한이 사무친 날이 아니겠습니까. 15년 전, 오월 보름날 역적 최일몽의 칼에 이슬같이 쓰러져 마지막 남겨놓고 가신, 아버님의 말씀 내 하루인들 잊어본 날이 있아오리까.
유모	도련님
동명	유모, 유모. 앞에 최일몽의 목을 짜르겠오. 참전 일에 잡혀가신 김 대감의 신변을 모르시오?
유모	네. 자세히는 모르오나, 모진 고통을 당하는 모양이로군요.
동명	그래요. 숨어다니는 몸이라. 오래 있을 곳이 못 돼오니, 이만 가겠습니다. (가려다) 참 유모, 내가 떠날 때 하나밖에 없는 내 누이동생 서진이는 그 후 어떻게 되었습니까?
유모	아가씨요
동명	네 금년에는 열여덟 살. 지금쯤은 퍽 컸겠군요.
유모	(쓰러지며) 죽여주오. 이 늙은 몸을 어서 죽이 주오. 도련님에 지은 죄, 이 늙은 몸 살어서 무엇하겠습니까. 어서 죽여주오.
동명	죄를 지었다니, 도대체 어떻게 되었단 말이요?
유모	아뢰옵기 황송하와 말씀을 못 드리겠습니다
동명	아니 그럼 내 동생이 죽었단 말이요? 어서 속 시원히 말 좀 해주오.
유모	도련님이 떠나신 후, 박 진사 양딸로 들어가 고이 길러사오나, 역적 최일몽에 추상같은 강제 정혼에 그 댁 자부로 출가를 하였나이다.
동명	무엇이라구? 아니 유모 그게 정말이요?
유모	이 몸을, 어서 죽여주오.
동명	청천병력도 분수가 있지 내 동생이 원수의 자식한테 시집을 가다니 네 이 놈 역적 최일몽아, 내 더 이상 참을 수가 없다. 에잇 (뛰어 들어가려 할 때)
유모	(잡으며) 도련님 참으세요. 매사에 경솔하면 실패가 있는 법이니 제발 참으세요 도련님.
동명	유모 어서 일어나세요. 유모에게 무슨 죄가 있겠어요. 신의 운명의 작간인

	가 봅니다. 그런데, 유모 내 동생 얼굴이나 한번 보고 싶어요. 혈육이란 그 애 하나뿐이니 얼굴이나 보고 가겠소.
유모	그럼, 저기 은신하고 계세요 내가 이리 모시고 나오지요.
동명	네. 먼 곳에서 얼굴이나 보고 가겠소.
유모	네 (퇴장)
동명	아, 운명이란 야속하지. 하나밖에 없는 내 동생이 원수에 자식에게 시집을 가다니. (안에서 인기척 숨는다)
유모	아가씨, 어서 나오세요,
서진	아이, 유모도 밤 중에 달구경을 해서 무엇해요?
유모	담 안에서 보는 달보다, 담 밖에서 보는 달이 훨씬 아름답지요?
서진	참 아름답군요.
동명	(뒤에서) 서진아
서진	앗 도적이야─ (동명 퇴장)
유모	아씨, 도적이 아니외다.
일동	(등) 아니 도적이라니
일몽	아니, 도적이라니 도대체 어떻게 된 일이요?
유모	네, 아뢰옵기 황송하오나 아씨를 모시고 달구경을 나왔다가.
일몽	나왔다가 어떻게 되었단 말이요?
유모	도적이 나타났어요
일몽	무엇이? 그래, 어떻게 되었오?
유모	아가씨께서 소리치는 바람에 비호같이 도망을 처버렸나이다
일몽	에잇, 지긋지긋한 놈.
일몽	미리야, 애기를 데리고 어서 들어가거라.
	(미리, 서진, 유모, 추월 퇴장)
달초	대감, 그놈이 이 근처를 배회하는 것을 보니, 가두어둔 그 늙은 놈과 무슨 내통이 있는 것 같습니다.
일몽	글쎄, 그러나 그놈이 입을 봉하고 무슨 말을 해야지.
달초	한 번 더, 문초하는 게 어떠하오리까?

일몽	좋소 … 여봐라
삼인	(군사)네
일몽	옥에 가두어둔 그 늙은 놈을 이리 끌어내라
일동	네
일몽	너는 저쪽을 지켜라 (짝지에게)
짝지	네 (하수 퇴장)
달초	대감, 그 도적놈이 안만해도 그 도적놈이 대감에게 무슨 큰 원한을 품은 놈이 분명하오이다.
일몽	글쎄, 틀림없이 그런 것 같소.
달초	그러기에 요일 전에 백일각에서도 하인만 죽이고 나서 아버지를 살해한 오월 보름날을 기다린다구 하는 것을 보니, 분명 대감에게 무슨 원한이 있는 요놈이외다.
일몽	더욱이 나와 같이 일하던 사람은 하나씩 둘씩 죽이고, 어데 마음이 불안해서 견디겠소?
달초	불안한 건 대감뿐만 아니라, 저도 역시 마음이 꺼림직 하오외다.
일몽	하 그러나 김판서에게는 아무 일 없을 테니, 내 신변이나 잘 보살펴 주오.
달초	암, 그야 여부 있는 말씀이겠읍니까만, 어쩐지 내 목아지도 위험한데요. 암만해도 쓰지 못할 감투를 쓴 것 같아서 참 대감 오월 15일을 기다린다고 하니 무슨 생각나는 일이라도 없나이까?
일몽	글쎄, 사람을 하도 많이 죽여서 도무지 생각이 나지 않는군요.
달초	헤헤, 그도 그렇겠지요. (노인 묶어 끌고 온다)
일몽	여봐라, 오늘 밤에는 내 묻는 말에 순순히 대답하렸다.
달초	순순히 대답 안 하면 오늘 밤에는 죽고 남지 못하리다
일몽	그래 요새 장안을 소란 거 하는 도적이 누구야? 너와 분명히 내통이 있지?
달초	말을 않으면 네 놈에게 불리하다는 것을 왜 모르느냐?
일몽	그 도적이 누구야?
달초	어서 말을 해라? (말이 없다)
일몽	예이, 그놈을 쳐라.

군졸	네 (사정없이 친다)
일몽	네 아무리 말을 않아도 네 놈과 내통이 있다는 것을 틀림이 없다. 오늘 밤 그 도적이 너를 구하려고 네 이름을 부르며 담박을 배회하다가 파수들에게 들켜서 도망을 가고 말았다. 이런 단서가 나타나는데도 불구하고, 고집을 부를테냐?
노인	하하하 어린애 잠꼬대 같은 소리는 하지 마라. 나는 그 사람이 누구인지 모른다. 그리고 그 사람이 내 이름을 알리만무하다.
일몽	뭣이, 모른다구? 에잇 또 쳐라.
군졸	예이 (또 친다)
노인	어서 죽여라. 나를 괴롭히지 말고 어서 죽여라. 에이 역적놈아
일몽	뭣이 역적놈-
노인	야 이놈아 역적놈아- 너희들도 사람이면 가슴 깊이 생각해라. 내가 누구인지 눈 있거든 자세히 보아라. 20년 전에 네 놈에게 판서직을 억울하게 쫓겨나가 내 평생 맺힌 원한 네 놈의 간을 내어 돌아가신 선조 대신 영혼 앞에 제사를 올리려다 운수가 불길하여 네 놈에게 붙잡혔다 죽는 것은 한없으나, 가슴에 맺힌 한을 못 풀고 죽게 되니 그 아니 원통하리.
일몽	뭣이? 그리고 보니까 바로 네 놈이.
노인	그렇다. 네 이 역적놈아 사리사욕과 권세에만 눈이 어두워 충신들을 살해하고 독재 정사에 눈이 시푸리니 조정은 암흑이요. 백성은 토탄이라 굶주리고 헐벗어 아우성치는 창생들의 아우성 소리가 네 놈의 귀에는 안 들리느냐? 천추에 용납지 못할 네놈의 죄 역적이 아니고 무엇이겠느냐?
일몽	뭣이 역적? 여봐라. 저놈을 당장 주둥아리에다 인두로 담근질을 하여라.
군졸	네 (퇴장)
일몽	함부로 지껄이는 네 놈의 주둥아리, 인두 맛을 봐라.
노인	좋다. 나는 이제 죽어도 아무 여한은 없다만은, 한가지 원통하고 분한 것은 역적 네 놈들을 내 손으로 죽이지 못한 것이 분할 따름이다. 아 이 나라 조정이여 언제나 밝은 길을 찾을 것인가.
달초	네, 이놈. 주둥아리를 닥치지 못하겠느냐.

일몽	네 여봐라. 어서 저놈의 등짝을 바싹 지저라. 어서 지저라. (지진다 쓰러진다) 여봐라.
군졸	네
일몽	에잇, 지긋지긋한 놈. (퇴장)
달초	야, 이 늙은 놈아. 네 아무리 발악하여도, 내일 아침이면 저세상으로 간다. 헤…헤 (이때 동명 들어와 달초 친다) 억, 감투? 감투 감투가 사람을 죽인다—
동명	네 이놈들, 꼼짝 마라.
사졸	네
동명	(노인을 일으켜 업으며) 대감 정신 차리시옵소서 원수는 하나씩 둘씩 하하
하막	

4막 4장

서진	(등) 달은 밝기도 하여라
(창)	달은 밝아 유정한데 이 마음의 이 쓸쓸함 아 달빛 받은 모란꽃은 감로수에 이슬 맞아 기쁜 듯이 웃고 있네! 밤의 향수 짙어가니 외롭도다 이네 심사 알어 주리 뉘 있으랴
추월	(등) 아가씨, 여기 나와 계시군요?
(창)	샛별같은 아가씨여 꽃과 같은 아가씨여 고대광실 높은 집에 부귀영화 몸에 왕주밥 고량진미 한결같이 마시면서 호피방석 오색평풍 아담하게 둘러치 고 천수만수 살고지고 귀염받는 아가씨가 무얼 그리 외롭다 하나이까? 외롭다 마시고 이 밤을 재미있게 지네 소서
서진	호피방석 고량진미가 무슨 소용있겠느냐? 이 집안이 역적이란 것을 알 게 된 그 날부터 마음이 불안한 데다가, 요사이는 도적놈까지 끼어, 하루라 도 마음이 불안하구나.
추월	염려 마세요. 아가씨, 제아무리 날뛰는 도적이라 할지라도, 맹수 같은 파수

유모	들이 수십 명씩 순행 돌고 있으니, 어찌 침해 하겠어요. 아무 염려 마세요.
유모	(등) 그래 추월에. 네 말이 옳다. 아가씨 안심하세요. 도적이 이 집에 침범 해도 아가씨 몸에 아무 일 없을 테니, 마음 놓으시고 달구경이나 하세요.
서진	유모 그게 무슨 말씀이세요? 도적이 나타나도 내 몸에는 해가 없다니 만일 이 집안이 원수라면 누구든 가리겠소. 우리 식구는 하나도 빠짐없이 헤할 텐데.
유모	그렇지만 아가씨에게는 아무 일 없을 테니 염려 마오.
서진	유모는, 그 도적을 아시나 봐?
유모	아니올시다. 제가 그 도적을 알다니요. 천부당한 말씀이외다.
추월	유모, 도적놈이 이 댁에 무슨 원한이 있을까요?
유모	놈이라니 그게 무슨 말이냐? 운명이 기박하여 도적의 소리를 듣고 다닐망 정, 우리까지 놈이라고 욕을 해서야 쓰겠느냐?
서진	유모는 그 도적 말만 하면 두둔하는 걸 보니, 아는 사람인가 봐?
유모	아니올시다. 알아서 그런 것이 아니오라 그 도적의 근본도 모를 뿐 아니라 또한 여자의 말에는 여름 아침에도 서리가 찬다는데 우리 여인들까지 덮어 놓고 욕을 해서야 쓰겠습니까?
서진	그렇지만 아무래도 이상해요. 저번 담 밖에서 도적이 나타났을 때도 도적 이 아니라고 하셨지요?
유모	그때는 아가씨께서 하도 놀라시기에 안심시켜 드리느라구 그랬지요.
서진	어쨌든 도적은 무서운 도적이야. 의복은 갈기갈기 찢어지고 머리는 풀어 산발하고 어쩌면 그렇게 하고 다닐까 생각만 해도 몸서리가 쳐져.
유모	무스 깊은 사정이 있는 모양이지요?
미리	(등) 모두들 여기 나와 계시는군요?
유모	서방, 나오세요. (퇴장)
미리	여보, 서진. 요새 마음이 퍽 불안하지?
서진	아니에요. 집안 식구 여러분께서 모두 제게 사랑을 베풀어 주시니 저는 한 없이 행복해요.
미리	서진 고맙소. 부부일신하고 하되 체면이 있는지라 낭자가 우리 집안의 내

용을 다 알고 있을 텐데. 그도 불구하고, 불평을 느끼지 않는 게 더욱 고맙소. 그러나 나는 부자지간이라 할지라도 아버님과는 뜻이 달라, 어떻게 하면 나라에 충성을 다할까. 또한 세상에 선을 베풀어 의지와 인정으로 살아 볼까 하는 생각이요.

서진　가군께서 말씀하옵시니. 말이옵니다마는. 시부모님께서 전에 하셨다는 일을 모르고 있는 저는 아니옵니다. 그러나 가군께서는 부모님과 뜻이 다르다는 점을 알게 된 저는 한 없이 기쁘오이다.

미리　서진 갑시다. 선정과 인정을 베풀어 자유롭고 평화스럽게 잘 수 있는 우리 들만의 세계로.

서진　가세요. 서방님이 가시는 곳이라면, 아니 제가 존경하는 아름다운 세계로.

미리　흙냄새가 무럭무럭 나는 대지에, 밭을 갈아 씨앗을 뿌리고.

서진　닭도 치고, 양도치고.

미리　가을이 오면, 울타리에 줄래줄래 열린 대추를 따서 송편을 빚어 추석을 쇠고.

서진　흙 묻은 손으로, 가슴을 헤치고 귀여운 아기에게 젖을 먹이고.

미리　당신과 같이 꽃을 보고 날아오는 나비를 보면

서진　가세요. 행복의 세계로.

미리　서진

서진　여보… (포옹)

일몽　미리야

미리　아버님, 행차 시옵니까?

일몽　이 철없는 아이들아, 어찌 밖에 나와 방황을 하느냐?

미리　아버님, 무슨 말씀이옵니까?

일몽　무슨 말이라니

미리　네 그 도적놈 때문에 말씀이옵니까?

일몽　그렇게 쉽게 말하는 게 아니야!

미리　아버님 안심하옵소서. 오늘 밤이라도 그놈이 나타나면 소자의 손으로 처치할 것이오니 아무 염려 마옵소서.

일몽	물론 애비도, 너의 검술을 모르는 바는 아니지만, 원래 그놈이 흉악한 놈이 되어서 장담을 해서는 못 써.
미리	잘 알겠읍니다
일몽	검술이란 항상 마음의 무장을 하고, 장담을 말아야 실수가 없느니라.
미리	명심하겠읍니다
일몽	어서들 방으로 들어가거라
미리	에 (눈짓 양인 읍하고 퇴장)
일몽	저놈이, 제 검술만 믿고 장담을 하지만. 그 도적놈이 강한 놈이 되어서.
진사	대감, 어쩥든 애들이 저렇게 다정히 노는 걸 보니, 제 마음도 퍽 노입니다.
일몽	내 만덕으로 생긴 아들 하나가 행복하게 지나는 걸 보니 나 역시 후련하오이다. 그 도적놈만 소란하게 굴지 않으면. 요사이 집안에 꽃이 훤하게 필텐데.
진사	글쎄올시다
일몽	에잇 지긋지긋한 놈 이놈을 어떻게 하면 잡는단 말인가?
진사	염려마사이다 나타나기만 하면 잡아서 능지처참을 하겠나이다
일몽	그 늙은 놈과 부동이 돼서 내 집안을 붉아케 하는 놈들. 열 번, 백번 죽어도 시원치 않을 놈이야.
진사	너무 걱정 마십시오. 그놈 말만 들어도 치가 떨리니 어서 들어갑니다.
	(二人 퇴장)
일몽	그놈, 말만 해도 치가 떨리니 여봐라.
삼인	(등) 네
일몽	순행을 돌고 있느냐?
짝지	네. 만단의 준비를 갖추고, 수십 명이 물 샐 틈 없이 둘러싸고 단속하고 있습니다.
일몽	응, 알았다. 각별 조심하고 이 내전을 지키도록 해라.
삼인	네
일몽	진사 어서 들어갑시다
진사	네. 너 이놈들 조심해서 살펴라.

(진사 일몽 퇴)	
삼인	네
갑돌	됐어, 됐어.
짝지	뭐가, 됐어?
갑돌	글쎄, 됐어.
짝지	덮어놓고 됐다니, 뭐가 됐어?
털보	이것 참, 싱겁기도. 이만저만 싱거운 사람 어이 아닐세 무조건 됐어. 됐어. 아니 뭐가 됐니?
갑돌	글쎄, 됐단 말이야.
짝지	글쎄, 뭐가 됐어?
갑돌	살게 됐어.
짝지	뭐가 살게 됐어?
갑돌	됐어
짝지	아니, 어떻게 하는 말이야?
갑돌	이 내전에만 있으면 살게 됐단 말이야.
털보	밖에 있으면 죽나?
갑돌	그렇지
짝지	어째서?
갑돌	이런 병신들이 있나. 밖에 있으면 그 도적이 들어오다가 쳐버릴 게 아니냐.
털보	그런데 안에 있으면 어떻게 사나?
갑돌	밖에서 떠들면, 눈치 봐서 슬쩍 숨어버리지.
짝지	이런 바보. 그래 순행 도는 건가?
갑돌	어쨌든, 사는 게 장땡이지 뭐야.
짝지	그렇게 돌려면 차라리 그만두어라. 사내 대장부가 그게 뭐란 말이냐?
갑돌	이런 누가 누굴 말하고 있어
짝지	아니 내가 어째서
갑돌	그렇게 용감한 사람이 왜? 요전 날, 담박에서 저쪽 지키다가, 그놈이 나타나니까 꼼짝 못 하고 부들부들 떨고만 있었지.

짝지	아닌 게 아니라. 그놈이 무섭기는 무섭거든. 비호같이 빨라서 휙 하고 내 앞을 지나 달초대감을 죽이고, 그 영감을 구해 가는 걸 보니, 정말 입맛 나드라.
갑돌	하하하—
털보	하하하—
짝지	어쨌든 밖에 있는 것보다 안에 있으니 안심이 된다.
추월	(술상 들고) 수고들 하는군요
갑돌	추월이, 이게 웬 술상이야?
추월	저 유모께서, 수고들 한다고, 갔다 주라고 해서 가지고 나왔지.
갑돌	유모께서?
추월	그래요
갑돌	유모께선 참, 인자하시단 말이야.
짝지	우리들의 마음을 척척 알아주시거든.
추월	한 잔씩 드세요
갑돌	저, 추월이.
추월	왜 그래요?
갑돌	이왕이면 다홍치마라고, 그 꽃 같은 손으로 한 잔 따라주고 가야지.
추월	아 참, 사랑하는 갑돌 씨에게 한 잔 따라 드려야지.
짝지	야 옆에 사람 죽는다 (추월 술 따른다)
갑돌	이 왕술을 따랐으니, 진주가 한마디 하는 게 어때?
추월	아이, 내가 기생인가! 진주가를 부르게.
갑돌	사랑하는 사이에 진주가 한 마디 부르는 게 무슨 흉이야?
추월	그럼, 한 마디 부를까?
갑돌	야, 좋다. (술 마신다)
짝지	사람 속상하네
갑돌	오, 그대의 고운 손으로 따른 술 더욱 맛이 나는군. 여보게 미안하네 한 잔 들게.
털보	추월이, 이왕이면 나도 한 잔 따라주지?

감돌	야, 이 자식아 누구한테 술 따라 달라는 거야?
털보	아따, 이 사람아 친구 좋다는 게 뭔가. 자네 덕분에 나도 한 잔 먹어 보세
감돌	그래, 사랑하는 사람의 친군데 무슨 상관있으려고. 추월이 한 잔 따라주지.
추월	자, 받으세요.
짝지	야, 나도 좋구나. (마신다)
감돌	추월이, 나는 추월이 참 좋다.
추월	나도, 갑돌이가 좋아.
감돌 (창)	사랑 사랑 우리 사랑 생글생글 추월 아이 앵두 같은 입술에다 반달 같은 눈썹 아래 반짝이는 눈동자와 샛별 같은 그 얼굴이 황홀해서 우리 인생 아니 놀고 무엇하리
추월	만낫도다. 우리 갑돌공자 만낫도다. 용감하고 씩씩하여 벙글벙글 웃는 모양 장하도다. 갑돌공자.
짝지	자네들만 노래 부를 게 아니라 우리도 같이 놀아보세
갑돌 (창)	술도 좋아 입도 좋아 세월도 좋아 잎을 따라 피는 꽃도 좋구 좋아
합창	(이때 안에서 도적이야 하면 4인 허둥지둥 도망간다) (박 진사 도망가고 일몽 칼 들고 동명과 같이 등장)
동명	네 이놈. 최일몽아 서리친 칼을 받아라.
일몽	너, 이놈. 네 놈은 누구인데 우리 집에 침범하여 이런 망동을 부리는고?
동명	만고역적 최일몽아 똑똑히 들어라. 15년 전 오월 보름날 네 놈에게 억울하게 돌아가신 영의정 이판호 대감의 아들 동명이다.
일몽	뭣이? 이판호의 아들 동명?
동명	하하 왜 놀라느냐 우리 아버지를 살해하고 영의정 자리를 빼앗아 얼마나 뱃데기에 기름이 찾느냐? 너를 진작 죽일 것이로되 우리 아버님께서 네 놈의 손에 돌아가셨든 5월 15일을 기다렸다. 네 놈의 목을 짤러 황천에서 울고 계시는 선친의 원한을 풀겠다.

일몽	좋다. 내 몸은 비록 늙었지만 네 놈에게 고이 목을 받칠 내 아니로다. 자 오너라.
동명	하하 가소롭다 에잇. (싸우다 일몽 쓰러진다) 아버님 기뻐하십시오. 원수는 갚었나이다. 서진아 다시 보자. (나가려고 할 때 미리 칼 들고 등장)
미리	섯거라. 네 놈은, 웬 놈이기에 우리 아버님을 참했으냐?
동명	음, 너는 원수 자식.
미리	원수? 닥쳐라. 최후에 승부는 이 칼에 있다. 자 오너라.
동명	과연 대장부로다 (싸울 때 서진 등장) 그렇다면 (미리가 죽게 되면 단도로 동명의 팔찌)
서진	너는 누구인데, 우리 집을 해하느냐?
동명	아가씨, 아가씨는 비키세요. 아가씨께서 참견할 바 못 돼오니, 비키시오.
미리	서진 비키세요. 저놈은 단칼에. (치려 할 때 유모 막으며)
유모	그이를 죽여서는 안 됩니다
미리	죽여서 안 되다니?
동명	유모, 자 어서 죽여라.
유모	도련님이 유모가 말 못 한 탓으로, 이런 광경을 당하셨군요.
미리	유모 무슨 곡절이 있는 것 같은데. 도대체 어떻게 된 일이요. 어서 말씀 좀 하시오?
서진	유모는 아시면서 지금껏 속였군요. 저 이는 도대체 누굽니까?
유모	아가씨, 저 도련님은 아가씨의….
동명	유모 (막는다)
유모	아가씨의 오라버니외다
서진	넷. 오라버니라니요.
유모	네. 15년 전 아가씨 아버님께서는 이 나라 영의정으로 계시다가 이 댁 최대감 손에 억울하게 돌아가신 후, 저 도련님은 원수를 갚으려고 검술 공부를 떠나시고 아가씨는 박 진사댁 양딸로 들어갔던 것이옵니다.
서진	그랬든가요?
미리	유모, 그럼 이런 사실을 왜 진작 말을 못 했소?

유모	하도 사정이 딱해서요
미리	그럼, 우리는 원수였든가요?
동명	운명이란, 이렇게 야속한 것이 운명인가 보오.
미리	(동명 팔 싸주며) 서진, 오랫동안 당신을 그리든 오라버니요. 어서 반겨 맞으시오.
서진	오라버니! (달려가 운다)
동명	서진아! (포옹)
서진	아무것도 몰랐든, 이 몸을 용서하세요!
동명	서진아, 너를 몹시도 그렸단다. 명산 유공 흐르는 박계수에서 칼을 갈 때마다 들려오는 산세 소리에 네 얼굴을 그리면서 춘하추동 십오성상 하루인들 너를 잊어 본 날이 있겠느냐! 달빛 아래 사무치는 원한도 갚고 네 얼굴도 보았으니 이제 죽어도 한이 없다.
서진	오라버니!
노인	(등) 동명아
동명	대감
노인	악몽을 깨었다. 까마귀 검다 한들 속조차 검을쏘냐! 아비야, 역적인 망정 자식까지 역적이 될쏘냐! 서로의 감정을 풀어버리고 처남, 매의 손을 잡고 기울어져 가는 이 나라를 바로 잡도록 해라.
미리	사람에 운명이란 파란곡절에 父母 간에 원수라고 해서 子息까지 원수 되라는 그런 예 어디 있겠소. 공과 나와는 지난 악몽을 깨끗이 일소 하고, 이 나라를 바로 잡도록 합시다. 동명.
동명	(손잡는다)
노인	여봐라, 파문 북을 울려라.
동명	우리는 파문 북에 힘 합쳐 이 나라를 구합시다
합창	에혀야 어혜야~ 씩씩하신 동명공자 만고충신 대감이요. 해님 같은 미리공자 달님 같은 서진낭자 이 나라의 보배로세

알 림

[PART 1]

    * '포장극단' 용어는 특허권을 포함하고 있음

    * 본문 중 '*'은 비공개어非公開語 및 인식불가언어 대체 표식임

    * 사진자료 :김*심 선생님, 여*란 선생님 (당시 유랑극단 배우)

    * 저자자료, 「근대이후 유랑극단의 공연활동」, <한국민속학회 >, 고려대학, 2014, 부분인용.

[PART 2]

    * 자료 도움 주신 분:유랑극단 배우님들